Allitera Verlag

Schriften zur Kultur im Münchner Nordosten

Herausgegeben vom Verein für Stadtteilkultur im Münchner Nordosten e. V.

Band 2

Bislang erschienen:
Karin Bernst, »Oberföhring. Vom Zieglerdorf zum Münchner Stadtteil 1913–2013« (Band 1)

Karin Bernst

Johanneskirchen

Das Dorf in der Stadt

815–2015

Allitera Verlag

Weitere Informationen über den Verlag und sein Programm:
www.allitera.de

Weitere Informationen über den Verein für Stadtteilkultur im Münchner Nordosten e. V.:
www.nordostkultur-muenchen.de

Mai 2015
Allitera Verlag
Ein Verlag der Buch&media GmbH, München
© 2015 Buch&media GmbH, München
Umschlagmotiv: Ansichtskarte von Johanneskirchen um 1930
Druck und Bindung: printingsolutions.pl
Printed in Europe · ISBN 978-3-86906-750-6

Inhalt

	9	Vorwort *von Oberbürgermeister Dieter Reiter*
	10	Geleitwort *von Roland Krack*
	11	Vorbemerkung *der Autorin*
Kapitel 1	12	Geschichtlicher Hintergrund
	12	Vorgeschichtliche Zeit
	13	Erste schriftliche Zeugnisse
	16	Die Hofmark Johanneskirchen
	17	Die Geschichte von Johanneskirchen nach Pfarrer Karl Riedl
	18	Ende der Hofmark Johanneskirchen – die Bauernbefreiung
	19	Die Ortsgemeinde Johanneskirchen
	25	Die Eingemeindung nach München
Kapitel 2	26	Das Leben im Dorf im 19. und 20. Jahrhundert
	26	Gesundheitswesen und Armenfürsorge
	34	Der verheerende Brand von 1838
	36	Aus den Gemeindebüchern
	40	Wahlen in Daglfing und Johanneskirchen
	47	Das Schulwesen
	52	Aus dem Kirchenleben
	58	»Aus einem Johanneskirchner Leben« – Bericht von Josef Pils (Jahrgang 1920)
	60	Kriegszeiten
	64	Die letzten Kriegstage

Kapitel 3	67	Häuser und Einwohner
	67	Johanneskirchen um 1800
	71	Johanneskirchner Anwesen nach dem Urkataster von 1809
	74	Das Dorf im 19. und 20. Jahrhundert
	80	Häusergeschichten
Kapitel 4	121	Handel, Handwerk, Industrie, Gasthäuser
	121	Gewerbebetriebe in Johanneskirchen – einst und jetzt
	121	Die Ziegeleien
	133	Die Alte Wiede-Fabrik / Acetylen GmbH
	134	Gewerbegebiet Musenbergstraße
	135	Digital Equipment
	137	Der Wertstoffhof an der Savitsstraße
	137	Gaststätten in Johanneskirchen
Kapitel 5	144	Johanneskirchner Infrastruktur
	144	Straßen
	147	Nahverkehr
Kapitel 6	151	Im Moos
	152	Die Vermessungspyramide
	153	Der Abfanggraben
	154	Der Hüllgraben
	155	Naturpark statt Mülldeponie
	156	Die Münchner Krautgärten

Kapitel 7	157	Neue Wohnbauten, Siedlungen und Grünanlagen
	157	Rund um die Kirche St. Johann Baptist
	159	Siedlungen und Häuser im Moos
	163	Die Zahnbrechersiedlung
	170	Die Gartenstadt Johanneskirchen
	171	Wohnanlagen in Johanneskirchen
	179	Das Schulzentrum an der Musenbergstraße
Kapitel 8	181	Zum Schluss: Blick in die Zukunft

Anhang
182	Abbildungsnachweis
182	Quellen
182	Literaturverzeichnis
183	Archivmaterial

Grußwort

Johanneskirchen gehört zu den Stadtvierteln, die von ihrem Ursprung her viel älter sind als München. Bereits anno 815, also vor nunmehr 1200 Jahren, wurde Johanneskirchen erstmals urkundlich erwähnt. Der Ort war aber sicherlich schon früher besiedelt. Seit der Römerzeit führte hier eine Handelsstraße von Wels nach Augsburg vorbei und bis zur Gründung Münchens ist das Salz aus der Gegend von Salzburg über Johanneskirchen nach Augsburg transportiert worden. Bevor Johanneskirchen 1930 nach München eingemeindet wurde, gehörte es bis zum 12. Jahrhundert dem Hochstift Freising, danach zum Pfleggericht Wolfratshausen und später dann als geschlossene Hofmark der Münchner Patrizierfamilie Ridler.

An diese 1200-jährige Geschichte erinnert auch der Huuezziplatz in Johanneskirchen. Er ist 2013 nach dem Diakon Huuezzi benannt worden, der gemäß einer Urkunde vom 2. Oktober 815 vom Freisinger Bischof die Kirche St. Johannis als Lehen erhielt. Dafür musste Huuezzi dem Bischof neben anderen Naturalien alljährlich eine Wagenladung Bier als Pacht zukommen lassen. Diese Urkunde ist bis heute auch der älteste schriftliche Nachweis für Bier im Raum München und Huuezzi damit nicht nur der erste uns namentlich bekannte Johanneskirchner, sondern auch der erste namentlich bekannte Braumeister des heutigen München.

Erfreulicherweise hat sich Johanneskirchen bis heute seinen historisch gewachsenen Charakter bewahrt. Im Rahmen der »Städtebaulichen Entwicklungsmaßnahme im Münchner Nordosten« sollen in diesem Stadtbezirk neue Wohnquartiere mit entsprechender Infrastruktur entstehen. Das Dorfensemble um die Johanneskirche wird sicher auch ein identitätsstiftender Ort für die Neu-Johanneskirchner werden.

Ich danke dem Verein für Stadtteilkultur im Münchner Nordosten und allen, die zum Gelingen der 1200-Jahr-Feier von Johanneskirchen beitragen, sehr herzlich für ihr bürgerschaftliches Engagement. Allen Johanneskirchner Bürgerinnen und Bürgern übermittle ich zu diesem stolzen Jubiläum meine herzlichsten Glückwünsche.

Dieter Reiter

Geleitwort

Liebe JohanneskirchnerInnen, liebe Münchnerinnen und Münchner, liebe NeujohanneskirchnerInnen,

wie aus meiner Anrede ersichtlich, möchte ich alle ansprechen, Alteingesessene und Zuagroaste, Leut aus dem Stadtbezirk Bogenhausen und Menschen aus anderen Ecken der Münchnerstadt.

Kann man ein Buch über Johanneskirchen schreiben? Was ist denn da schon los?

Ja, man kann es! Über 1200 Jahre Ortsgeschichte weist Johanneskirchen auf. Die Geschichte Johanneskirchens hat Karin Bernst 2001 aufgeschrieben und veröffentlicht. Nun erscheint die zweite Auflage des Buchs, was beweist, hier gibt mehr als ein paar Häuser am Rande vom Moos …

Herrschaftsverhältnisse und Menschenschicksale werden auch an einem kleinen Ort zwischen dem Erdinger Moos und der Lehmzunge entlang der Isar lebendig. Für die Erforschung der Geschichte der Menschen dient neben der Auseinandersetzung mit der nationalen, auch der Einblick in die lokale Geschichte. Der Philosoph Arthur Schopenhauer meinte: »Die Geschichte eines Ortes, und sei er noch so klein, ist wichtig und interessant, kann man an ihr doch die Geschichte der Menschen studieren.«

Der Leser lernt hinter den alten Häusern im Dorf auch die Generationen von Johanneskirchner Bauern kennen, die hier lebten. Über die ersten Siedler weiß man nichts. Spätere Bewohner hinterließen Werkzeuge, die Rückschlüsse auf ihr Leben zulassen. Aus Bodenfunden wissen wir von der Römerstraße nach Föhring, die hier vorbeiführte. Vor meinem Auge ziehen Händler nach Augusta Vindelicum mit ihren Waren hier vorbei, römische Soldaten versehen ihren Dienst …

Aha, auch nach dem Abzug der Römer lebten hier Menschen! Jetzt tauchen also die Bajuwaren auf – zumindest fand man Gräber aus der Zeit um 690; ein versunkenes bajuwarisches Bauerndorf an der S-Bahn – lustig!

Dann kommt die berühmte Urkunde mit dem Geburtstag: 2. Oktober 815. Das Johannneskircherl und das Fuhrwerk mit Bier. Toll, dass man das so genau niedergeschrieben hat. Jetzt wissen wir es: »Wir ham scho Bier gebraut, da hat's München noch ned gebn.«

Und dann: die Salztransporte von Reichenhall nach Augsburg bis Heinrich der Löwe kam … Denn durch Johanneskirchen führte die alte Salzstraße – und eine neue Salzstraße gibt es hier auch. Ach – lesen Sie doch selbst nach, was dann passierte …

Der Verein für Stadtteilkultur im Münchner Nordosten e. V. hat bereits zahlreiche Bücher zur Geschichte des Stadtbezirks 13 (Bogenhausen) veröffentlicht. Dies waren unter anderem: »Der Bürgerpark Oberföhring« (2004), »Die Parkstadt Bogenhausen« (2005), »Föhring – Geburtshelfer Münchens?« (2008), »Vier Dörfer für München« (2010). Mit dem Buch »Oberföhring – Vom Zieglerdorf zum Münchner Stadtteil« haben wir die Reihe »Schriften zur Kultur im Münchner Nordosten« begonnen. Es freut mich, dass der NordOstKultur-Verein nun Band 2 dieser Schriftenreihe vorlegen kann.

Dieses Buch und all die anderen wäre ohne die Beiträge von Karin Bernst undenkbar gewesen. Hoffentlich bleibt sie noch lange der NordOstKultur-Geschichtswerkstatt erhalten und schreibt weiter an der lokalen Geschichte unseres Stadtbezirks.

Dieses Johanneskirchen-Buch möchte ein historischer Wegweiser sein – auch für die vielen künftigen Zuzügler Neu-Johanneskirchens.

Johanneskirchen, März 2015
Roland Krack, 1. Vorsitzender Verein für Stadtteilkultur im Münchner Nordosten e. V.

Vorbemerkung

Johanneskirchen ist einer der letzten alten Ortskerne Münchens, in dem die Landwirtschaft noch aktiv betrieben wird. Rund um die Kirche St. Johann Baptist gibt es noch einige Bauernhöfe: Zeugen der interessanten Vergangenheit des Dorfes. Sie bildeten den Ausgangspunkt zweier Ausstellungen im Gemeindezentrum von St. Thomas, München-Johanneskirchen in den Jahren 1999 und 2001, zu denen auch die erste Auflage dieses Buches, damals im Eigenverlag, erschienen ist.

Seither hat sich einiges verändert, und so musste für die zweite Auflage manches ergänzt und einiges korrigiert werden. Die Beschreibungen der einzelnen Häuser des alten Dorfes wurden anhand von Archivquellen und Auskünften alteingesessener Johanneskirchner erstellt. Die Daten wurden mit bestmöglicher Sorgfalt zusammengestellt, aber Irrtümer und Druckfehler sind wohl unvermeidbar, insbesondere wenn es Familiennamen betrifft, die oft in verschiedenen Schreibweisen auftreten, oder wenn es sich um handschriftliche Quellen in alter deutscher Schrift handelt. Daher bin ich für Korrekturen und Ergänzungen auch weiterhin dankbar.

Ich bedanke mich bei allen, die mich freundlicherweise mit Auskünften, Fotos und anderem Material zur Geschichte des Dorfes und seiner Umgebung unterstützt haben.

Karin Bernst, März 2015

Das Dorf Johanneskirchen, um 1920

Kapitel 1
Geschichtlicher Überblick

Vorgeschichtliche Zeit

6000–2400 v. Chr.: Jungsteinzeit
Im Gebiet von Johanneskirchen fanden nach der Eiszeit beim Abschmelzen der Gletscher Lehmablagerungen statt, die von Berg am Laim bis nach Ismaning reichten. Dieser Lehmboden bot gute Voraussetzungen für die Besiedelung durch Bauern und Viehzüchter der Jungsteinzeit. Durch den um 1900 in Johanneskirchen beginnenden Lehmabbau wurden mit Bestimmtheit zahlreiche archäologische Hinterlassenschaften zerstört. Man geht davon aus, dass sich eine Siedlung aus der jüngeren Steinzeit auf dem Gebiet der Ziegelei von Anton Baur befand – von dort stammt ein Feuersteingerät aus dieser Epoche.

2400–1200 v. Chr.: Bronzezeit
Mit der Bronzezeit wuchs die Zahl archäologischer Zeugnisse. In der frühen Bronzezeit wurde die Sitte der Hockerbestattung wie in der Jungsteinzeit beibehalten. In der Hügelgräberzeit (ab 1500 v. Chr.) wurden die Toten auf einen geebneten Boden gelegt und über ihnen mehr oder weniger kunstvolle Grabhügel errichtet. Etwa 30 Hügelgräber befanden sich auf Ackergründen nördlich und nordöstlich von Daglfing. Durch die Bodenbearbeitung wurden sie schon längst abgeflacht.

1200–750 v. Chr.: Urnenfelderzeit
In der jüngeren Bronzezeit kam die Leichenverbrennung auf und der Urnenfriedhof trat an die Stelle der Hügelgräber. Die Reste der verbrannten Toten und die mehr oder weniger verschmolzenen Bronzebeigaben wurden in einer großen Urne geborgen und in runden oder rechteckigen Gruben beigesetzt. Solche Urnengrabfelder wurden in Oberföhring, Denning und Englschalking gefunden.

750–500 v. Chr.: Hallstattzeit (Früheisenzeit)
Dieser Zeitabschnitt erhielt seinen Namen von der Hallstattkultur, benannt nach einem großen Gräberfeld bei Hallstatt am Hallstätter See in Oberösterreich. Für Waffen und Werkzeuge wurde nunmehr Eisen verwendet. Die Toten setzte man wieder in Hügelgräbern bei, die Hügel bargen häufig eine aus Holzbalken und Steinen errichtete Grabkammer. Eine Siedlung aus dieser Zeit befand sich in Denning.

500–15 v. Chr.: Laténezeit – Keltenzeit
Als Träger der neuen Kultur trat das indogermanische Volk der Kelten auf. Geräte und Waffen waren jetzt ausschließlich aus Eisen, die Bronze fand nur mehr bei der Schmuckherstellung Verwendung. Eine Fundstelle von Hinterlassenschaften der laténezeitlichen Kelten lag in Englschalking. Einige Orts- und Flussnamen der Kelten wurden später von den Römern übernommen, zum Beispiel die Namen von Isar und Amper. Der Herrschaft der südbayerischen Kelten setzten die Römer in einer vernichtenden Schlacht 15 v. Chr. ein Ende.

15 v. Chr.– 400 n. Chr.: Römerzeit
Nach der Besetzung des Alpenvorlandes durch die Römer wurde im ersten nachchristlichen Jahrhundert die Straße zwischen Augsburg und Salzburg angelegt. Sie verlief vom Nordfriedhof kommend durch den Englischen Garten und dürfte die Isar kurz unterhalb des Oberföhringer Wehres überquert haben. Die Straße folgte dann der heutigen Verbindung An der Salzbrücke, Salzsenderweg, Fideliostraße und Stegmühlstraße. 1985 konnte durch Luftbildbefunde dieser bislang strittige Verlauf der nördlich an München vorbeifüh-

renden Römerstraße geklärt werden.[1] An der Kreuzung Flaschenträger/Fideliostraße wurden 1928 die Reste von zwei römischen Gehöften (Reste von Holzgebäuden, Kellereinschnitte, Dachziegel und Scherben) aufgedeckt. Nach Abzug der Römer benutzte man die Straße für den Salztransport weiter. Wie der Freisinger Bischof Arbeo, der im 8. Jahrhundert lebte, mitteilte, wurde auf der alten Römerstraße der Leichnam des Heiligen Emmeram bei seiner Überführung nach Regensburg transportiert. Als Herzog Heinrich der Löwe 1158 die Handelswege über München leitete, verlor die Römerstraße ihre einstige Bedeutung und verfiel.

400–800: Merowinger- oder Bajuwarenzeit

Um 400 zogen die römischen Besatzungstruppen nach Süden über die Alpen ab. Aus der übrig gebliebenen keltischen Urbevölkerung, aus römischen Veteranen und germanischen Zuwanderern, die aus dem Südosten gekommen waren, bildete sich das Volk der »Boiario«. Sprachliche Zeugnisse dieser frühen bajuwarischen Besiedlung um 500 sind die »ing«-Orte, wie Oberföhring, Daglfing und Englschalking.

1983 entdeckte man bei Ausgrabungen an der Stegmühlstraße die Reste eines kompletten bajuwarischen Bauerndorfs; von zwei Höfen konnte man eine exakte Beschreibung abgeben. Das Dorf bestand aus ungefähr zehn Höfen und wurde von einem Dorfhäuptling regiert. Jeder Hof hatte seinen Familienfriedhof, in den eigenen Wirtschaftsgebäuden wurde gepökelt und gewoben. Eisen wurde nicht gekauft, sondern selbst erzeugt.

Über die Gründe der Auflassung des Dorfs lassen sich nur Vermutungen anstellen. Die Bewohner könnten im Verlauf des 8. oder 9. Jahrhunderts zum nächsten Kirchenort gezogen sein. Hierbei kann es sich um die heutigen Orte Oberföhring, Unterföhring und Johanneskirchen handeln; es bleibt ungeklärt, welches dieser drei Dörfer als Muttersiedlung beansprucht wurde.

Erste schriftliche Zeugnisse

Das älteste schriftliche Zeugnis aus der Gegend von Johanneskirchen stammt vom 3. Juli 750[2], eine Urkunde, ausgestellt auf dem herzoglichen Sitz zu Deodinga (heute Ober-/Niederding): Der bayerische Stammesherzog Tassilo III. aus dem Geschlecht der Agilolfinger schenkte dem Freisinger Bischof Joseph I. eine erbetene Weidefläche nördlich von Ismaning (bei Erching). In diesem Dokument wird die Sippe der Feringa als eine dem Herzoghaus nahestehend Sippe bezeichnet.

Die Kirche St. Johann Baptist wurde am 2. Oktober 815 zum ersten Mal in einer Urkunde des Hochstifts Freising erwähnt.[3] Sie war vermutlich das erste Gotteshaus der bajuwarischen Ursiedlung »Feringa« (Föhring) und die erste Pfarrkirche der Urpfarrei Föhring. Damals wurde die Kirche dem Diakon Huuezzi vom Freisinger Bischof Hitto zu Lehen gegeben. Als Gegenleistung musste Huuezzi alljährlich eine Wagenladung Bier, zwei Scheffel Getreide, einen Frischling, zwei Hühner und eine Gans nach Freising liefern. Nach der Absetzung des Bayernherzogs Tassilo III. durch Karl den Großen (788) kam das Land Bayern unter die Herrschaft der Frankenkönige, der Karolinger. Johanneskirchen blieb ein Besitz des Hochstifts Freising.

Im Lauf des 12. Jahrhunderts entwickelte sich »ianeskirchen« zu einem selbstständigen Ort. Für Johanneskirchen war damals das Pfleggericht Wolfratshausen zuständig und seine Bauern mussten noch bis 1803 ihre Rechts- und Steuerangelegenheiten mit dem etwa 40 km südlich ansässigen Pfleger regeln. Das Pfleggericht (auch Landgericht) Wolfratshausen war im Besitz der hohen Gerichtsbarkeit, des sogenannten Blutbannes.

---

[1] Bericht des Bayerischen Landesamts für Denkmalpflege, Band 39

[2] Es ist dies die fünftälteste Urkunde des sogenannten Traditionskodex, einer Sammlung von lateinisch geschriebenen Schenkungs- und Tauschurkunden über Besitzungen des Hochstifts Freising, beginnend im Jahr 744 und bis ins 13. Jahrhundert reichend. Die Sammlung befindet sich im Bayerischen Hauptstaatsarchiv in München (Bay HSTA, Hochstift Freising).

[3] 351. Urkunde des »Traditionskodex«

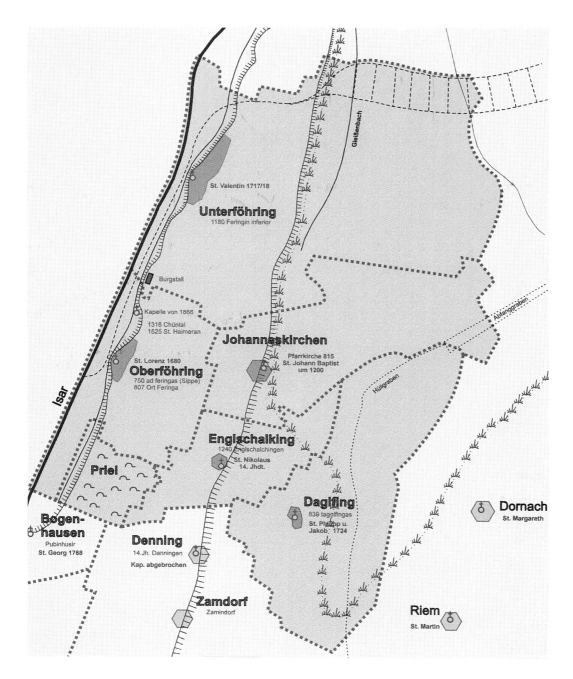

Das Gebiet der Urpfarrei Föhring, vom 14. bis Anfang des 20. Jahrhunderts

Johanneskirchen, etwa Mitte des 18. Jahrhunderts

Es entschied bei den todeswürdigen Verbrechen – also Raub, Mord, Straßenraub, schwerer Diebstahl und Brandstiftung – über Leben oder Tod. Die Sitzungen fanden in Wolfratshausen oder beim Unteramt »auf der Schranne« zu Perlach statt. Das Niedergericht (Jurisdiktion), in Johanneskirchen in Händen der Hofmarksbesitzer, war für alle übrigen Rechtsfälle und Streitigkeiten, wie zum Beispiel die Erteilung von Konsensen zur Ansässigmachung, zuständig.

Die Hofmark Johanneskirchen

Im 15. Jahrhundert wurde Johanneskirchen als geschlossene Hofmark vom Münchner Geschlecht der Ridler erworben (auch Riedler geschrieben). Über die Besitzverhältnisse von Johanneskirchen heißt es:

Über die Ehefrau Elisabeth Sendlinger kam Jakob Ridler auch an die Hofmark Johanneskirchen. Schließlich hat am 6. April 1496 Jakob Ridler, Bürger zu München, zu rechtem Lehen empfangen »die Hofmarch zu Janskirchen« und 6 Höfe daselbst, so er kaufsweise von Hannsen Sendlinger an sich gebracht hatte. Erst jetzt ist Johanneskirchen in die Hand der Ridler gekommen, nicht richtig ist, dass Franz Ridler schon »von Johanneskirchen« genannt worden sei.[4]

Die Ridler verwalteten ihre Hofmark von München aus. Stammvater der Münchner Linie der Ridler dürfte Heinrich Ridler gewesen sein. Er stiftete 1295 in seinem Haus das »Ridler-Seelhaus[5] für Frauen und Jungfrauen, die sich dem Dienst der Kranken und Sterbenden widmen wollen«.

4 Stahleder, Helmuth: Die Ridler, in: Beiträge zur Geschichte Münchner Bürgergeschlechter im Mittelalter, Oberbayerisches Archiv, Band 116, München 1992.
5 »Seelhäuser« waren Versorgungsheime des reichen Bürgeradels für unverheiratete und verwitwete Frauen der Familie sowie für ausgediente weibliche Dienstboten.

Das Ridlerkloster wurde 1782 aufgelöst und größtenteils abgebrochen. Mit der Säkularisation legten die »Seelnonnen« ihre Schwesterntracht ab und kleideten sich nach Art ihrer Zeit. Aus dem Stiftungsvermögen der »Seelhäuser« wurden bis 1879 die Leichenfrauen unterhalten. Anfang des 20. Jahrhunderts wurde die Leichenfrau für die hiesige Gemeinde, Maria Schillinger aus Oberföhring, noch mit der Berufsbezeichnung »Seelnonne« betitelt.

Das Wappen von Gabriel Ridler (1500–1581)

Die Familie Ridler gehörte zu einem Kreis von Münchner Familien, die wirtschaftlich, politisch und gesellschaftlich die Führung in der Stadt innehatten. 1500 besaß Otmar Ridler das größte Vermögen in München. Ab diesem Jahr bezeichnete man diese Familien als »Geschlechter«, das Wort »Patrizier« gibt es in München erst nach 1550.

Seit 1539 besaß die Hofmark Johanneskirchen das Recht der Niedergerichtsbarkeit, begründet durch Gabriel Ridler. Genau umschrieben wurde die Hofmarksgerichtsbarkeit in den Landes- und Polizeiordnungen des 16. Jahrhunderts. Einige Beispiele für die Rechte der Hofmarksherren:
- Die Polizeigewalt innerhalb des Niedergerichtsbezirks (Wahrnehmung von Sicherheitsmaßnahmen, Gewerbe- und Sittenpolizei, Feuer- und Lebensmittelbeschau, Überwachung von Maß, Gewicht und Münze). Die Anlegung der Steuern und Abführung der dem Land zugehörigen Steuergelder an die an den Rentamtssitzen befindlichen landständischen Steuerämter,
- die Musterung der wehrhaften Mannschaften,

- das Recht, von den Hofmarksuntertanen Scharwerks-(= Arbeits-)dienste unentgeltlich zu fordern,
- das Recht zur Inventur des Nachlasses und die Bestellung der Vormundschaft,
- die sogenannte freiwillige Gerichtsbarkeit (Verbriefungen über Heirat, Verkauf und Gutsübergabe),
- die niedere Jagd in den Hofmarksgründen und -wäldern.

Die Geschichte von Johanneskirchen nach Pfarrer Karl Riedl

Wappen der Ridler und Mayr auf einem Grabstein in der Johanneskirche

Karl Riedl, königlicher Hofkaplan und Distriktsschulinspektor von 1859 bis 1871 in Oberföhring, schrieb über Johanneskirchen:

1190 lautet der Name Janeskirchen – Janschischen. Gegenwärtig sagen die trivialsprechenden Leute »Juiskira«.

1400 umher besaßen die Riedler das Landgut Johanneskirchen und schrieben sich seitdem »Riedler auf Johanneskirchen«. Sie führten (ac 1602) ein mit einer Krone bedrucktes und von zwei Palmzweigen umgebenes vierfeldiges Wappen. Es hat im 1. und 4. Feld einen schräg gestellten Pfeil, im 2. und 3. Feld einen dünnen Baum, an welchem ein Jägerhorn hängt.

Dieses Geschlecht der »Ridlaer« war reich und vornehm und ragt als das angesehenste unter den edeln Geschlechtern Münchens hervor, sie bekleideten Stadträthe- und Bürgermeisterstellen. Heinrich Riedler schenkte 1295 der Gemeinde ein Haus für Seelen-Schwestern, Gabriel Riedler baute das Frauenkloster »Riedler-Regelhaus«, Gabriel und Vinzenz Riedler bauten das 1327 abgebrannte Franziskanerkloster 1380 auf, Zacharias 2. ward 1400 Rektor der Universität in Wien, Martin 2. gründete 1449 das »reiche Almosen«, Max 2. war churbayrischer Hofkammerrath und Truchsess[6] (1648–1695), sein Vater Max Bürgermeister in München (1602–1669).

1718 24. September wurden zu Johanneskirchen von Bischof Johann Franz Eckher 247 Personen gefirmt.

Johann Franz von Eckher auf Kapfing und Lichtenegg hatte als Domherr von Freising die Pfarrei von Oberföhring von 1676 bis 1684 inne. Er wurde danach zum Fürstbischof von Freising gewählt und ließ 1715–1718 das Schloss Ismaning umgestalten und die Föhringer Filialkirchen St. Valentin in Unterföhring und St. Philipp und Jakobus in Daglfing erbauen.

1813 Königlich bay. Freifrau von Mayer'sches Patrimonialgerichts und Kultstiftungsadministration St. Johanneskirchen. [...]

1824 Auf Anschaffung Ihro hoch Freyherrlichen Gnaden von Mayr wurde der Plafond, Altair, Thüren und Emporkirche und Kanzel marmoriert und angestrichen gegen 160 Gulden von Maler Hohenleitner.

1845 4. Oktober Patrimonialgericht Johanneskirchen Siegel mit 2 Schregbalken und in der Mitte 1 Löwe. Gerichtshalter: Weber.

---

[6] Truchsess: Oberster Aufseher über die fürstliche Tafel im Mittelalter, später Vorsteher der Hofhaltung.

1848 16. August Ankündigung der Akten-Extradition unter Leitung des kgl. Landgerichts Au.

24. August 1848 Extradition des Vermögens der Johanneskirche durch das gräflich Khuen'sche Patrimonialgericht Johanneskirchen in München (1848/49 betrug die Summe des Vermögensstandes 3876 Gulden davon 2715 Gulden Kapital):

Die Frau Gräfin von Khuen, kgl. Generalsgattin in München, Besitzerin der Hofmark Johanneskirchen hat die bisher über die Kirche Johanneskirchen ausgeübte Verwaltung an die Kirchenpflegschaft der Gemeinde Daglfing zurückgegeben und auf die bisher ausgeübten Rechte am 6. August 1848 freiwillig verzichtet, und wird nun auf Antrag des gräflich von Khuenschen Patrimonialgerichts als Administration der dortigen Filialkirche Johanneskirchen auf heute dato München dem Sitze der Administration die Extradition anberaumt, wobei sich Pfarrer März, Administrator und Patrimonialrichter Weber, nebst Mitglieder der Gemeinde (darunter Baron von Imhof) einfanden.

Siegel des Patrimonialgerichts und Unterschrift des Gerichtshalters Weber

Ende der Hofmark Johanneskirchen – die Bauernbefreiung

1732 ging die Hofmark Johanneskirchen durch Heirat in den Besitz der Freiherren von Mayr über. Der Hofmarksinhaber Markus von Mayr (1756–1824), der Stifter des Hochaltars für die Kirche St. Johann Baptist, war seit 1782 mit Maria Klara Spazenreiter (gest. 1789) verheiratet, danach mit Kajetana von Mayr (1767–1831).

Am 4. März 1808 wurde dem Bürgermeister von München, Markus von Mayr, die Verwaltung der seiner Gattin gehörenden Hofmark Johanneskirchen bewilligt. Das Edikt von 1808 hätte eigentlich das Ende der Hofmark bedeutet. Es wurde darin verlangt, dass die Patrimonialgerichtsbarkeit über einen geschlossenen oder zusammenhängenden Bezirk mit mindestens 50 Familien zu bestehen hat. In Johanneskirchen lebten damals aber nur 13 Familien. 1814 beantragte die Hofmarksbesitzerin von Mayr die Bildung eines Ortsgerichts St. Johanneskirchen. Dieses Ortsgericht sollte aus den Orten Oberföhring, Daglfing, Englschalking und Johanneskirchen (insgesamt 75 Familien) gebildet werden und einen ständigen Amtssitz in Johanneskirchen erhalten. 1816 gelang es der Freifrau von Mayr, durch entsprechenden Tausch (eingetauscht wurden die Ansiedlungen Unterhaunstadt, Megmannsdorf, Winden und Neusassen) die Bewilligung für ein solches Ortsgericht zu bekommen. Als Ortsrichter schlug sie damals ihren Ehemann vor. Zur Errichtung eines Amtssitzes in Johanneskirchen kam es aber nicht und die Verwaltung des Ortsgerichts übernahm vorerst das königliche Landgericht München gegen Beteiligung an den Einnahmen zu zwei Drittel. Im Januar 1817 wurden die Untertanen der Dörfer Oberföhring, Englschalking, Daglfing und Johanneskirchen vorgeladen, um ihre nunmehrige Ortsherrschaft – Kajetana von Mayr – anzuerkennen und die ihnen auferlegten Pflichten zu erfüllen. Dies wurde durch Handgelübde und Unterschrift der Bewohner bekräftigt. 1820 wurde das Patrimonialgericht II. Klasse St. Johanneskirchen bestätigt, der von der Hofmarksbesitzerin ernannte Gerichtshalter hatte seinen Amtssitz in München. Um 1835 wurde Maria Gräfin von Khuen-Belasi neue Hofmarksinhaberin.

Das Revolutionsjahr 1848 brachte das Ende der Hofmark. Schon 1803 empfahl Kurfürst Max IV. Joseph den Bauern, ihre Höfe gegen Ablösung als Eigenbesitz zu erwerben. Ab 1832 wurden den Staatsgrundholden neue Bedingungen vorgeschlagen, unter welchen ihre Grundlasten »fixiert«, in Bodenzinse umgewandelt und abgelöst werden könnten. Das Gesetz vom 4. Juni 1848 bestimmte die Aufhebung der standes- und gutsherrlichen Gerichtsbarkeit und die Aufhebung, Fixierung und Ablösung der Grundlasten. Die jährlichen Abgaben, die Stift, die Gilt, die Scharwerkdienste, der Richterhaber und der Zehent wurden auf einen gleich bleibenden Jahresbeitrag in Geld festgesetzt und konnten durch die Bezahlung des 18-fachen Wertes (den Loskaufschilling) abgelöst werden. Der Ablösungsbetrag des Laudemiums beziehungsweise Handlohns richtete sich nach dem Wert des Anwesens oder des Grundstücks, bei Freistift wurde der 1½-fache Betrag von 7,5 % des Gutwertes angesetzt, bei Erbrecht der doppelte Betrag. Hatte der Bauer seine Abgaben nur feststellen lassen, aber nicht abgelöst, zahlte er ersatzweise 4 % Bodenzins. Ein Gesetz von 1872 brachte die zwangsweise Umwandlung aller Grundlasten in Bodenzinse, wobei der Ablösungsbetrag auf den 16-fachen Betrag gesenkt wurde.

1849 wurde ein neues Grundbuch über Johanneskirchen erstellt. Dieses Grundbuch beinhaltete eine Aufstellung der von Gräfin von Khuen-Belasi an die Ablösungskasse des Staates überwiesenen Dominikal-Gefälle zu Johanneskirchen. Die fixierte Größe an jährlichen Abgaben der Bewohner betrug 953 Gulden 38 Kreuzer und 2 Heller, was einem Ablösungskapital von 17165 Gulden 28 Kreuzer und 4 Heller entsprach.

Beispiel aus dem Grundbuch von 1849
Hausnummer 1, Kaspar Glasl, Besitz zu 105 Tagwerk 13 Dezimalen, daraus an Abgaben:
Stift und Küchendienst: 12 Gulden 44 Kreuzer
Getreidegilt: Weizen 2 Scheffel: 30 Gulden, Korn 6 Scheffel: 66 Gulden, Gerste 2 Scheffel: 18 Gulden und Hafer 7 Scheffel: 35 Gulden.

Summe der jährlichen Abgaben: 161 Gulden 44 Kreuzer, das ergibt ein Ablösungskapital (18-facher Betrag) von 2900 Gulden 12 Kreuzer, daraus errechnet ein jährlicher Bodenzins (4 %) von 116 Gulden 26 Kreuzer und 7 Heller.

Diesen neuen Gefälls-Bodenzins wollte Kaspar Glasl bis zur baren Ablösung oder Umwandlung in Annuitäten jährlich fortentrichten. Der einfache Handlohn, vorher leibrechtig grundbar zur Hofmark Johanneskirchen, betrug 300 Gulden (7,5 % vom Wert des Gutes), belastet zur Ablösungskasse des Staates. Das Obereigentum wurde durch Bezahlung von 600 Gulden bei Besitzübergabe an den Sohn Joseph Glasl am 18. März 1859 abgelöst.

Die Ortsgemeinde Johanneskirchen

Mit der Säkularisation 1803 gingen alle kirchlichen Besitzungen sowie die Grafschaft Ismaning des Hochstifts Freising, in bayerischen Besitz über. Neue Gemeinden entstanden durch die von Graf Maximilian von Montgelas (Minister unter König Max I. von 1799–1817) geschaffenen Steuerdistrikte. Bei der Bildung der Steuerdistrikte wurde auf die Gerichtszugehörigkeit der einzelnen Ortschaften keine Rücksicht mehr genommen. Es sollten nur möglichst gleich große, geografisch zusammenhängende Bezirke entstehen. Nach dem »Organischen Edict« vom 28. Juli 1808 über die Bildung der Gemeinden sollte jede neue Gemeinde aus mindestens 50 Familien oder 250 Seelen bestehen. Es sollten »politische« Gemeinden geschaffen werden, die im Idealfall Steuerdistrikt und Wirtschaftsgemeinde sowie Pfarr- und Schulbezirk zugleich waren.

Im provisorischen Kataster von 1809 zählte die Hofmark Johanneskirchen zusammen mit Englschalking, Daglfing, Oberföhring, Unterföhring und der Einöde Priel zum Steuerdistrikt Oberföhring. Mit dem definitiven Kataster von 1812 teilte man diese zu große Gemeinde in drei neue Steuergemeinden auf: Oberföhring mit St. Emmeram, Unterföhring sowie Daglfing mit Englschalking, Johanneskirchen und den Weilern Denning und seit 1818 Zamdorf. Die Einöde Priel kam nach Bogenhausen. Zamdorf gehörte zuvor zu Berg am Laim und wurde 1875 wieder dahin zurückgegliedert.

Die auf der Grundlage der Steuerdistrikte gebildeten Gemeinden im Königreich Bayern sollten nach dem Willen des ersten Gemeindeedikts von 1808 in allen wichtigen Entscheidungen von der Genehmigung der staatlichen Behörden abhängig sein. Selbstverwaltung war also nicht gefragt, wobei Johanneskirchen als Hofmark eine gesonderte Rolle spielte. Dieses erste Gemeindeedikt ließ sich nicht durchführen. Eine Vereinigung der Ortschaften war nur in Bezug auf die polizeiliche Verwaltung möglich, nicht jedoch in vermögensrechtlicher Hinsicht.

Ein revidiertes Edikt wurde am 17. Mai 1818 erlassen, wodurch jeder Ort im Besitz seines eigenen abgesonderten Stiftungs- und Gemeindevermögens verblieb und den Gemeinden mehr Selbstverwaltungsrechte eingeräumt wurden. Eigene Aufgaben bekamen sie auf den Gebieten der Vermögens- und Stiftungsverwaltung, bei den Bürgeraufnahmen und Heiratsbewilligungen, beim Gewerberecht, bei den Kirchen- und Schulangelegenheiten und bei der Armenpflege. Die früher jährlich gewählten Dorfführer wurden von einem alle drei Jahre gewählten Ortsvorsteher (Ortspfleger) abgelöst, der als Helfer des (Distrikts-) Gemeindevorstehers fungierte. Der Gemeindevorsteher stand an der Spitze der Landgemeinde, auch Ruralgemeinde genannt, er führte das Gemeindebuch und übte die Dorf- und Feldpolizei aus.

Das Hauptorgan der Ruralgemeinde war der Gemeindeausschuss, bestehend aus dem Gemeindevorsteher (später Bürgermeister) und den Gemeindebevollmächtigten (später Beigeordneter und Ausschussmitglieder). Bei wichtigen Angelegenheiten in der Gemeinde oder Ortsgemeinde mussten alle Bürger der Gemeinde gehört werden.

Siegel der Gemeinde Daglfing, 1915 (oben links), 1838 (Mitte) und 1867 (unten)

1860 gehörten zum Steuerdistrikt Daglfing 52 Häuser, 1181 Parzellen mit einer Gesamtfläche von 4872 Tagwerk 45 Dezimale. Seit 1803 gehörte die Distriktsgemeinde Daglfing zum Landgericht München, später zum Landgericht München rechts der Isar.

1862 erging eine Verfügung von Maximilian II., in Bayern die staatlichen Hoheitsfunktionen Rechtsprechung und Verwaltung voneinander zu trennen und hierfür gesonderte Organe zu schaffen. Als Verwaltungsbehörde entstanden im Raum München zwei Bezirksämter. Das Gebiet der Landgerichte München rechts der Isar und Wolfratshausen wurde vom Bezirksamt München rechts der Isar mit Sitz am Lilienberg in der Au betreut.

Das Landgericht München rechts der Isar wurde 1874 mit dem Stadtgericht München rechts der Isar vereint. Im Zuge der Reichsjustizreform von 1879 wurden dann das Amtsgericht München I und für unser Gebiet das Amtsgericht München II gebildet. Mit dieser Änderung der Gerichtsbezirke wurden auch die Bezirksämter umgebildet, das Bezirksamt München I gehörte jetzt zum Bezirk des Amtsgerichts München II. Aus dem Bezirksamt München I entstand 1902 das Bezirksamt München.

Rechte der Dorfgemeinde Johanneskirchen

Aus dem Buch über Gemeindegrenzen, Besitzungen und Rechte der Gemeinde Daglfing von 1869 (Akt 57):

Besitzungen:
1. *Das Hirtenhaus (Strohwirtshaus) (= Haus No. 9) mit Garten zu __ Tagw. __ dez.*
2. *Der Föhringer Grasweg zu 1 Tagw. 2 Dez.*
3. *Der Roßweidanteil zu 9 Tagw. 46 Dez.*
4. *Gemeindewiese zu 16 Tagw.*
5. *Ortswiese*

Rechte:
1. *Da im Jahre 1848 die Jagden den Gemeinden freigegeben wurden, so hat Johanneskirchen, so wie alle anderen Dörfer dieser Gemeinde, auf allen seinen Grundstücken das Jagdrecht.*
2. *Im Jahre 1844 hat die Dorfgemeinde Johanneskirchen die Roßweidenschaft verteilt. Bei dieser Verteilung wurde gerichtlich bestimmt, dass nach 10 Jahren jedes Gemeindeglied vom Tagwerk 6 Kreuzer in die Gemeindekasse zu entrichten habe. Im Jahre 1855 wurde das untere Moos (Kuhweide) verteilt, von welchem Moose jedes Gemeindeglied 23 Tagwerk 04 Dezimalen in 3 Abteilungen bekam, bei welcher Verteilung ebenfalls gerichtlich festgesetzt wurde, dass im Jahre 1856 an für jedes Tagwerk 6 Kreuzer Bodenzins an die Ortsgemeinde Cassa entrichtet werden müssen. Es haben also Nachstehende festgesetzte Bodenzinse zu entrichten:*
1 Glasl
2 Bortenlänger
3 Huber
4 Gröbel
5 Böltl
6 Sedlmaier
7 Huber
8 Schmidt (hat Messnerei in Oberföhring)
10 Schneidermann
11 Gruber
12 Spitzweg
13 Kobler

Der Jagdbezirk von Johanneskirchen erstreckte sich über beinahe 1800 Tagwerk. Er wurde für jährlich 66 Gulden Pachtzins von 1853 bis 1863 an den königlichen Forstrat in München, Maximilian Schenk, verpachtet. Später wurde die Pachtzeit auf sechs Jahre verkürzt und der Pachtschilling erhöht. 1925 sollte der damalige Jagdpächter Anton Baur 1500 Mark Jagdpacht bezahlen. Die Pachteinnahmen wurden über eine Jagdpachtverteilungsliste an die Bauern aufgeteilt.

Als Rechte der Gemeindeverwaltung Daglfing sind angegeben:

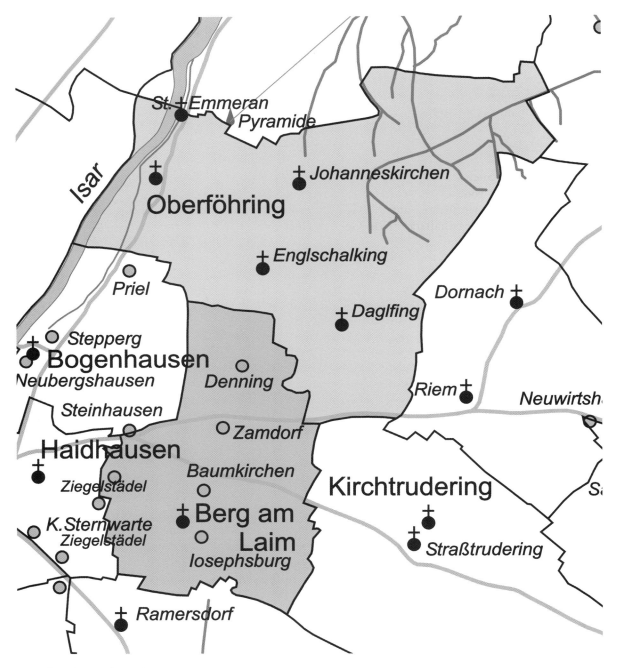

Steuerbezirke im Jahr 1810

1. Die Gemeindeverwaltung hat das Recht, Aufnahmegebühren bei Ansässigmachung zu erheben;
2. für Aufenthaltskarten Gebühren zu erheben.

1869 wurde von jedem neu aufgenommenen Gemeindemitglied eine Aufnahmegebühr von 3 Gulden verlangt.

Das Heimat- und Bürgerrecht

In der Armenverordnung vom 17. November 1816 übertrug der Staat die Armenfürsorge auf die Gemeinden und ihre Armenpflegschaftsräte. Die Gemeinden waren verpflichtet, diejenigen Armen zu unterstützen, die bei ihnen das ursprüngliche oder erworbene Heimatrecht hatten. Wem das Heimat- oder Bürgerrecht verliehen wurde, das entschied der Gemeindeausschuss. Die Gebühren betrugen 1889 für die Heimatrechtserteilung bei Eheschließung 21 Mark und für die Verleihung des Bürgerrechts 45 Mark. Bei Ausländern (Nichtbayern) wurde die doppelte Gebühr verlangt.

Am 4. Oktober 1886 lehnte der Gemeindeausschuss das Bürgeraufnahmegesuch von Gottfried Graf, Zieglermeistersohn von Johanneskirchen, mit der Begründung ab, dass »derselbe nie eine Steuer bezahlte und ein Nahrungszweig für ihn und für seine künftige Familie nicht in Aussicht steht«.

Den Kriegsteilnehmern des Ersten Weltkriegs wurde nach Beschluss des Gemeinderats 1919 das Bürgerrecht gebührenfrei verliehen.

Nur wer das Bürgerrecht erhielt, durfte wählen und gewählt werden. Der Gemeindebürger hatte die Möglichkeit, bei Gemeindeversammlungen durch sein Stimmrecht mit zu entscheiden, wobei sich die Stimmenanzahl nach der Höhe der bezahlten Steuer richtete.

Umgemeindungsversuch von Johanneskirchen nach Oberföhring

Bei der Abstimmung vom 30. Mai 1889 über die »Abtrennung der Ortsgemeinde Johanneskirchen von der politischen Gemeinde Daglfing und Zuteilung zur politischen Gemeinde Oberföhring«[7] stimmten zehn von zwölf stimmberechtigten Johanneskirchner Gemeindebürgern für diesen Antrag. Damaliger Ortsführer von Johanneskirchen war Josef Reithofer. Begründet wurde das Anliegen damit, dass Johanneskirchen viel mehr Beziehungen mit seinem Pfarr- und Schuldorf Oberföhring besäße als mit Daglfing. In einer Gemeindesitzung am 5. Juni 1889 in Englschalking beschlossen die fünf anwesenden Ausschussmitglieder mit drei gegen zwei Stimmen Folgendes:

Die Abtrennung der Ortschaft Johanneskirchen von der politischen Gemeinde Daglfing behufs deren Einverleibung in die politische Gemeinde Oberföhring wird unter folgenden Bedingungen genehmigt:
1. *Daß der politischen Gemeinde Daglfing eine Entschädigung von 20.000 M[ark] von der Ortschaft Johanneskirchen, eventuell von der politischen Gemeinde Oberföhring bezahlt werde.*
2. *Daß die politische Gemeinde Daglfing die 3.000 Gulden, welche sie im Jahre 1874 zur Erweiterung des Schulhauses in Oberföhring bezahlte, im Falle der Genehmigung des Baues eines eigenen Schulhauses in der Gemeinde Daglfing zurück erhalte.*

Für den Beschluss stimmten Bürgermeister Sedlmair, der Beigeordnete Pfeifer sowie Lorenz Hartl, dagegen waren Georg Ulmann und Joseph Glasl aus Johanneskirchen.

Weitere Anträge auf Trennung von der Gemeinde Daglfing wurden nach Verhandlungen und Anhörungen, die sich bis 1893 hinzogen, vom Innenministerium am 31. August 1893 abgelehnt.

---

[7] Archivmaterial: [STAM-DGLF081]

Heimatrechts-Urkunde.

Durch Verwaltungsbeschluß vom 17ten September 1906 189 wurde dem Ökonomiebaumeister Joseph Seidl in Engelfalking das Heimatsrecht in der Gemeinde Dagelfing auf Grund des Art. 7a des Heimatgesetzes vom 16. April 1868 / 17. Juni 1896 gegen vorherige Entrichtung einer Heimatrechtsgebühr von 10 Mk. 00 Pfg. verliehen.

~~Nachdem derselbe über Bezahlung dieser Gebühren sich vorschriftsmäßig ausgewiesen hat,~~ wird ihm nunmehr die Heimatrechtsurkunde ausgefertigt.

Urkundlich dessen

Dagelfing am 17. September 1899 1906.

Gemeindeverwaltung Dagelfing

In Vollzug dessen —
10 M. — Pf. Heimatrechtsgebühr
2 . — . Gebühr
— . 20 . Zustellung
12 M 20 Pf. in Summa
Verr. Geb.-Reg. Nr. 78.
(Art. 175 des Ges. v. 26. Mai 92).

Nr. 254 a. Verlag v. J. Maiss, München, Herrnstrasse 34.

Die Eingemeindung nach München

Bereits 1910 beschloss der Gemeinderat von Daglfing einstimmig, die königlich bayerische Haupt- und Residenzstadt München um eine »Einverleibung« zu bitten.

Die Antragstellung um Eingemeindung am 10. April 1911 erfolgte »bedingungslos« und wurde unterschrieben von Wilhelm Flaschenträger (Bürgermeister), Johann Widmann (Beigeordneter) und den Gemeindebevollmächtigen Joseph Glasl aus Johanneskirchen, Josef Kern aus Denning, Karl Maier aus Englschalking, Josef Glasl aus Daglfing und Balthasar Lechner aus Daglfing. Daraufhin wurde von der Stadtverwaltung ein mehrseitiger Fragebogen an die Gemeinde Daglfing zur Beantwortung übersandt. Unter anderem wurden Folgendes beantwortet:
- vorhandene Fabriken: derzeit nur elf Ziegeleien, mit insgesamt 524 Arbeitern,
- Einrichtungen der Gemeinde: Wasserversorgung keine, einige Gebäude hatten elektrisch betriebene Pumpwerke, Kanalisation keine, Hausunratabfuhr keine, Gasbeleuchtung keine, wohl aber elektrische Beleuchtung durch einen Vertrag mit den Isar-Amperwerken.

Weitere Anträge folgten ab 1928. Diesmal stellte die Gemeinde Daglfing aber einige Bedingungen an die Stadt München, denn das größte Problem war die Wasserversorgung der Gemeinden. Am 1. September 1929 wurde eine Bürgerabstimmung mit nachfolgendem Ergebnis zwecks Eingemeindung durchgeführt.

Von 1181 Stimmberechtigten wurden 876 gültige Stimmen abgegeben. 511 Stimmen waren für, 365 Stimmen waren gegen eine Eingemeindung. Nach dieser Abstimmung gab es einen neuen Beschluss des Gemeindeausschusses: Mit nur einer Gegenstimme waren alle für die Umgemeindung nach München. Daraufhin wurden auch die Ortsausschüsse gehört; die Daglfinger, Englschalkinger und Johanneskirchner waren für die Eingemeindung,

Der Daglfinger Bürgermeister Wilhelm Flaschenträger, 1912

während in Denning von den vier Ortsausschussmitgliedern zwei dafür und zwei dagegen waren, was einer Ablehnung gleichkam. So wurde die Ortschaft Denning erst ein Jahr später eingemeindet.

Seit dem 1. Januar 1930 war Daglfing und somit auch Johanneskirchen ein Stadtteil von München. Nach der Eingemeindung erfolgte die Benennung der Straßen und Nummerierung der Häuser. Für die Stromversorgung in Johanneskirchen bestand ein Vertrag mit den Amperwerken; die Versorgung mit Gas und Wasser sowie die Anlage einer Kanalisation sollten in den nächsten Jahren und Jahrzehnten erfolgen. Eine Müllabfuhr gab es erst in den 1960er-Jahren, bis dahin entsorgten die Bewohner ihren Müll selbst. So wurden die alten Kiesgruben mit dem anfallenden Restmüll aufgefüllt, unter dem Wäldchen an der Stegmühlstraße befand sich ein solcher Müllabladeplatz.

Kapitel 2
Das Leben im Dorf im 19. und 20. Jahrhundert

Gesundheitswesen und Armenfürsorge

Die Unterstützung der Armen war zu Beginn des 19. Jahrhunderts vorwiegend die Aufgabe von kirchlichen Institutionen. Durch die Säkularisation verschärfte sich die Situation der Armen und Bedürftigen; der Staat konnte die kirchliche Armen- und Krankenfürsorge nicht ersetzen. Der Staat übertrug die Armenfürsorge auf die Gemeinden und ihre Armenpflegschaftsräte. Im Gesetz vom 25. Juli 1850 wurde das Prinzip, dass die jeweilige Heimatgemeinde für die Unterstützung zuständig ist, abgeändert. Wurde nun ein Dienstbote oder Gewerbsgehilfe krank, unterstützte ihn die Gemeinde, in der er arbeitete. Zum Ausgleich konnte die Gemeinde einen Unterstützungs- und Krankenpflegebeitrag bis zu 3 Kreuzer wöchentlich erheben.

Aufgaben des Armenpflegschaftsrats

Die Armenpflegschaftsräte kümmerten sich um die Unterstützung von »illegalen« Kindern, konnten Darlehen für Gemeindemitglieder aus der Kreishilfskasse befürworten und übernahmen die Kosten für Unterkunft, Verpflegung und Krankenfürsorge bei Arbeitsunfähigen und Mittellosen.

In einem Gemeindebeschluss vom 9. März 1881 über die Versorgung der Arbeiter in den Ziegeleien der Gemeinde Daglfing im Erkrankungsfalle hieß es:

Die Gemeindeverwaltung Daglfing beschloss einstimmig von dem Art. 21 des Gesetzes vom 29. April 1869 Gebrauch zu machen, nach welchem nunmehr sämtliche Ziegeleibesitzer in der Gemeinde Daglfing verpflichtet sind, im Erkrankungsfalle für ihre Leute selbst zu sorgen, wogegen sie aber von den Krankenhausbeiträgen an die Gemeinde befreit sind.

Wahl des Armenpflegschaftsrats 1881

Von den Gemeindeverwaltungsmitgliedern wurde beschlossen, drei Armenpflegschaftsräte aufzustellen. Wählbar waren alle volljährigen männlichen Einwohner der Gemeinde, die eine direkte Steuer in der Gemeinde entrichteten. Gewählt wurden am 21. Dezember 1881 für die Zeit von 1882 bis 1887:

Johann Welsch, Bauer von Englschalking (sieben Stimmen), Georg Ulmann, Bauer von Johanneskirchen (sechs Stimmen), Ludwig Eichner, Bauer von Daglfing (sechs Stimmen). (Siehe dazu Abb. S. 24, Protokoll der Wahl zum Armenpflegschaftsrat)

Krankenversicherungen

Am 7. Juli 1889 wurden von der Gemeinde die Beiträge pro Woche zur Gemeindekrankenversicherungskasse Daglfing wie folgt festgelegt:
- für männliche erwachsene Arbeiter 15 Pfennige
- für weibliche erwachsene Arbeiter 12 Pfennige
- für jugendliche männliche Arbeiter unter 16 Jahren 9 Pfennige
- für jugendliche weibliche Arbeiter unter 16 Jahren 6 Pfennige

Das Reichsgesetz über die Krankenversicherung der Arbeiter von 1892 verlangte von jeder Dorfgemeinde den Aufbau einer gemeindlichen Krankenversicherung. 1895 wurde in der Gemeindeversammlung die Aufnahme der landwirtschaftlichen Arbeiter in die gemeindliche Krankenversicherung einstimmig beschlossen. Im Mai 1902 gab es einen Beschluss für den Bezirk der Gemeinde Daglfing, den Krankenversicherungszwang für die in der Hauswirtschaft ständig beschäftigten Dienstboten und Lohnarbeiter aufzuheben. Dieser Beschluss musste noch im gleichen Jahr für ungültig erklärt werden.

Protokoll der Wahl zum Armenpflegschaftsrat, 1881

Die »Physikatsberichte«

Im 19. Jahrhundert wurden in sogenannten Physikatsberichten Land und Leute mit einer »medicinisch-topografische und ethnografische Beschreibung« erfasst. Unterteilt wurde der Bericht in:
A. *Topographie: Lage des Bezirks, Grenzen, Klima, Saat und Ernte, Bodenbeschaffenheit, Felder, Wälder, Moore, Bodenkultur und Mineralien,*
B. *Ethnographie: Physische und intellektuelle Constitution, Wohnungsverhältnisse, Bekleidung, Nahrungsweise, Beschäftigung der Bewohner, Lagerstätten, Wohlstand, Reinlichkeit, Vergnügungen und Feste, Ehe und eheliches Leben und Geistige Constitution der Bevölkerung.*

Im Physikatsbericht vom Juli 1862 des Bezirksarzts Dr. Kaltdorff wird die Gegend östlich der Isar von Grünwald bis Ismaning beschrieben. Einige Ausschnitte daraus sollen hier wiedergegeben werden:
Bodenbeschaffenheit:

Es ist unschwer zu erkennen, daß diese ganze Bodenunterlage nur aus zerbröckeltem, durch wildgehende Wasser bis daher geführtem, auf ihrem Wege aller Ecken und Kanten beraubtem mehr oder weniger abgerundetem, theilweise ein- und abgestürztem Kalkgebirge besteht. Im Allgemeinen ist diese Kiesschichte überdeckt mit einer 3–12 Zoll dicken, bräunlichen, lehmigsandigen Schichte; während nördlicher und tiefer eine Moorschichte; an dem nordöstlichen Theile von Ismaning, der Niederschlag der kalkhaltigen Wasser als sogenannte »Alm«, eine völlig unfruchtbare Bodendecke bildet. Nur an der oben erwähnten Bodenerhebung findet sich von Perlach an vorüber bei Berg am Laim, Zamdorf, Bogenhausen, Denning bis Oberföhring eine 6 bis 12 Fuß mächtige Lehmschichte und deshalb entstanden auch auf diesem ganzen Gebiete zahlreiche Ziegeleien, deren Produkten München und Umgebung alles backsteinerne Material zur Erbauung von Kirchen, Palästen und Häusern verdankt.

Hügel[8]:

Eine wichtige Rolle in hydrographischer Beziehung spielt in der Gegend von Perlach, Trudering östlich bis Kirchheim, westlich bis Johanneskirchen und dann weiter in dem dort beginnenden Moos der sogenannten »Hügel«. Allgemein wird von den Landleuten behauptet, der Hügel steige sieben Jahre (das heißt, während sieben Jahre erheben sich die Wasser des Grundes gegen die Bodenoberfläche) und falle sieben Jahre, so daß also alle 14 Jahre die Grundwasser ihren höchsten Stand erreichen müßten. Dieses scheint aber nicht so zu sein, denn während im Jahr 1848 der Hügel so hoch war, daß ich im Orte Daglfing und von da nach Riem bis an die Axen (Achsen) im Wasser fahren mußte, hat heuer der Hügel diese Höhe nicht nur nicht erreicht, denn nirgends kommt derselbe zu Tage, sondern die Grundwasser sind sogar gegen voriges Jahr wieder im Fallen.

---

8   In Trudering als der »Hüll« bezeichnet, jenes »höllische Wasser, welches sieben Jahre steigt, sieben Jahre bleibt und sieben Jahre fällt«, siehe auch Hüllgraben, S. 154

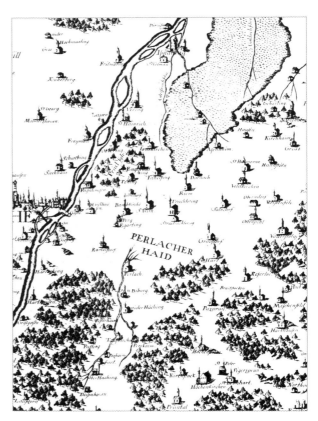

Das Gebiet östlich der Isar im 16. Jahrhundert nach Apian

Moore:

Mit ein Grund dazu, daß der Hügel nicht mehr so hoch steigt, mag der Umstand sein, daß im nördlichen Theile des Bezirkes, in den ausgedehnten Strecken von Moor- und Torfgründen, welche sich in ihrer weiteren Ausdehnung als Freisinger- und Erdingermoos nach Norden und Osten fortsetzen, durch die allmählich fortschreitenden Culturen, durch das dadurch bedingte Gräbenziehen und Anbauen des Bodens, dem Wasser ein rascher Abfluß nach tiefer gelegenen Gegenden verschafft wird. Die Torfgründe bei Ismaning werden lebhaft ausgebeutet, allein an vielen Stellen können nur zwei bis drei Stiche gemacht werden, weil dann nicht mehr zu bewältigendes Wasser die Ausbeutung hindert.

In diesen Torfgründen kommen aufrechtstehende, mit den Wurzeln dem Boden zugekehrten 3–4´ [9] hohe und 2–3½´ Durchmesser haltende Föhrenstämme zum Vorschein, welche, mit ihrem freien oberen Ende 2–5´ unter der Bodenfläche verborgen, an ihrem oberen Ende die Eigenthümlichkeit zeigen, als wären sie abgehauen.

Bodenkultur:
Noch mehr für die Cultur des Bodens ist in der Gegend von Riem und Ismaning geschehen; denn in den an letzteren Ort angrenzenden Moor- und Almgründen befindet sich ungefähr 1½ Stunden von Ismaning das sogenannte Wolfshölzl, zu welchem am Ende des vorigen Jahrhunderts ein, nur den nächsten Anwohnern bekannter schwieriger Weg führte, so daß bei den, in jenen Zeitraum fallenden Kriegen sich die Weiber, Greise und Kinder nebst Vieh und Fahrniß[10] dahin flüchten und einen verläßigen Zufluchtsort vor den Feinden finden konnten, weil Niemand über das Moos einen Gangsteig aufzufinden wußte; während man jetzt bis fast dicht an das Wolfshölzl[11] auf einer leidlich guten Straße mit dem Wagen fahren kann und links und rechts des Weges angebaute Felder sieht. Zur weiteren Cultivirung des Boden wird unstreitig die Vertheilung der Gemeindegründe, namentlich in den Moosgegenden mächtig mitwirken.

Mineralien:
Bemerkt möge noch sein, daß die Isar etwas Gold führt und daß das selbe Vorkommniß wohl auch bei einigen Bächen, welche die Moosgründe durchziehen, der Fall sein dürfte, worauf wenigstens der Name des bedeutendsten derselben »Goldach« hinzudeuten scheint.

Physische und intellektuelle »Constitution«:
Da in dem ganzen Bezirke keine Stadt und kein Markt, sondern nur ein paar Edelsitze gelegen und außer den wenigen Beamten die ganze Bevölkerung aus Landleuten besteht, so drückt sich auch entsprechend ihrer Lebensweise ihre körperliche Constitution in ihrer äußeren Erscheinung aus. Die Gestalten sind breitschulterig, meistens hoch gewachsen und die Gesichtsfarbe gesund. Nur im ersten Lebensjahre ist die Sterblichkeit sehr groß und erreicht, wenn man die todt und unreif Geborenen weg läßt, fast die Hälfte der lebensfähig Geborenen. Ist das erste Lebensjahr zurückgelegt so vermindert sich die Sterblichkeit zwischen dem ersten und zehnten Jahr um das Fünffache. Am geringsten ist sie mit Ausnahme des Alters von über 90 Jahren, zwischen 10 und 20 Jahren, steigt dann allmählich wieder an bis zum Alter von 60 Jahren und bleibt sich bis zum 80 Lebensjahre fast gleich. Die Landbevölkerung zeigt gegen jede Art von Neuerung sich mißtrauisch und will erst an einer längeren Reihe von günstigen Erfolgen die Probe des Neuen erkennen.

Wohnungsverhältnisse:
Die Häuser sind theilweise schon sehr alt und tragen in ihrer Anlage alle jene Gebrechen, welche die Sanitätspolizei womöglich zu wenden versuchen muß. In der Regel befindet sich Wohnhaus und Stall, öfters auch noch der Stadel unter Einem Dache. Das Haus ist in selteneren Fällen von Holz und nur die Feuerstelle von Steinen gemauert, in den meisten Fällen und namentlich bei allen neueren Häusern ist Haus und Stall von Steinen gemauert, bis weilen auch noch der Stadel, öfter jedoch letzterer bloß von Holz. Die Bedachung ist bei den älteren Häusern von Stroh, bei den neueren von Schindel oder Ziegelplatten. Das Heizmaterial ist durchgängig Holz und nur in jenen Gegenden, wo Torfstiche in der Nähe sich befinden (Ismaning) auch Torf. Diese Materialien werden in verhältnißmäßig großen Öfen zur Erwärmung der Stube verwendet. Je älter die Häuser, desto niederer und kleiner die Fenster, so daß sie in manchen Gebäuden nicht viel über 1 ½ Fuß[12] Höhe betragen, je später gebaut, desto größer und höher wer-

---

[9] 1 Zoll = 1 Schuh = 29,16 Zentimeter
[10] »Fahrnis(ß)« = die mobilen Werte eines Hofs
[11] Das Wolfshölzl lag nördlich des Speichersees

[12] 1 Schuh = 12 Zoll = 29,16 Zentimeter

Altes Bauernhaus, um 1810

Johanneskirchner Bauernfamilie, um 1890

den die Fenster bis zur Höhe von 4 Schuh und darüber. Die Fußböden sind in den Wohnhäusern durchaus gebrettert. Die Aborte befinden sich in der Regel in einem kleinen hölzernen Häuschen an der Dungstätte vom Hause getrennt. Es kommt sogar vor, daß Odelgruben sich in den Stallungen selbst befinden, und es allerdings in diesen Fällen fast unmöglich ist, eine andere Anlage dafür ausfindig zu machen, da man das einmal stehende Haus nicht mehr vom Platze zu schieben und die gegebenen Besitzverhältnisse nicht zu ändern vermag.

Bekleidung:
Im Allgemeinen trägt der Bauer außer dem Hemde eine lange lederne oder Tuchhose, erstere an den Knöcheln eng zusammengebunden, letztere frei bis auf den Vorfuß herabgehend, eine tuchene oder manchesterne Weste [aus sehr festem Rippensamt], welche je nach Wohlhabenheit mit Knöpfen aus Bronce oder Silber besetzt ist; ein schwarzes Halstuch und einen tuchenen bis über die Knie reichenden Rock oder auch bloß einen bis an die Hüften gehenden Janker. Die Füße sind entweder mit Socken bekleidet oder stecken nackt in Bundschuhen oder in bis an die Knie reichenden Stiefeln. Letztere Art von Stiefeln wird jedoch nur an Sonn- und Feiertagen oder bei sonstigen feierlichen Angelegenheiten getragen. Auf den Kopf wird in den nördlicheren Gegenden ein niederer schwarzer Filzhut, in den südlicheren ein etwas höherer und oben spitziger zugehender schwarzer oder grüner Filzhut gesetzt. Die erwachsenen Weibspersonen tragen bis über die Waden gehende Röcke von Wolle oder Baumwollstoff, ein Mieder von Marino oder Seide, einen Spenser aus den gleichen Stoffen, im Staate ein seidenes kleines Hals- und Brusttuch; auf dem Kopfe ein Kopftuch, Pelz- oder Ringelhaube und in der südlichen Gegend einen schwarzen oder grünen Filzhut, geformt wie der der Männer,

jedoch mit schmälerer Krempe. Strümpfe werden im Sommer bei der Arbeit nicht getragen und die minder Bemittelten und Jüngeren tragen auch keine Schuhe. Im Winter tragen Alle Schuhe und Strümpfe. Die Kinder, wenn sie einmal richtig laufen können und über die Gemeindeflur mit hinaus genommen werden, stellen daß getreue Abbild der Eltern dar, mit dem einzigen Unterschiede, daß der Hut bei dem Buben für seine Körpergröße gewöhnlich etwas zu Groß ausfällt und ihn so als eine halbe Karrikatur erscheinen läßt. Diese Bekleidung im Allgemeinen hat nichts, was unzweckmäßig oder gesundheitsschädlich wäre.

Nahrungsweise:
Die Nahrung wird aus dem Pflanzen- und Tierreiche genommen und namentlich wird, je näher der Stadt, desto mehr Fleisch gegessen. Im Allgemeinen dürfte übrigens die vegetabilische Nahrung vorwiegen und besteht dieselbe aus in Schmalz gebackenen Nudeln von schwarzem Mehl, aus Knödeln, Kartoffeln, Milch und im Allgemeinen gut gebackenem Kornbrode. Die Nahrung ist reichlich und die Gesundheit und das gute Aussehen der Leute beweisen, daß sie auch nahrhaft und verdaulich ist. Das gewöhnliche Getränk ist Wasser. Milch kommt bei Erwachsenen gewöhnlich als Milchsuppe oder Eintauche für Kartoffel und Nudel vor. Kinder trinken viel Milch.

Je nach der Wohlhabenheit und Gelegenheit wird Scheps[13], Bier und Wein, letzter jedoch nur bei feierlichen Gelegenheiten, und von Tagelöhnern und Holzarbeitern auch Schnaps getrunken. An Sonn- und Feiertagen, an welchen die Wirthshäuser auch von den ledigen Burschen und Knechten besucht werden, kommt übermäßiger Genuß des Bieres leider sehr häufig vor, und bei einem zufällig entstandenen oder eigens gesuchten Wortwechsel und Streit kommt es nicht selten bei dieser kräftigen, stets kampfbereiten Bevölkerung zu Raufereien, welche bisweilen mit gefährlichen Körperverletzungen oder gar Tödtungen enden.

Von den Neugeborenen werden 80–90 Procent von den Müttern geschenkt[14] und kommt dieses auch bei unehelichen Geborenen vor, wenn die Lebensverhältnisse der Mutter es gestatten. Doch nicht sehr lange in der Regel bleibt der Säugling an der Mutterbrust und meistens wird schon nach wenigen Wochen neben der Brust dem Kinde auch noch Milchbrei (Mus) gereicht, außerdem erhält es den unvermeidlichen Schnuller (»Ditzl«), in welchen weißes oder schwarzes Brod, auch Nudeln, mit oder ohne Zucker eingebunden sind. Dieser, in Wasser getaucht und mit den Fingern, wohl auch mit den Zähnen in eine Spitze geknetet, wird dem Kinde in den Mund gesteckt, wobei jedoch der größere Theil, wie ein kleiner Apfel vor dem Munde stecken bleibt. Drei bis fünf Monate nach der Geburt wird das Kind von der Brust genommen und Mus, Ditzl, Milch und Wasser bilden gewöhnlich in dem ersten Lebensjahre seine einzige Nahrung. Wurde das Kind gar nicht an die Brust gelegt, so wird mit der letzteren Ernährungsart sogleich begonnen, nur erhält es dann 4–5 Monate lang nur weißes Brod im Ditzl. Das Mus für die kleinen Kinder wird immer von Weizenmehl bereitet. Um aber den Kindern ja nichts abgehen zu lassen, werden sie mit Mus so überfüttert, daß Verdauungsstörungen und folge weise Darrsucht[15] eintreten, sowie der abscheuliche Gebrauch des Ditzl die Hauptursache der Entzündungen der Schleimhaut der Mundhöhle und Aphthen (Mundschleimhautentzündung, Aphthenseuche = Maul- und Klauenseuche) ist. So starben in den zehn Jahren 1851/61 über 600 Kinder an Darrsucht und Aphthen. Nur bei wenigen der verständigsten Landleute ist es möglich, das Mus der Kinder auf das richtige Maß zu beschränken und den Ditzl zu beseitigen. Im Allgemeinen ist bei den meisten Landleuten der Glaube fest gewurzelt, daß

---

[13] Scheps (auch Schöps) = Nachbier, Bier aus schon einmal aufgegossenem Sud

[14] Die Mutter »schenkt« ihr Kind = die Mutter säugt es

[15] Auszehrung der Kinder, chronischer Magen- und Darmkatarrh

bei so kleinen Kindern der Arzt überhaupt nichts machen könne, weshalb er in der Regel in derartigen Erkrankungsfällen gar nicht, oder erst zu spät gerufen wird.

Beschäftigung der Bewohner:
Ackerbau und Viehzucht bilden die Hauptbeschäftigung der Bewohner, in dem südlichen, stark bewaldeten Theile kommt noch die Holzarbeit hinzu. Die für ihre Bedürfnisse erforderlichen Gewerke (Handwerksbetriebe) sind allerdings vertreten, aber in der Regel wird die Landwirtschaft nebenbei nicht vernachlässigt. Fabriken gibt es im Bezirke nicht, und die auf den Ziegelstädeln beschäftigten Arbeiter müssen schon, um ihrer Beschäftigung genügen zu können, gesunde rüstige Personen sein. Die Zeiteintheilung für Ruhe und Arbeit ist im Allgemeinen eine günstige. Es wird Morgens sehr früh aufgestanden und Abends zeitig Feierabend gemacht, dringende Erntearbeiten etwas ausgenommen.

Lagerstätten:
Der verheirathete Landsmann schläft mit seinem Eheweibe stets in einer Stube, in der Regel in einem Bette und nur die jüngsten Kinder theilen mit den Eltern das selbe Schlafgemach. Die ledigen Dirnen und Mägde schlafen je nach Zahl und Räumlichkeit in einer oder mehreren Kammern in verschiedenen Betten beisammen, ebenso die ledigen Burschen und Knechte, jedoch muß, wenn ein etwas größerer Pferdestand auf dem Hofe gehalten wird, ein Knecht im Pferdestalle selbst, wo er ein Bett hat, schlafen. Gleiches trifft für den Kuhstall eine Dirne, wenn der Hornviehstand beträchtlich und die Mägdekammer zu entfernt ist.

Wohlstand:
Kann auch die Bevölkerung im Allgemeinen nicht als reich bezeichnet werden, so haben doch fast Alle nicht nur so viel als sie brauchen, sondern in der Regel noch etwas mehr. Die Zahl der Armen und aus der Armenpflege Unterstützten beträgt für den ganzen Bezirk ungefähr 140, außerdem werden noch ungefähr 45 Werk- und aus dem Armenfonds unterstützt. Hiefür werden jährlich ungefähr 3900 Gulden verwendet. Man kann also mit gutem Grunde sagen, daß im Bezirke Wohlstand herrsche.

Erntearbeiten im Moos bei Johanneskirchen, 1930er-Jahre

Reinlichkeit:
Sowohl in ihren Häusern als an ihrem Leibe sind die Bewohner so reinlich, als es eben ihre in der Regel nicht ohne Beschmutzung zu verrichtende Arbeit zuläßt. Sie halten auf gute und reine Wäsche und Kleidung etwas und zeigen dort, wo die Gelegenheit sich ihnen bietet, große Neigung zum Baden. Auch in Ismaning, wo die dortigen Bäche Gelegenheit geben, wird viel gebadet.

Vergnügungen, Feste:

Die Vergnügungen des männlichen Geschlechts bestehen in Kegel schieben, Scheibenschießen und Kartenspiel, während des Winters auch noch in Eisschieben und Schlittenrennen. Beim Tanze betheiligen sich beide Geschlechter. Den Übergang vom Vergnügen zum Feste bilden große Viehmärkte, so namentlich der weitbekannte, Anfangs September fallende, große Keferloher Markt, bei welchen Gelegenheiten, wenn auch die früher üblichen Rohheiten nicht mehr vorkommen, es doch noch immer ziemlich tumultuarisch zugeht.

Für die Frauen bildet die öffentliche Schutzpockenimpfung eine Art Fest, dann bei dieser Gelegenheit spannt der Bauer sein bestes Pferd vor den Wagen und fährt Mutter und Impfling auf die Impfstation.[16] *Wer selbst nicht Wagen und Pferde hat, wird entweder von Anderen mitgenommen, oder eine ganze Ortschaft setzt Mütter und Kinder und die zur Untersuchung zu bringenden Kostkinder je nach Möglichkeit in einen Stellwagen oder auf einen Leiterwagen, spannt vier Pferde vor und kommt in staatlichen Trabe herangefahren. Im Wirthshause nun lassen die Männer den Frauen Braten, Geselchtes, Würste, Kaffee und natürlich Bier nach Belieben vorsetzen, so daß die Mutter, wenn sie ihr Kind zur Impfung bringt, gleichsam den Taufschmaus nachholt.*

Ehe und eheliches Leben:

Wie überall, so ist auch hier die Eingehung einer Ehe von mannigfachen Vorbedingungen abhängig. Die meisten Ehen werden geschlossen in dem Alter zwischen 30 und 40 Jahren. Die in späteren Jahren eingegangenen Ehen haben häufig die Legitimierung früher unehelicher erzeugter Kinder zur Absicht. Kommt es auch, wie kaum zu vermeiden, bisweilen zwischen den Ehegatten zu Zwistigkeiten, bei welchen sich dann freilich Individualität der Streitenden kund gibt, so sind die Ehen im Ganzen doch glückliche und Verletzungen der ehelichen Treue selten. Im Ganzen kamen in dem Zeitraum 1851/61 unter Katholiken 6 und bei gemischten Confessionen 4 gerichtliche Ehetrennungen vor.

Hang zur Ehelosigkeit dürfte zu den größten Seltenheiten zu zählen sein. Die Fruchtbarkeit des weiblichen Geschlechts ist groß, wie schon die Ziffer der im Zeitraum 1851/61 geborenen Kinder: 3687 beweisen dürfte. Der fleischliche Umgang der Unverheiratheten nimmt an Häufigkeit zu, es verhalten sich nach 10jährigem Durchschnitt die ehelichen Geburten zu den unehelichen, wie 100 : 36,8. Wenn nun auch die Zahl der unehelichen Geburten eine betrübende Höhe erreicht hat, so scheint doch die Befriedigung des Geschlechtstriebes in der Regel nur auf naturgemäße Weise zu geschehen, denn die Krankheiten der Sexualorgane sind im Allgemeinen selten.

Johanneskirchner Bauernfamilie um 1900

Das gesunde Weib des Landmannes arbeitet in der Regel, bis die Wehen sich einstellen. Die Schwangere vermeidet zwar schwere Arbeiten und solche Beschäftigungen, wobei eine Verletzung ihres Leibes leichter

---

[16] Als erster Staat der Welt führte Bayern 1807 die gesetzliche Pockenschutzimpfung ein.

möglich wäre, sonst aber nimmt sie keine Rücksicht auf sich. In manchen Fällen kommt es allerdings vor, daß das schwangere Weib über Gebühr sich anstrengt, ohne dass dieses jedoch von erheblichem Einfluß auf die Entbindung oder Leibesfrucht wäre. Die Entbindungen erfolgen im Allgemeinen leicht innerhalb 8–12 Stunden und künstliche Entbindungen kommen wenige vor. Wie die Schwangere meistens bis zum Zeitpunkt der Niederkunft wenigstens ihre häuslichen Arbeiten verrichtet, so verläßt häufig auch die Wöchnerin schon 3 Tage nach der Entbindung wieder das Bett, um zu der unterbrochenen Arbeit zurückzukehren.

Geistige »Constitution« der Bevölkerung:
Die Bevölkerung zeigt im Allgemeinen das, was man gesunden Menschenverstand nennt, und da der Bauer zur Zeit noch mit Liebe an seiner Heimath und Allem, was sie ihm bietet, hängt, so sucht er auch vorwiegend der Bewirtschaftung und Verbesserung seiner Grundstücke fast seine ganze leibliche und geistige Thätigkeit zuzuwenden. Das Kind, so lange es in die Schule geht, lernt daselbst nicht ohne Befähigung die vorgeschriebenen Lehrgegenstände, allein der Schule einmal entwachsen und kräftiger geworden, wendet es sich den landwirtschaftlichen Beschäftigungen der Eltern zu, und bei fast jedem Mangel, in der Familie seine geistige Fähigkeiten weiter zu entwickeln, wird sein Ideenkreis nicht weiter eröffnet, es verlernt nach einigen Jahren den größeren Theil dessen, was es sich in der Schule angeeignet hat, wieder und bis es in die zwanziger Jahre gekommen ist, ist von dem ganzen Schulunterricht nichts mehr übrig geblieben, als die Befähigung zu lesen, nothdürftig etwas zu rechnen und seinen Namen zu schreiben.

In einem Bauernhause werden in der Regel außer den Schulbüchern der Kinder, einigen Gebetbüchern und Legenden und endlich dem nie fehlenden Kalender weitere Literalien nicht angetroffen. Erst in neuster Zeit findet auch in die Bauernhäuser die Zeitungsliteratur und leider gerade nicht durch ihre besten Vertreter mehr und mehr Zugang. Veranlaßte die bisherige Zurückgezogenheit des Landmannes von mehr geistiger Beschäftigung mannigfache Mängel, so bewahrte sie ihn doch auch vor vielen geistigen Gebrechen. So ist zum Beispiel die Zahl aller Geisteskranken im Gerichtsbezirke nur vier und unter diesen eine von Jugend auf Blödsinnige.

Die Landbevölkerung, deren ganzer Besitz mit dessen Erträgnis mehr als bei den meisten übrigen Arten des Besitzstandes in die Hand der Vorsehung gegeben ist, ist bis jetzt noch gläubig. Sie hält ihre Religion hoch, und letztere ist das mächtigste Mittel, wodurch sie von unrechten Wegen abgehalten, bei Verirrungen auf den richtigen zurückgebracht und in Unglücksfällen getröstet werden kann. Von Mysticismus und Schwärmerei ist nichts zu entdecken, wohl aber haftet noch mancher Aberglaube fest, wie zum Beispiel der, daß die Leiche eines solchen, der sich selbst erhängt hat, wenn er innerhalb der Gemeindeflur zur Erde bestattet würde, Hagel über die Fluren bringe, weshalb es auch schon vorkam, daß die Leiche eines solchen Selbstmörders bei Nacht wieder ausgegraben und in einer anderen Gemeindeflur eingescharrt wurde.

Der verheerende Brand von 1838

Das *Münchner Tagblatt* berichtete am 12. April 1838 von einer schrecklichen Katastrophe in Johanneskirchen:

Wegen des großen Unglücks, welches durch Überschwemmungen, theils in Ungarn, theils in anderen Gegenden angerichtet wurde, hat man hier im Tagsgespräche beinahe unsere nächsten Nachbarn vergessen. Diese sind die armen Einwohner von Johanniskirchen unweit Föhring. Es läßt sich das Elend wohl kaum beschreiben, welches diese durch einen neuerlichen Brand, der am schmerzhaften Freitag ausbrach, erlitten haben. Das ganze Dörfchen mit Ausnahme der Kirche und dreier Häuser wurde ein Raub der Flammen. Getreide, Vieh, Hausfahrnisse und Geld ging zu Grunde. Einige Personen sind tödtlich, mehrere minder bedeutend beschädigt, alle aber am Bettelstab. Ein Weber, der seinen alten halb blinden Vater, seine alte Mutter, sein Weib und 6 Kinder, von denen das älteste noch schulpflichtig ist, zu ernähren hat, verlor all sein weniges Habe. Der alte Meßner, welcher sein Eigenthum selbst vergessend, in die ihm anvertraute Kirche zur Rettung eilte, erfuhr ein Gleiches, ja er wäre beinahe ein Opfer seiner Pflichterfüllung geworden, indem derselbe in der Angst den Schlüssel der Hauptthüre vergessen hatte und der heftige Wind die Vorthüre in Schloß und Riegel warf, und der Rauch der brennenden Häuser so hindurchdrang, daß er bald erstickt wäre, da der arme Mann weder in das Innere der Kirche, noch zurück ins Freie konnte und längere Zeit zwischen den beiden Thüren eingeklemmt war. Sonderbar ist, daß die verheerende Flamme gerade die Kirche übersprang und bei dem sehr heftigen Winde dieselbe nicht, sondern einen hinter der Kirche gelegenen Bauernhof ergriff und einäscherte.

Freundlicher Leser! Du hast wohl manche heitere Stunde in dem schönen Föhring verlebt und es schweifte oft Dein Blick hinüber nach dem schönen, stillen Dörfchen zwischen blühenden Saatfeldern. Es liegt in Asche und nur das Kirchlein ragt traurig heraus aus dem sie umgebenden Schutthaufen. Cadaver des verbrannten Viehes liegen umher und Du siehst noch den verbrannten Stummel des Hofhundes, welchen sein guter Herr auch in der größten Verwirrung nicht vergaß, ihn, während sein Haus und Hof in hellen Flammen stand, von der Kette ließ und retten wollte. Das treue Thier aber verließ seinen Platz nicht, er eilte in seine Hütte zurück und verbrannte mit derselben. Sein klägliches Geheul und Gebelle konnte den verheerenden Räuber, die riesige Flamme, nicht vertreiben. In dieser jetzigen heiligen Zeit, wo Dein Herz, lieber Leser, sich gewiß edler Menschenliebe mit ganzer Kraft zuwendet, denke dieser armen Leute. Jede Gabe, welche uns zukommt, werden wir anzeigen und sie gewissenhaft den höchst bedürftigen Einwohnern von Johanniskirchen zustellen. Können die Armen sich heuer kein Osterbrod backen, kein Osterei färben und sich mit frohem sorglosen Herzen der Auferstehung des Herrn erfreuen, so wollen wir doch zu vorderst trachten, daß sie durch edler Menschen Hilfe bald das Allernöthigste erhalten. Ein gutes Werk zu thun, ist das schönste Opfer, das wir dem Sieger über Tod und Grab bringen können, Amen!«

Bis auf die Höfe Hausnummer 6, 7 und 13 wurden alle Gebäude in Johanneskirchen zerstört. Auf den Artikel im *Münchner Tagblatt* hin gingen zahlreiche Spenden ein. In den täglichen Ausgaben des *Münchner Tagblattes* und des *Bayerischen Landboten* wurden unter der Überschrift »Gott gefällige Gaben für die armen Abgebrannten in Johanneskirchen« die eingegangenen Geldbeträge mit Angabe des Spenders aufgelistet. Oft wurde unter einem bestimmten Motto gespendet, wie »gedenkt in dieser heiligen Zeit der unglücklichen Mitbrüder« oder »Alles muß erworben sein, Gott aber ist der Geber«, oder die Spende erging direkt »für den dortigen Weber mit seinem blinden Vater und zahlreichen Familie«.

Am Samstag, dem 28. April 1838, veranstaltete die »löbliche Gesellschaft des Bürgervereins« zum Besten der armen Abgebrannten eine theatralische Vorstellung. Der Ertrag von 100 Gulden wurde den Johanneskirchnern überwiesen. Auch Sachspenden wurden gemacht und so schrieb das *Münchner Tagblatt* am 7. Mai 1838:

Der löbliche Magistrat hat den armen Bewohnern von Johanneskirchen zwei große Haufen Ziegelsteine, welche am Sebastians-Platze auf dem obern Anger liegen, geschenkt. Die armen Leute wurden freilich auf einmal Steinreich, es ist unser innigster, herzlichster Wunsch, diese Verunglückten auch mit allen andern Bedürfnissen versehen zu wissen.

Der Oberföhringer Pfarrer hatte die Aufgabe, eine Rechnung über alle Einnahmen und Ausgaben für die durch den Brand verunglückten Einwohner zu erstellen. Außer von den Zeitungen gingen auch Geldbeträge von den umliegenden Gemeinden, vom königlichen Landgericht Au (350 Gulden) und weiteren Einzelpersonen ein. Insgesamt kamen 1545 Gulden zusammen, wovon 982 Gulden auf die Besitzer der verbrannten Höfe verteilt wurden, die Kleinhäusler bekamen circa 50 Gulden, die Bauern der großen Höfe 90 bis 140 Gulden. Kleinere Geldbeträge gingen an die Dienstboten der Bauern (4 bis 12 Gulden), an den Wundarzt und die Apotheke, an den Schuhmacher in Oberföhring für neue Schuhe für die Einwohner, und an den Schneider für neue Kleidung. Die angrenzenden Gemeinden spendeten außerdem Naturalien (Getreide, Kartoffeln und Stroh), Gerätschaften und Kleidung. Die Naturalien wurden im Pfarrhof von Oberföhring hinterlegt und von den Gemeindemitgliedern selbst verteilt. Über Verletzte wurde nur von einer Barbara Huber geschrieben, welche nach Haidhausen ins Krankenhaus aufgenommen werden wollte.

Die Kirchenrechnung von 1839 vermerkt:

> [...] *dieses* [das Gemeinde-Hirthaus] *ist nebst 9 anderen Wohngebäuden unterm 6. April 1838 abgebrannt, nunmehr als neuerbaut wieder bewohnt.*

> [...] *Besondere Ausgaben für die Herstellung der bei der großen Feuersbrunst unterm 6. April 1838 in Johanneskirchen herausgenommenen drei Kirchen-Altäre den Zimmerleuten Jakob Neuner und Balthasar Ramsauer in Oberföhring 2 Gulden 57 Kreuzer und dem Meßner Unterberger in Johanneskirchen für 2malige Reinigung der Kirche nach der ermeldten Feuersbrunst 1 Gulden 12 Kreuzer. Für Glaser-Arbeit an den beschädigten Kirchenfenstern dem Glasermeister Franz Siebenbirger in Ismaning 3 Gulden 15 Kreuzer und für in Akord übernommene Reparatur an dem Kirchen-Dache, dem Thurm und der Kirchhofmauer dem Maurermeister Aterberger in München 55 Gulden und 36 Kreuzer.«*

Aus den Gemeindebüchern

Die Bayerische Gemeindeordnung von 1869 machte die Gemeinden zu echten Selbstverwaltungskörperschaften. Aus dieser Zeit stammen ein Buch der Beschlüsse (von 1865 bis 1881)[17], Protokollbücher der Gemeinde Daglfing[18] und der Ortsgemeinde Johanneskirchen (seit 1882)[19] sowie Rechnungsbücher für Johanneskirchen (von 1868 bis 1924)[20]. Zu diesen Akten gehört auch ein Protokollbuch über Gemeindeversammlungen an denen alle Bürger teilnahmen[21]. Wurde ein Beschluss einstimmig angenommen, so unterschrieben nur Bürgermeister und Bevollmächtigte, bei Uneinstimmigkeit wurde von allen anwesenden Bürgern eine Unterschrift, je nach Aussage, abgegeben.

Aus den Rechnungsbüchern der Ortsgemeinde Johanneskirchen

Der jeweilige Ortsführer hatte die Aufgabe, die jährlichen Einnahmen und Ausgaben im Rechnungsbuch einzutragen. Die Einnahmen beliefen sich hauptsächlich aus Grundsteuern, Verpachtung von Gemeindegrund, Vermietung des Gemeindehauses und aus der Jagdpacht. Ausgaben gingen an die Distriktgemeinde, den Staat, für den »Cultus« (Pfarrer, Cooperator, Mesner, Lehrer, Fahnenträger) und zum Unterhalt der Gemeindebesitzungen (Reparaturen der Wege, Brücken und Stege, des Ortschaftsbrunnens, Anschaffung von Feuerwehrutensilien).

In den Jahren 1890 und 1891 erhielt der Wirt Michael Wagner Geld aus der Gemeindekasse für die Verköstigung der »Scharwerkarbeiter« – Ortsbewohner, die die Ortswege wieder herstellten.

Nach Abschluss der Rechnung wurde diese den Ortsbewohnern vorgelesen und zur Unterschrift vorgelegt.

---

[17] Archivmaterial [STAM-DGLF147], Teil I
[18] Archivmaterial [STAM-DGLF140]
[19] Archivmaterial [STAM-DGLF148]
[20] Archivmaterial [STAM-DGLF005]
[21] Archivmaterial [STAM-DGLF147], Teil III

Aus dem Protokollbuch der Ortsgemeinde Johanneskirchen

Die Bürger der Ortsgemeinde wurden zu den Versammlungen geladen, um über die Ortsangelegenheiten abzustimmen. Das waren zum Beispiel die Versteigerungen der Jagdpacht und der Eisweiher, Verpachtung oder Verkauf von Gemeindegründen, Wahlen für die Vertreter des Ortes, Vermietung des Gemeindehauses und Angelegenheiten bezüglich der Ortswege.

Wahl der Ortspfleger:
Am 4. Januar 1882 wurden die zwölf Bürger von Johanneskirchen zur Wahl des Ortspflegers und des Abgeordneten in die Kirchenverwaltung eingeladen. Neun Johanneskirchner erschienen und wählten mit sieben gegen zwei Stimmen Joseph Wild zum Ortspfleger. Franz Pache wurde mit sechs gegen drei Stimmen in die Kirchenverwaltung gewählt. 1885 wurde ein neuer Ortspfleger gewählt, da Josef Wild wegen Verkaufs des »Wildhofs« wegzog. Gewählt wurde mit elf zu sieben Stimmen der »Maierbauer« Josef Glasl. Am 18. März 1888 wählten die Johanneskirchner Bauern mit acht zu vier Stimmen Josef Reithofer zu ihrem Ortspfleger. Er erhielt ein jährliches Gehalt von 30 Mark.

Im Protokoll vom 4. Dezember 1891 wurde einstimmig beschlossen, dass die Gemeindebürger der Ortschaft Johanneskirchen ihr Vermögen selbst verwalten, Ortspfleger blieb Josef Reithofer. Bei der Wahl 1894 fielen von sechs abgegebenen Stimmen drei Stimmen auf Josef Reithofer, zwei Stimmen auf Anton Wisgigl und eine Stimme auf Johann Lipp.

Vermietung des Gemeindehauses:
Protokoll vom 30. April 1887:
I. Die Ortschaft Johanneskirchen vermiethet ihr Gemeindehaus an die Frau Maria Zerndl, Milchhändlerin in Johanneskirchen, um den monatlichen Miethzins von 8 Mark.
II. Die Zerndl hat die Pacht jedesmal am 1. Tage des Monats zu bezahlen.
III. Die Wohnung wird in gutem Stande übergeben und Zerndl verspricht, sie bei einem künftigen Auszuge in demselben Zustande zu hinterlassen.
IV. Veränderungen in dem Hause durch Maurer, Zimmerleute pp dürfen ohne Einwilligung der Ortsgemeinde nicht vorgenommen werden.
V. Beide Teile haben sich einer vierteljährlichen Aufkündigung bedungen.
VI. Zur genauen Einhaltung vorstehender Bestimmungen verpflichten sich beide Contrahenten durch Namensunterschrift.
(Unterschrieben von Anna Zerndl, Joseph Glasl und dem Bürgermeister Sebastian Sedlmair)

Die Pflasterung der Johanneskirchner Straße:
Die Wege und Straßen in der Gemeinde Daglfing wurden zur Instandhaltung immer wieder neu bekiest. Durch die Ansiedelung von Ziegeleien und dadurch höhere Belastung der Wege wurde die Pflasterung notwendig.

Protokoll vom 29. Januar 1896:
Auf Vorladung erschienen die Ortsbürger von Johanneskirchen die Zahl derselben beträgt 14, von den selben sind 10 erschienen und erklärten:

20.000 Mark aufzunehmen und davon 6000 Mark Annuität-Kapital zu 4 % Verzinsung und 1 % Tilgung und 14.000 Mark in jährlichen Raten zu 2800 Mark und werden diese 14.000 Mark von den Ziegeleibesitzern Franz Obermeier, Michael Leibenger, Michael Seeholzer, Anton Baur, (Jakob Lissauer + Michael Höllerer) in 15 Fristen zu bezahlen, und leisten die genannten Ziegeleibesitzer solidarische Haftung.

Die Pflasterung beginnt beim Kreuz in Johanneskirchen vis a vis des linken vorderen Hauseckes des Haus No. 16 in Johanneskirchen. Die Ziegeleibesitzer Leibenger, Seeholzer, Baur (Lissauer + Höllerer) erklären daß sie die Tilgung der 6000 Mark Annuitätenkapital nur mit Grund- und Haussteuer tilgen. Die Ziegeleibesitzer erklären daß sie die Reparaturen inclusive Herrn Franz Obermeier allein bestreiten.

Dieser Beschluss wurde im Mai 1896 als ungültig zurückgenommen und ein neuer Betrag des aufzunehmenden Kapitals bestimmt. Die Zinsen sollten durch die Erhöhung der Ortsumlage beglichen werden. Für die zur vollständigen Durchführung fehlenden 2000 Mark wurde beim Hohen Distrikt von München rechts der Isar nachgesucht, bei Nichtgenehmigung bliebe eine entsprechende Strecke unbepflastert. Für die Unterhaltung des Wegs von Johanneskirchen bis zur Ortsgrenze Oberföhring war die Ortsgemeinde Johanneskirchen zuständig.

Im August 1896 wurden unter anderem der Beschlüsse gefasst, dass bei der Bayerischen Hypotheken- und Wechselbank in München unter Solidarhaftung der Ortsangehörigen ein Annuitätskapital in Höhe von 6000 Mark aufzunehmen ist. Die Unterhaltung des gepflasterten Weges übernahm die Ortsgemeinde unter der Voraussetzung, dass dieser nicht mit über 1500 Kilogramm schweren Lasten befahren werden sollte. Von dieser Beschränkung ausgenommen waren nur Ökonomiefuhren. Sofern die Ziegeleibesitzer den Weg mit mehr als 1500 Kilogramm schweren Lasten befahren wollten, hatten sie die am 29. Januar 1896 zugesagte Instandsetzungspflicht zu übernehmen.

1000 Mark, die 1896 beim Bau der Schule in Englschalking übrig geblieben waren, spendierte die Gemeinde Daglfing für die Pflasterung der Johanneskirchner Straße.

Aus den Protokollbüchern der Gemeinde Daglfing
Protokoll vom 23. Juni 1889, Aufstellung eines Gemeindedieners in Daglfing:

[…] sei als neuer Gemeindediener vom 1. Juli 1889 ab Johann Bichler von Daglfing aufzustellen mit einem Gehalte von monatlich 45 Mark und hat derselbe zugleich die Flurwache zu besorgen. Als Kaution hat Bichler 500 Mark in stiftungsmäßigen Wertpapieren zur Reservekassa Daglfing zu stellen. Bichler soll die von ihm vereinnahmten Gelder alle Sonntage Mittags an den Gemeindekassier Herrn Lechner abliefern.

Für Vorladungen und Mahnungen hat Bichler das 1. Mal Nichts zu beanspruchen, für jeden weiteren Gang und jede weitere Mahnung jedoch die gesetzliche Mahngebühr von 20 Pfennige zu fordern. Bichler hat sich jeden Tag Morgens beim Herrn Bürgermeister, sowie bei dem Gemeindeschreiber zur Entgegennahme allenfallsiger Aufträge einzufinden. Die Dienstkleidung des Gemeindedieners, bestehend in Rock, Hose, Mütze und Säbel soll dem Bichler das 1. Mal auf Kosten der Gemeinde angeschafft werden, und hat Bichler diese gesammte Dienstausrüstung bei Verlassen des Gemeindedienstes an die Gemeinde zurückzugeben. Als Dienstkündigung wird gegenseitig ein Monat ausgedungen.

Am 17. Januar 1890 wurde dem Gemeindediener Johann Wittmann in Daglfing (früher irrtümlich Bichler genannt) von der Gemeinde die dienstliche »Verehelichungsbewilligung« mit der Dienstmagd Anna Maria Kastner erteilt.

Blick entlang der alten Johanneskirchner Straße (heute Bichlhofweg) Richtung Westen (im Hintergrund Oberföhring)

Protokolle über die Lagerung des Hausunrats der Stadt München im Gebiet des königlichen Bezirksamts München I:

Protokoll vom 4. Oktober 1893:
> *Es wurde mit allen gegen keinen beschlossen: Es wird zu Art 93 des Polizei-Strafgesetzbuches nachstehende ortspolizeiliche Vorschrift erlassen:*
> *I. Das Abladen der aus der Stadt München abgefahrenen Hausunrats ist in einer Entfernung von weniger als 300 Meter von öffentlichen Straßen und Wegen, von Brunnen und bewohnten Gebäuden verboten.*
> *II. Jedes Aufwühlen des gelagerten Hausunrats ist untersagt.*

Protokoll vom 15. Januar 1894:
> *Es wird zu Art 93 des Polizei-Strafgesetzbuches vorstehende ortspolizeiliche Vorschrift ohne Rücksicht auf die Vorstellung des Stadtmagistrates München, der den Unrat leicht von Riem aus per Rollbahn in das Moos bei Ismaning bringen könnte und dort auch Abnehmer finden würde* [erlassen].
> *I. Das Abladen des aus der Stadt München abgefahrenen Hausunrats ist in einer Entfernung von weniger als 300 Meter von öffentlichen Straßen und Wegen, von Brunnen und bewohnten Gebäuden verboten.*
> *II. Das Aufwühlen in dieser Entfernung wird gestattet.*

Protokoll vom 20. April 1894:
> *Es wird von der Erlassung einer ortspolizeilichen Vorschrift zu Art 93 des Polizei-Strafgesetzbuches Umgang genommen, da der dermalige Zustand des Hausunratabfuhres einen provisorischen Charakter trägt.*

Von 1898 bis 1949 wurde der Hausunrat der Stadt München nach Puchheim gebracht. Dort befanden sich neu erbaute Fabrikanlagen, zu denen der Müll, in Tonnen auf offene Güterwagen verladen, gefahren wurde. Bevor der Müll zu Dünger verarbeitet werden konnte, wurden Knochen, Lumpen und Kleidungsstücke sowie Papier zur Wiederverwertung aussortiert.

1984 hat man Johanneskirchen unter vielen möglichen Standorten für eine Mülldeponie ins Auge gefasst. Der Stadtrat entschied sich aber damals für die Deponie in Freimann-Nordwest. Bis Ende 1994 wollte man diese Deponie schließen. Ein 1989 von der Stadt in Auftrag gegebenes Gutachten sollte nun nach neuen Standorten suchen, von 19 Plätzen kamen neun in die engere Wahl, darunter auch Johanneskirchen. Am 28. Oktober 1989 wurde die Bürgerinitiative »Nordostpark statt Mülldeponie in Johanneskirchen« ins Leben gerufen. Durch Sammlungen von Unterschriften und vorgefertigten Briefen an die Regierung von Oberbayern wehrten sich die Johanneskirchner gegen eine Deponie im Moosgrund. »Das bessere Müllkonzept« machte die Errichtung einer neuen Deponie unnötig.

Protokoll vom 21. November 1918:
> *1. Zur möglichsten Verhütung von Plünderungen und Raub soll für die hiesige Gemeinde eine aus vier Mann bestehende militärische Sicherheitswache vorläufig eingerichtet werden. Dieselbe soll den zuständigen Gendarmeriestationen Unterföhring und Trudering zur Unterstützung beigegeben und auf die 4 Ortschaften der Gemeinde verteilt werden.*
> *2. Die aus hiesiger Gemeinde in den Krieg gezogenen und nun demnächst zurückkehrenden Soldaten werden im Falle der Arbeitslosigkeit und Bedürftigkeit auf Kosten der Gemeinde beköstigt.*
> *3. Das Bezirksamt München wird gebeten, beim Ministerium des Innern die Errichtung einer zweimännigen Gendarmeriestation in Daglfing beantragen und dringend befürworten zu wollen.*

Für die aus dem Krieg heimgekehrten Soldaten wurde eine Kriegerheimkehrerfeier ausgerichtet, bezuschusst von den vier Ortsgemeinden Daglfing, Johanneskirchen, Englschalking und Denning: pro Hausnummer wurden 5 Mark gegeben. Im März 1919 verlieh die Gemeinde 22 Kriegsteilnehmern das Bürgerrecht gebührenfrei, im Januar 1920 weiteren 35 Kriegsteilnehmern.

Aus den Protokollen über die Gehälter des Bürgermeisters und der Angestellten:

Januar 1894: Der Bürgermeister erhielt ein jährliches Gehalt von 200 Mark, der Gemeindeschreiber 600 Mark und zusätzlich 45 Mark für die Stellung der Rechnungen der Gemeinde, Krankenversicherung und des Armenfonds.

Februar 1922: Der erster Bürgermeister erhielt ab 1. Januar 1922 rückwirkend einen Teuerungszuschlag von 2400 Mark zu seinem jährlichen Gehalt von 3600 Mark.

April 1922: Der Gemeindediener Kaspar Lipp in Johanneskirchen erhielt ab dem 1. April eine Teuerungszulage von 190 Mark, macht monatlich 350 Mark Gehalt. Der Gemeindeschreiber bekommt im Monat 450 Mark.

September 1922: Der erste Bürgermeister erhielt 25.000 Mark Jahresbezug.

Januar 1923: Das Gehalt des ersten Bürgermeisters betrug 5000 Mark im Monat, das des Gemeindedieners 3500 Mark, des Gemeindeschreibers 5000 Mark und des Gemeindekassiers 500 Mark.

April 1923: erster Bürgermeister 80.000 Mark, Gemeindediener 60.000 Mark, Gemeindeschreiber 70.000 Mark, Kassier 10.000 Mark monatlich.

Juli 1923: Die monatlichen Gehälter stiegen auf: erster Bürgermeister 160.000 Mark, Schreiber 140.000 Mark, Gemeindediener 120.000 Mark.

August 1923: erster Bürgermeister 1.000.000 Mark, Gemeindediener 600.000 Mark, Gemeindeschreiber 800.000 Mark monatlich.

September 1923: Das monatliche Gehalt wurde nach dem Wert von Getreide ausbezahlt. Dieser richtete sich nach dem jeweiligen Börsenpreis eines Zentners Roggen am letzten Samstag eines Monats. Der erste Bürgermeister erhielt einen Zentner Roggen im Monat, der Schreiber 80 Pfund, der Diener 50 Pfund und der Kassier 30 Pfund Roggen im Monat.

Ab Januar 1924 wurden die Gehälter in Goldmark ausbezahlt, Bürgermeister Flaschenträger bekam jährlich 500 Goldmark als Vergütung. Durch Gesetz vom 13. Oktober 1923 zur Stabilisierung der deutschen Währung wurde die Rentenmark als Hilfswährung geschaffen. Eine Rentenmark entsprach 1 Billion Papiermark. Mit dem Münzgesetz vom 30. August 1924 wurde die Reichsmark (RM) geschaffen, sie war bis zur Währungsreform 1948 gültig.

Protokoll vom 21. April 1925, an Herrn Michael Wagner, Johanneskirchen:

Herr Rudolf Weinland hat dem Gemeinderat Daglfing von der schweren Anschuldigung der Brandstiftung, welcher Sie demselben immer wieder bezichtigen, Kenntnis gegeben.

Wir heute zusammengekommene und unterzeichnete Gemeinderatsmitglieder, die wir Herrn Weinland teilweise schon 10–20 Jahre kennen, glauben niemals, daß sich derselbe eines solchen Verbrechens schuldig gemacht, mißbilligen vielmehr diese Verleumdung die sichtlich aus einem Haß entsprungen ist, sehr und bringen Ihnen dies hiermit zu Kenntnis.

Zur Bestätigung unterzeichnen: Flaschenträger, Sedlmair, Rattenhuber, Welsch, Ziegenbein, Weichselbaumer, Karl Konzi, Glasl Jsk. [Johanneskirchen] und Widmann

Wahlen in Daglfing und Johanneskirchen

Nach der Gemeindeverfassung von 1818 wählten die wahlberechtigten Männer die Gemeindebevollmächtigten, diese wiederum wählten die bürgerlichen Vertreter in die Regierung.

Der Distriktrat

Am 1. Juli 1890 fand in Daglfing die Wahl eines Vertreters der Gemeinde Daglfing in den Distriktrat München rechts der Isar für die Periode 1891 mit 1893 statt. Gewählt wurde mit sechs Stimmen gegen eine Stimme der Ziegeleibesitzer Johann Pfeifer von Englschalking. Die Wahl der Distrikträte fand alle drei Jahre statt, wählbar waren Gemeindebürger, die eine direkte Steuer im Gemeindebezirk entrichteten und das 30. Lebensjahr erreicht hatten. Der Distriktrat bildete sich aus den Vertretern der Gemeinden und aus den Eigentümern mit dem Grundbesitz, für den die höchste Grundsteuer im Distrikt entrichtet wurde, oder ihrem Bevollmächtigten.

Landtagswahlen

Den ersten Landtag eröffnete am 4. Februar 1819 König Maximilian I. 1848 wurde mit dem Landtagswahlgesetz das indirekte Wahlrecht eingeführt. In einer Urwahl wurden die Wahlmänner gewählt, die dann in der Hauptwahl die Abgeordneten des Landtages wählten. Landtagswahlen fanden alle sechs Jahre statt. Ab 1907 wurden die Abgeordneten in direkter Wahl gewählt und es wurde eine Wahlkreiseinteilung eingeführt.

Reichstagswahlen

Nach der Beendigung des Deutsch-Französischen Kriegs Ende 1870 erreichte Bismarck den Zusammenschluss des Süddeutschen mit dem Norddeutschen Bund zum neuen Deutschen Reich. Zum deutschen Kaiser wurde am 18. Januar 1871 König Wilhelm I. von Preußen im Spiegelsaal des Schlosses von Versailles ausgerufen. Von 1871 bis 1893 gab es alle drei Jahre Reichstagswahlen.

Der Reichstag wurde aus Vertretern des gesamten Volks zusammengesetzt und ging aus allgemeinen (das heißt nicht auf Klassen oder Stände beschränkten) und direkten Wahlen mit geheimer Abstimmung hervor. Jeder Abgeordnete wurde in einem besonderen Wahlkreis gewählt, die Wahlkreise wurden in kleinere Wahlbezirke geteilt, die nicht mehr als 3500 Seelen enthalten durften. Wähler war jeder Reichsangehörige, der das 25. Lebensjahr erreicht hatte.

Gemeindewahlen

In den Landgemeinden wurden regelmäßig alle sechs Jahre Gemeindewahlen abgehalten. Die Wahlen fanden in vier gesonderten Wahlhandlungen statt: zuerst die Wahl des Bürgermeisters, dann die des Beigeordneten, hierauf jene der Gemeindebevollmächtigten und zum Schluss die der Ersatzmänner. Sämtliche Wahlen werden durch die stimmberechtigten Gemeindebürger vorgenommen.

Für Daglfing wurden am 9. November 1893 für die Wahlperiode 1894/99 folgende acht Gemeindebevollmächtigte gewählt: Emmeran Lechner, Joseph Bramberger, Joseph Glasl, Wilhelm Flaschenträger, Joseph Hartl, Franz Spitzweg, Johann Welsch und Ludwig Eichner. Unterschrieben zur Bekräftigung von Bürgermeister Sebastian Sedlmair.

Wahlen 1919

Nach dem Ende der bayerischen Monarchie wurde die zweite bayerische Verfassung begründet. Frauen waren ab jetzt stimmberechtigt, die Altersgrenze lag bei 20 Jahren. In diesem Jahr wurde für den gesamten Bezirk München zum ersten Mal Abgeordnete für den Bezirkstag von der Bevölkerung gewählt. Gewählt wurden außerdem der Bürgermeister, die Gemeinderäte und die Kreisvertreter.

Von den etwa 900 Einwohnern von Daglfing waren 334 Personen wahlberechtigt, davon 163 Männer und 171 Frauen.

Wahl des Bürgermeisters:
Wilhelm Flaschenträger, Landwirt, erhielt 196 gültige Stimmen und wurde damit erster Bürgermeister. Josef Glasl, Landwirt, erhielt eine gültige Stimme. Zum zweiten Bürgermeister von Daglfing wurde Sebastian Sedlmair gewählt.

Wahl der Gemeinderäte:
Zehn Gemeinderäte und sechs Ersatzmänner waren zu wählen, 13 Wahlbewerber standen unter der Bezeichnung »Gemeinde« und 14 Wahlbewerber unter der Bezeichnung »unparteiisch« zur Wahl.

Fünf Sitze gingen an die Wahlbewerber »Gemeinde«:

Balthasar Lechner aus Daglfing, Christian Kern aus Denning, Wolfgang Hofmann, Hauptlehrer in Englschalking, Josef Glasl aus Johanneskirchen und Rupert Sachs, Verwalter in Daglfing.

Fünf Sitze gingen an die Wahlbewerber »unparteiisch«: Johann Welsch (Englschalking), Walter Rattenhuber (Englschalking), Max Sondermayer (Johanneskirchen), Rudolf Weinland (Johanneskirchen) und Paul Baumüller (Daglfing).

Bei der Kreistagswahl erhielt die Deutsche Demokratische Partei die meisten Stimmen, bei der Bezirkswahl ebenso.

Wahl der Ortschaftsvertretung von Johanneskirchen am 2. November 1919:
Stimmenverteilung bei der Wahl zum Ortsausschuss (OA)-Mitglied beziehungsweise zum Pfleger:

	OA-Mitglied	Pfleger
Weinland, Rudolf (Kaufmann)	34	34
Wagner, Michael	5	5
Pils, Bernhard	36	36
Kreuzmair, Georg	34	34
Berghammer, Sebastian (Dienstknecht)	36	36
Maidl, Josef (Baumeister)	1	1
Schuller, Peter (Ökonom)	1	1
Weichselbaumer, Max (Ökonom)	4	4
Glasl, Josef	3	3

Zum Pfleger wurde Rudolf Weinland ernannt, als Ortsausschussmitglieder wählte man Bernhard Pils, Sebastian Berghammer und Georg Kreuzmair.

Wahlen 1924

Im Jahr 1924 fanden Landtags- (6. April) sowie Reichstags- (4. Mai) und Gemeindewahlen statt.

Bei der Gemeindewahl in Daglfing am 7. Dezember 1924 wurden 402 gültige Stimmen abgegen und Wilhelm Flaschenträger mit 399 Stimmen zum Bürgermeister gewählt. Ernst Rattenhuber erhielt zwei Stimmen, Sebastian Sedlmair eine Stimme.

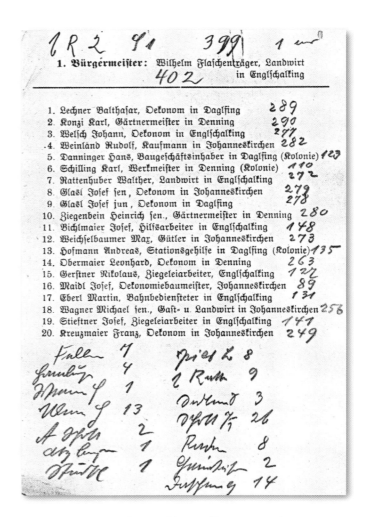

Ergebnis der Gemeinderatswahl in Daglfing, 7. Dezember 1924

Für die Wahl der Gemeinderäte standen 20 Kandidaten bereit, zehn davon wurden gewählt.

Wahl der Ortschaftsvertretung von Johanneskirchen 1924 und 1925:
Die Wahl der Ortschaftsvertretung vom 28. Dezember 1924 wurde einschließlich der Wählerliste durch Beschluss des Bezirksamts München vom 2. Mai 1925 aufgehoben. Begründet wurde dieser Beschluss in einem fünf Seiten langen Brief. Den Antrag, die Wahl für ungültig erklären zu lassen, haben die Ortsbürger Josef Maidl, Frank Edenhofer, Sebastian Berghammer und Michael Wagner am 2. Januar 1925 an das Bezirksamt gestellt. Begründet hatten sie den Antrag mit der mangelhaften Bekanntgabe der Wahlhandlung und ungenügender Aufklärung der Wähler, die der Meinung sein mussten, die mit den meisten Stimmen gewählte Person werde Ortspfleger. Es wurde geprüft, ob und in welchem Ausmaße die Wahl in gesetzwidriger Weise vorgenommen wurde.

Der Wahltermin sowie der Zweck der Wahl wurden noch vor Weihnachten durch eine Bekanntmachung am Gemeindehaustor angekündigt, eine Aufforderung zur Einreichung von Wahlvorschlägen fand aber nicht statt.

Am Wahltag legte der Bürgermeister neben den weißen Stimmzetteln einen Zettel mit vier Namen auf, die den Wählern einen Anhaltspunkt geben sollten. Die Namen waren von ihm, nach formloser Besprechung mit den Wahlausschussmitgliedern niedergeschrieben worden. Während der Abstimmungszeit wurde den Wählern mitgeteilt, dass sie die vorgeschriebenen Namen wählen könnten, aber nicht müssten. Nach einem Vergleich mit der vorgeschriebenen Wahlhandlung wurde festgestellt, dass sie in wesentlichen Punkten nicht eingehalten wurde. Insbesondere wurden die Wähler nicht genügend über das Wahlverfahren und ihre Rechte bei der Stimmabgabe aufgeklärt. Die Durchsicht der vorgelegten Stimmzettel ergab, dass der Pfleger Weinland die absolute Mehrheit, das heißt mehr als die Hälfte der abgegebenen Stimmen nicht erhalten hatte und daher nicht ohne weiteres Pfleger war.

Als Tag für die Neuwahl wurde der 2. August 1925 festgesetzt. Wahlleiter war Rudolf Weinland

Ergebnis der Wahl des Pflegers: von 54 gültigen Stimmen entfielen 40 Stimmen auf Rudolf Weinland, auf Wilhelm Thurner zwölf Stimmen, Michael Wagner und Franz Kreuzmair erhielten je eine Stimme.

Ergebnis der Wahl der Beisitzer: Gültige Stimmen erhielten: Georg Seel 30, Max Weichselbaumer 25, Georg Maier 24, Bernhard Pils acht, Josef Glasl jun. vier, Michael Wagner drei, Josef Maidl zwei, Josef Glasl sen. zwei, Franz Wiesheu und Josef Reim je eine Stimme. Als Beisitzer wurden Seel, Weichselbaumer und Maier gewählt. (Die Wahlzettel befanden sich jetzt in einem vom Notar versiegeltem Kuvert.)

Wahlen 1928
Im Mai 1928 fanden Wahlen für den Reichstag, Landtag, Kreistag und Bezirkstag statt. In der Gemeinde Daglfing waren circa 100 Personen stimmberechtigt. Zum ersten Mal tauchte unter den Wahlvorschlägen die Nationalsozialistische Deutsche Arbeiterpartei (Hitlerbewegung) auf. Bei der Reichstagswahl fielen von 763 abgegebenen Stimmen 337 Stimmen auf die Partei der Sozialdemokraten, 155 Stimmen bekam die Bayerische Volkspartei, 79 Stimmen die Kommunistische Partei und 24 Stimmen die Hitlerbewegung.

Abstimmung über die Neuwahl des Gemeinderats von Daglfing[22]:
Im März 1928 wurden in der Gemeinde Daglfing Unterschriften gesammelt unter dem Motto: Wir beantragen eine sofortige Neuwahl des Gemeinderates Daglfing. Es wurden etwa 330 Unterschriften zusammengetragen. In einer Stellungnahme von Bür-

---
[22] Archivmaterial: [STAM-DGLF233]

germeister Flaschenträger wurden 174 Unterschriften angezweifelt, zum Beispiel dürften nur Personen, die zu der Zeit der Gemeindewahlen 1924 in der Gemeinde wohnten, unterschreiben. Einige Bewohner zogen ihre Unterschrift zurück, da sie unter Vorspiegelung falscher Tatsachen unterschrieben hätten. Die Johanneskirchnerin Josephine Abele schrieb daraufhin Bürgermeister Wilhelm Flaschenträger folgenden empörten Brief:

Johanneskirchen, Post München 27, den 28ten März 1928

Hochgeehrtester Herr Bürgermeister
Es drängt mich eine, für Sie wahrscheinlich höchst unglaubliche Tatsache aufzuklären.
Vor ungefähr 14 Tagen kam in einer dunklen Abendstunde der Bauer [...] in großer Eile herein und frug mich sofort ob ich zu München gehören wolle? Auf mein energisches »Nein« legte er ein Blatt Papier auf den Tisch mit den Worten »dann unterschreiben Sie hier«.

Josephine Abele in ihrem Garten in Johanneskirchen, um 1930

Auch ließ er meinen Hausgehilfen unterschreiben. Nun kam vorgestern ein Schutzmann, der mich über den wahren Sachverhalt aufklärte. Nämlich, daß es sich hauptsächlich um Neuwahlen in der Gemeinde handelte. Ich bin wirklich entsetzt, daß mit solchen Kniffen eine solch ernste Sache entstellt wird.

Und jetzt spricht man auch noch davon, daß Sie, unser allverehrtester Herr Bürgermeister nicht mehr das Oberhaupt unserer Gemeinde bleiben sollen! Das können doch vernünftige Leute nicht wollen! Das wäre einfach undenkbar, Sie unseren besten, väterlichen Ratgeber nicht mehr an der Spitze unserer Gemeinde zu haben!!

Mir bleibt nur noch das Eine übrig, daß ist: Sie hochgeehrtester Herr Bürgermeister zu bitten, mir den Weg anzugeben wie ich mein verständnißloses Unterschreiben wieder gut machen kann?

Mit ausgezeichneter Hochachtung, ergebenst

Josephine Abele

Am 22. Juli 1928 kam es zur Abstimmung über die Neuwahl des Gemeinderates. Von 762 abgegebenen Stimmen waren elf Stimmzettel ungültig, 304 Wähler stimmten für eine Neuwahl, 447 Wähler stimmten gegen eine Neuwahl.

Aufruf zur Neuwahl des Gemeinderats, 1928

Das Leben im Dorf im 19. und 20. Jahrhundert

Wähler und Wählerinnen!

Am 22. Juli 1928 findet eine Abstimmung darüber statt, ob der bisherige Gemeinderat **ohne jeglichen Grund** an die Luft gesetzt werden soll oder nicht. Wir protestieren ganz energisch gegen die Aufwiegler und Friedensstörer, die eine Neuwahl unter Vorspiegelung falscher Tatsachen beantragt haben. Warum soll eine Neuwahl stattfinden? Vielleicht wegen der Eingemeindungsfrage, die **nur** die Wähler und Wählerinnen entscheiden sollen und nicht der Gemeinderat? Oder was soll sonst der Grund sein? Nein, es ist ihnen darum zu tun, die Herrschaft in der Gemeinde durch einen Gewaltstreich an sich zu reißen, um nach ihrem Gutdünken regieren zu können. Sie wissen ja alles besser, weit besser als diejenigen, die durch jahrelange Arbeit im Gemeinderat in allen Fragen des Gemeindeverwaltungswesen Erfahrungen und Kenntnisse erworben haben.

Die Verhältnisse in der Gemeinde sind einwandfrei und geordnet. Eine unangesagte Revision durch das Bezirksamt München hat feststellen müssen, daß in der Verwaltung der Gemeinde nichts zu beanstanden ist. Somit sind alle wissentlich zu Unrecht ausgestreuten Behauptungen falsch und hinfällig.

Ordnungsliebende Wähler und Wählerinnen — kommt am 22. Juli zur Abstimmung und weist das unverschämte Verlangen dadurch zurück, daß Ihr auf dem Stimmzettel erklärt:

Ich stimme dafür, daß **keine** Neuwahl des Gemeinderats stattfindet.

Daglfing, den 20. Juni 1928.

Der Gemeinderat:

W. Flaschenträger, Ökonomierat und 1. Bürgermeister.

Gegenaufruf des Daglfinger Gemeinderats, 1928

Das Schulwesen

In der Bayerischen Schulordnung von 1548 forderte Herzog Wilhelm IV. als allgemeine Unterrichtsfächer das Buchstabieren, das Lesen und Schreiben, das Rechnen und die Religionslehre.

Ab wann Kinder aus Johanneskirchen unterrichtet wurden, kann zeitlich nicht genau festgelegt werden. Ersten Anhalt gibt die Meinung des Oberföhringer Pfarrers Karl Riedl im »Sulzbacher Kalender für Katholische Christen« von 1863, wonach um das Jahr 1500 Klausner in St. Emmeram die Kinder der umliegenden Dörfer unterrichtet haben sollen. Der früheste Beleg für eine Klausnerschule stammt aber erst aus der Zeit nach dem 30-jährigen Krieg (1618–1648). Die Klause St. Emmeram ist auch die am frühesten bezeugte Lehrerbildungsstätte Bayerns: Am 16. Januar 1721 erteilte Fürstbischof Johann Franz von Eckher die Baugenehmigung für den Bau einer Klausnerschule mit Noviziat, zur Ausbildung der Klausner zum Schuldienst. Weltliche Lehrerbildungsstätten wurden erst mit dem Kurfürstlichen Mandat von 1770 geschaffen.

In der Verordnung von Kurfürst Max IV. Josef vom 23. Dezember 1802 hieß es, dass »alle schulfähigen Kinder vom sechsten bis wenigstens ins vollstreckte zwölfte Jahr ihres Alters die Schule besuchen sollen«.

Das Schulgeld betrug damals zwei Kreuzer wöchentlich, Unterricht wurde nur zur Winterzeit gehalten, denn der Weg zur Klause war für viele Kinder weit, schlecht und beschwerlich. 1803 erfolgte die Einführung der Sonn- und Feiertagsschule für Schüler von zwölf bis 18 Jahren. Sie fand, nach Geschlechtern getrennt, im Turnus von 14 Tagen nach dem sonntäglichen Gottesdienst statt.

Nach der Aufhebung der Eremitenschule 1803 unterrichtete der erste weltliche Lehrer in St. Emmeram. 1821 baute man aus den Abbruchsteinen der alten Kirche St. Emmeram das dringend notwendige Schulhaus an der Muspillistraße in Oberföhring – das Schulhaus in St. Emmeram verfiel zusehends. Trotz Schulpflichtgesetz häuften sich die Schulversäumnisse der Kinder. Die Pflichtschulzeit wurde 1856 auf sieben Jahre verlängert und ab 1903 gab es in München das freiwillige achte Schuljahr, das ab 1913 zur Pflicht wurde. 1896 wurde die seit 1873 geplante Schule an der Schnorr-von-Carolsfeld-Straße in Englschalking endlich eröffnet. Heute ist hier ein Kindergarten untergebracht.

Die Werk- und Feiertagsschule zu Oberföhring

Aus der Gemeinde Daglfing besuchten die Schule in Oberföhring[23]:

---
[23] Archivmaterial: [STAM-DGLF123]

Jahr	Werktagsschüler				Feiertagsschüler			
	Daglfing	Englschalking	Johanneskirchen	Summe	Daglfing	Englschalking	Johanneskirchen	Summe
1886/87	12	9	11	32	7	8	8	23
1887/88	7	10	13	30	5	5	7	17
1888/89	9	10	13	32	10	3	9	22
1889/90	11	15	18	44	9	4	13	26
1890/91	13	18	13	44	8	3	7	18

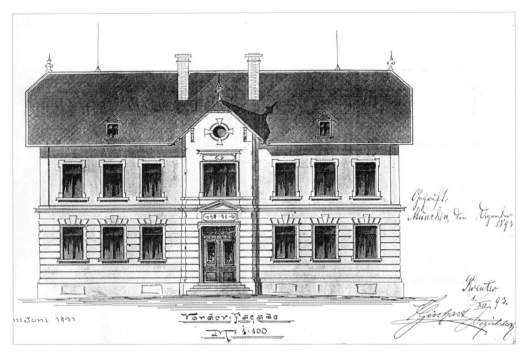

Vorderansicht der neuen Schule in Englschalking. Geprüfter Bauplan, Juni 1891

Volksschulklasse, Oberföhring, Muspillistraße, 1930

Die Schule in Englschalking

Nach drei vergeblichen Anläufen in den Jahren 1873, 1881 und 1889 wurde es 1891 ernst mit der Planung für eine Volksschule in Englschalking. Im Mai 1891 wurde für 1500 Mark ein Grundstück mit ¾ Tagwerk gekauft. Der Distriktstechniker Ginhart fertigte einen Bauplan mit zwei Schulsälen, einer Lehrerdienstwohnung und einer Gemeindekanzlei. Aus dem Vorbericht zum Schulhausneubau in Englschalking:

> *Die Gemeinde Daglfing mit den Ortschaften Daglfing, Englschalking, Johanneskirchen und Denning beabsichtigen wegen des sehr entfernten Schulbesuches nach Oberföhring und wegen der bereits vorhandenen ziemlich großen Schülerzahl, cirka 70 Kinder ein neues Schulhaus zu erbauen. […] Das Schulgebäude kommt auf ein etwas erhöhtes freies Terrain zu stehen, die Hauptlängenfront ist mit dem Eingang südlich, die beiden Schulsäle erhalten den Hauptlichteinfall von Südost und Nordost, die Aborte sind gegen Norden ausgebaut. Bei dem Entwurfe der Pläne wurde zugleich auf einen zweiten Schulsaal bedacht genommen, weil durch die Entstehung neuerer Ziegeleien mit Bestimmtheit anzunehmen ist, daß fortwährend die Schülerzahl zunimmt […].*

Die Bauern von Johanneskirchen sträubten sich gegen diesen Neubau und es kam zu weiteren Abstimmungen. Gemäß Protokoll des Gemeindeausschusses vom 8. April 1892 wurde über den Bau einer Schule in Englschalking folgendermaßen abgestimmt: 41 Personen (= 323 Stimmen) dafür, sechs Personen (= 16 Stimmen) dagegen. Jede Person hatte dabei – je nach »Steuersoll« – eine unterschiedliche Anzahl von Stimmen.

Die Gegenstimmen kamen alle aus Johanneskirchen:

Josef Glasl	sieben Stimmen
Josef Reithofer	drei Stimmen
Bernhard Pils	zwei Stimmen
Peter Gröbl	eine Stimme
Anton Wisgigl	eine Stimme
Alois Hörbrand	zwei Stimmen

Zusatz zum Protokoll: »Josef Glasl steht mit dem Bürgermeister von Oberföhring in Verwandtschaft«.

Die »Aufwiegelung« der Johanneskirchner durch den Lehrer Thoma

Aus einem Brief der Gemeinde Daglfing an die königliche Regierung von Oberbayern, Kammer des Innern[24]:

> *Laut beiliegender dienstlicher Anzeige des Gemeindedieners Wittmann von Daglfing, kam die unterzeichnete Gemeindeverwaltung nicht um hin, die hohe königliche Regierung ehrfurchtsvollst zu bitten, dem Lehrer Wilhelm Thoma von Oberföhring zu verbieten, die Ortschaft Johanneskirchen gegen die Gemeindeverwaltung Daglfing aufzuhetzen. Besagter Lehrer thut dies deshalb, weil die Gemeinde Daglfing um die Bildung eines eigenen Schulsprengels nachsuchte. Die verschiedenen Gegenwirkungen zeigen sich in den verschiedenen in obiger Sache sowohl an das kgl. Bezirksamt München I wie an die hohe Königliche Regierung gesendeten Protokolle, wie auch in den beim kgl. Bezirksamte liegenden Protokollen um Lostrennung der Ortschaft Johanneskirchen von Daglfing und Zuteilung zu Oberföhring, da er dadurch hofft, daß die bisher bei der Schule Oberföhring gewesenen Schulgründe der Gemeinde Daglfing auch dann bei Oberföhring bleiben, wenn Daglfing eine eigene Schule erhält.*
>
> *Das aber die Bewohner Johanneskirchens nicht aus eigenem Antriebe nach Oberföhring wollen, zeigte sich als die Gemeindebürger zweimal in Sache der Lostrennung von Daglfing in die Gemeindekanzlei geladen wurden, aber nicht erschienen, trotz ihnen die Verfügung des kgl. Bezirksamtes München I mitgeteilt wurde, daß im Falle des Nichterscheinens die Sache ad acta gelegt werde. Werden die Johanneskirchner geladen, was zu jeder Versammlung geschieht – so kommen sie nicht, was das Gedeihen der Gemeinde beeinträchtigt. Solch eine Ver-*

---

[24] Archivmaterial: [STAM-DGLF117]

sammlung war auch am Donnerstag den 8. September 1892, bei der die Ministerialentschließungen vom 30. Juli und 3. September 1892 wie das Ausschreiben im Gesetz- und Verordnungsblatte No. 45, Maßregeln gegen die Cholera, wie das Ausschreiben der hohen kgl. Regierung, Kreisblatt No. 28, die Alters- und Invalidenversicherung verlesen wurde und dem eine Besprechung über Feuerwehr hätte folgen sollen, allein nur eine Person von Johanneskirchen war vorhanden. Von dem Allem haben also die Bewohner von Johanneskirchen nichts gehört, wie es dann mit dem Vollzuge aussieht, kann man sich leicht denken und die Gemeindeverwaltung Daglfing trägt in diesem Falle unschuldig die Schuld. […].

In der Anzeige des Gemeindedieners Johann Widmann wurde Josef Reithofer, der Ortspfleger von Johanneskirchen, wie folgt beschuldigt:

[…] *daß der Ortspfleger am 8. September 1892 morgens, da ich ihn zur Gemeindeversammlung lud, sich mir gegenüber äußerte: Er scheiße auf die Gemeinde Daglfing und werfe alles was er habe vor die Füße der Gemeinde was der Lehrer von Oberföhring ihm anschaffte zu tun. Ich gehe in keine Gemeindeversammlung mehr. Ihr habt mir nichts einzureden.*

Auf dieses Schreiben der Gemeinde hin wurde Josef Reithofer vom königlichen Bezirksamt München I auf das Amt vorgeladen. Er gab auf Vorbehalt zu Protokoll:

Die vom Gemeindediener Johann Wittmann unterm 8. diesen Monats gemeldete Äußerung habe ich tatsächlich gemacht und habe mit der Erklärung «ich werfe alles was ich habe, vor die Füße der Gemeinde», die Ortsführerschaft von Johanneskirchen gemeint. Hinzu hat mich eine Erklärung des Herrn Lehrers Thoma veranlaßt, welcher mir früher schon gesagt hatte, daß ich zu Gemeindeversammlungen drei bis fünf Tage vor Abhaltung derselben geladen werden müßte und daß ich, wenn dies nicht geschehe, der Gemeinde die Ortsführerschaft zurückgeben sollte.

Einen direkten Auftrag zu einer solchen Erklärung, wie ich sie abgegeben habe, hat mir der Herr Lehrer nicht erteilt. Weiter bemerkte ich, daß Thoma nach seinen Äußerungen zu schließen gegen einen Schulhausneubau im Gemeindebezirke Daglfing ist und daß er den Ortsbürgern von Johanneskirchen gegenüber sich dahin erklärt hat, die Ortschaft Johanneskirchen solle für den Fall, daß von der Gemeinde Daglfing der Schulhausneubau betrieben werde, sich von der Gemeinde Daglfing lostrennen und mit der Gemeinde Oberföhring vereinigen lassen.

Das Bezirksamt beauftragte die Lokalschulinspektion, eine schriftliche Rechtfertigungserklärung von Schullehrer Thoma einzuholen. Doch in der abgegebenen Rechtfertigungserklärung ließ dieser einige wesentliche Punkte der gegen ihn erhobenen Beschwerde unbeantwortet, worauf eine zweite Erklärung folgte.

Auszug aus der ersten, fünf seitenlangen Erklärung:

[…] *Seit ungefähr 10 Jahren wollten die Bewohner von Englschalking und Daglfing ein neues Schulhaus. Die Johanneskirchner aber waren dagegen. In einigen hierüber gefaßten Beschlüssen unterzeichneten die Johanneskirchner unwissentlich gegen ihre Überzeugung des öfteren dieselben; hinterher aber wurde ihnen bedeutet, daß sie eigentlich durch ihre Unterschriften für den Schulhausbau seien. Ärgerlich darüber führten sie jedesmal bei der kgl. Lokalschulinspektion Beschwerde hierüber […]. Als sich nun das selbe Vorkommnis im Mai 1889 in der Gemeindeversammlung wiederholte und es dabei zu heftigen Auseinandersetzungen kam, gab der kgl. Pfarrer Heinrich von hier den Rat: Johanneskirchen solle sich von der Gemeinde Daglfing trennen und der Gemeinde Oberföhring einverleiben […] Was die Bitte der Gemeindeverwaltung Daglfing anbelangt, daß mir Schreibereien für Johanneskirchen verboten werden sollen, charakterisiert die Kleinigkeit der Anklage sowie die Kläger ohne jede weitere Auseinandersetzung im grellsten Lichte.*

Auszug aus dem drei seitenlangen Nachtrag:

[…] *Ist nun eine Gemeindeversammlung anberaumt, so wird hiezu den Bürgern von Johanneskirchen 1½ Stunde vorher vom Gemeindediener eingesagt, der Beratungsgegenstand ihnen aber höchst selten, meistens gar nicht bekannt gegeben. Dies dürfte nach meiner unmaßgeblichen Meinung wohl deshalb geschehen um genannten Bürgern, welche Teils ihren Feldarbeiten, teils ihren geschäftlichen oder gewerblichen Funktionen obliegen, nicht die Zeit zu geben, der Gemeindeversammlung beizuwohnen, somit auch nicht in die Beratung und zum Ausschlage der selben gezogen werden zu können. […] – den Daglfingern und Englschalkingern aber ihr Wollen und Wünschen immer gelingt. Übrigens wäre es mir von gewissen großem Interesse, könnte ich erfahren, wann und wo ich die Johanneskirchner »aufgewiegelt« haben soll. Lediglich aus rein vernünftigen Gründen – des bedeutend größern materiellen Vorteils halber – und aus eigenem Antriebe wollen die Johanneskirchner der politischen Gemeinde Oberföhring einverleibt werden.*

Am 17. Januar 1895 beendete der bayerische Kultusminister Dr. von Müller diesen Streit und die Ausschreibung des Schulneubaus konnte jetzt erfolgen. Im März desselben Jahres entschieden die zehn Ausschussmitglieder:

[…] *wurde zwischen den beiden Baumeistern Berlinger Josef in Berg am Laim und Heinrich Flaschenträger, die die wenigst nehmenden waren mittels Stimmzetteln abgestimmt, wobei 6 Stimmen Berlinger Josef, 2 Stimmen Flaschenträger Heinrich, 1 Stimme Hartl Johann erhielt, 1 Zettel war unbeschrieben. Es wird somit die Arbeit dem Baumeister Josef Berlinger übertragen. Die Aufsicht über den Bau wird Herrn Distriktstechniker Ginhart übertragen.*

Die feierliche Eröffnung der neuen Englschalkinger Schule an der heutigen Schnorr-von-Carolsfeld-Straße 9 fand am 8. Juni 1896 statt.

Durch die rege Bautätigkeit der folgenden Jahrzehnte, besonders der Arbeitersiedlungen in Daglfing und Denning, stieg auch die Schülerzahl in der Gemeinde Daglfing an. Durch Umbauten innerhalb der Schule 1928 wurde ein dritter Schulsaal geschaffen. In diesem Jahr besuchten 161 Kinder die Volksschule und 49 Kinder die Volksfortbildungsschule. Diese Fortbildungsschule wurde im Schuljahr 1930/31 aufgelöst und die Schulpflichtigen wurden an die Münchner Berufsschulen überwiesen.

Mit der Eingemeindung nach München änderte sich der Schulsprengel, die Kinder von Johanneskirchen wurden nach Oberföhring umgeschult. Bis 1959 wurden die Schüler in dem alten Schulhaus an der Muspillistraße und dem Bauernhof nebenan unterrichtet. Heute besuchen die Oberföhringer Kinder die Schule an der Oberföhringer Straße 224, die Johanneskirchner Schüler die Grundschule an der Regina-Ullmann-Straße 6 (eröffnet 1972).

Handarbeitsstunde in der Schule in Englschalking (der Handarbeitsunterricht wurde 1896 eingeführt), ca. 1940er-Jahre

Das Leben im Dorf im 19. und 20. Jahrhundert

Aus dem Kirchenleben

Grabstein der Hofmarksbesitzer von Mayr an der Kirchenmauer von St. Johann Baptist

Die Dorfkirche und der Dorffriedhof

Aus einer Beschreibung von Franz Paul Zauner in »Münchens Umgebung« aus dem Jahr 1912:

Während in den frühesten Zeiten des Christentums die freien Bauern in Einzelgehöften lebten, taten sie sich in der Folgezeit zu Gemeinden zusammen. Im Mittelpunkt dieser Gemeinden erstand die Kirche und um diese der Friedhof. Kirche und Friedhof wurden befestigt und aus Rücksicht der Verteidigungsmöglichkeit befanden sie sich auf einer erhöhten, die Umgebung beherrschenden Lage. Die Befestigung bestand in Mauern und Wehrgängen, in Türmen und in Gräben. Eine ungemein wirkungsvolle altertümliche Friedhofsanlage ist jene in Johanneskirchen.

Die Anordnung und Verteilung der Grabstätten ist einfach gewesen, der freie Platz um die Kirche wurde durch Wege in einzelne Abteilungen getrennt. Innerhalb dieser Abteilungen wurden die Gräber reihenweise hintereinander angelegt, schmale Zwischenräume bildeten die Zugänge zu den Grabstätten. Die Vorderansicht der Gräber war, wo möglich, nach Osten gerichtet. Die Hofmarkherrschaft und die Geistlichkeit hatten ihren Platz in der Regel an der Mauer der Kirche.

Die Kirchenrechnung

Das Vermögen der Kirche wurde vom Pfarrer und den »Kirchenpröbsten« verwaltet, wichtige Dokumente wurden im Zechschrein in der Kirche aufgehoben. Eine Einnahmequelle der Kirche waren Gottesdienste, die aus Sorge für die eigene Seele von reichen Bürgern oder auch Bauern gestiftet wurden. Gestiftet wurde entweder ein Geldbetrag oder auch Liegenschaften, von deren Zinsen oder Einnahmen der Jahrtagsgottesdienst bezahlt wurde. Um 1900 waren für die Kirche St. Johann Baptist sieben Stiftungen aufgelistet, unter anderem eine Stiftung über 1000 Gulden (= 1714,28 Mark), gestiftet am 6. Juli 1801 von den damaligen Hofmarksbesitzern Freifrau Josefa von Mayer und Freifräulein Josefa von Mayer. Die gestifteten Geldbeträge wurden angelegt oder weiterverliehen, genaue Aufstellungen darüber sind in den Rechnungsbüchern der Kirche vermerkt. Die Rechnungsbücher wurden von den »Kirchenpröbsten« geführt, vom »Ambtmann« kontrolliert und von der Hofmarksherrschaft unterschrieben. Weitere Einnahmen waren die Abgaben der Bauern (Gilt, Stift, Laudemium), die Stolgebühren (bei Beerdigungen, Hochzeiten) und das »Stockgeld«. Die Ausgaben bestanden aus der Bezahlung der Gottesdienste (Gehalt des Pfarrers, Mesners und Kaplans) für Kirchenzierde und Reparaturkosten.

Aus den Kirchenrechnungsbüchern:
Als besondere Einnahme wurde 1752 vermerkt »das Ursula Hochin ledige Dienstdiern beim Jakob Spizwöggt zu Johanneskirchen wehrenter Predig unnöthiges ge-

Die Kirche St. Johann Baptist, um 1900

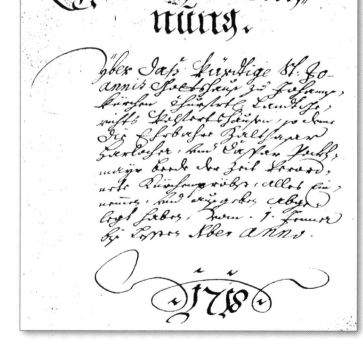

»Kürchenrechnung« (Abb. rechts):
Über daß würdige St. Johannis Gottshaus zu Johannskürchen churfrtl. Landgerichts Wolfertshausen, so dem die Ehrbare Balthasar Harlocher, und Caspar Pockhmayr beede der Zeit verordnete Kürchenpröbst, alles Einnammes, und Ausgabes abgelegt haben vom 1. Jenner bis Lesstes Xber anno

1718

Das Leben im Dorf im 19. und 20. Jahrhundert

schwezt vollbracht. Als ist ihr ein solches alles Ernst verwisen und zur Straff zum Gotteshaus Johanneskirchen tractiert worden ½ Pfund Wax in gelt trüfft 28 Kreuzer«.

1754 wurden der gesamten Gemeinde Johanneskirchen auf ihr »bescheiden gehorsames Bitten« zur Abzahlung einer Schuld an Doktor Schmädel 50 Gulden geliehen. An Zinsen wurden normalerweise 4 bis 5 % verlangt, 1763 aber wurde von der Hofmarksherrschaft mit Einverständnis des Hochwürdigen Herrn Pfarrers der Zins auf 2½ % gesenkt mit der Begründung:

[…] bei den harten und elenden Zeiten, die Kapitalien ihrer Eltern und Vorfahren teils wegen gehabten großen Unglücksfällen teils aber wegen der langwierig angehaltenen Kriegszeiten aufgenommen wurden«.

Als »Vorfahren« bezeichnete man den Vorbesitzer eines Hofs, dessen Schulden beim Kauf des Anwesens mit übernommen wurden. Die Bauern liehen sich bei ihrer Kirche Geld zur »unentbehrlichen Hausnotdurft«, das konnte die Ausbezahlung von Geschwistern, der Kauf eines Pferdes oder Saatgetreides oder auch für Reparaturen am Hause sein. 1800 wurde Georg Weiss, Schneidermann zu Johanneskirchen, zur »Auferbauung seines ihm durch eine Feuersbrunst entrissenen Hauses« ein Kapital von 150 Gulden geliehen, jährlicher Zins 3 Gulden 45 Kreuzer.

Fast jedes Jahr gab es Ausgaben für Reparaturen an Kirche oder Friedhofsmauer. 1754 wurde in der Kirche ein neuer Boden aus weißem »Marlstein« verlegt, 1796 wurden für die »Neumachung« der Kirchenglocke 31 Gulden bezahlt. Für die Weihung der Glocke am Freisingischen Dom-Beneficiat wurden 8 Gulden 7 Kreuzer ausgegeben, und der Fuhrlohn von Freising bis nach Johanneskirchen betrug 24 Kreuzer.

Beschwerdebrief vom 15. April 1852

Aus einem Brief an das katholische Pfarramt Oberföhring, den Friedhof betreffend:

[…] muß hiermit der Filialgemeinde Johanneskirchen bedeuten, daß sie den Unfug, das Vieh in den Friedhof hineinzulassen ein für allemal abzustellen habe. Man hat dies früher schon einmal öffentlich gerügt, da aber dieser Unfug noch nicht aufgehört zu haben scheint, wie man sich selbst durch Augenschein überzeugte, so warnt man die Filialisten noch einmal auf gütlichem Wege, und trägt ihnen auf,

1. *auf ihr Vieh besser Acht zu haben, namentlich auf die jungen Pferde,*
2. *die Friedhofthürchen, wenn man durchgehen muß, allemal ordentlich und fest zuzumachen. Denn der Friedhof ist geweihtes Erdreich, in welches unsere entseelten Mitchristen kommen. Dieses Erdreich sollte also respektiert werden. Dieß hofft man für die Zukunft, widrigenfalls man ernstlicher gegen solchen Unfug einschreiten würde.*

Der Mesnerdienst

Nach einem Gemeindebeschluss vom 23. Februar 1824 wurde dem Gemeindehirten Bartholomä Unterberger der Mesnerdienst in der Kirche St. Johann Baptist übertragen. Im selben Beschluss wurde ihm auch die Erlaubnis erteilt, sich mit Therese Metz von Freimann zu verehelichen.

Über die Dienstverhältnisse des Mesners und Gemeindehirten in Johanneskirchen unterschrieben alle Johanneskirchner Bauern ein Protokoll vom 27. April 1840. Darin wurden die »Reichnisse«[25] der Bauern an den Mesner zu bestimmten Kirchenjahreszeiten genau festgelegt. An Christi Himmelfahrt zum Beispiel bekam er von jedem Bauern eine Schüssel voll Mehl und fünf Eier. Die Abgaben (Stolgebühren) bei Begräbnissen waren gesondert aufgelistet, für Kinderbegräbnisse musste man weniger abgeben, dafür bei »Weibspersonen noch 2 Reissen[26] Haar«. Für das Grabmachen und für die Bedienung des Priesters in den Seelengottesdiensten bekam er ein Honorar von 24 Kreuzern.

---

[25] »Reichnis« = Abgabe

[26] ein Reissen Haar = ein Büschel Flachs

Nach dem Tod von Bartholomä Unterberger versah der alte Vater Nikolaus Unterberger den Mesnerdienst weiter. Als er starb, ging die Funktion des Mesners auf seinen Enkel Michael Unterberger über – aber anscheinend nicht zur Zufriedenheit der Bürger von Johanneskirchen wie der folgende Auzug aus einem Protokoll vom 26. Dezember 1848, aufgenommen im Pfarrhof zu Oberföhring, belegt:

Es erscheinen heute folgende Männer von Johanneskirchen:
1. Kaspar Glasl, Maierbauer, 2. Martin Bortenlänger, Preßbauer, 3. Johann Huber, Huberbauer und 4. Joseph Huber, Zimmermann, und bringen folgende Beschwerde vor. Die Meßnerleute zu Johanneskirchen respektive die Wirthswittwe Theres Unterberger und deren Sohn Michael, der in der Regel den Meßnerdienst zu versehen pflegt, machen sich hierin so manche Nachlässigkeiten und sogar ärgerlichen Benehmens schuldig. So, bringen sie vor, sei Unterberger Michael neulich am 23.d.Mts. beim Abbethen des Rosenkranzes aus dem Gebethe gekommen, so, daß er nicht mehr fortzufahren wußte. Als hierauf ein Anwesender (Michael Bortenlänger) bemerkte, daß wenn er nicht mehr fortbethen könne, ein anderer den Rosenkranz bethen, und überhaupt den Meßner machen könne, so habe benannter Michael Unterberger gleich zu schimpfen und zu fluchen angefangen, und einem gedroht, er werfe ihn an die Mauer hir, daß man ihn herabschaben könne. So sahen sich die Anwesenden genöthigt, die Kirche zu verlassen, währenddem der Meßner ihnen noch immer nachschimpfte. Überhaupt gestehen die Anwesenden, daß Michael Unterberger seine Verrichtungen, wenn kein Geistlicher anwesend ist, nicht nur höchst gleichgültig, sondern sogar mit spaßigen und oft recht ärgerlichen Gesticulationen und Ausdrücken zu machen pflege. Sie wünschen daher sehnlichst, daß Jemand anderer als Meßner aufgestellt werden möchte, und stellen deßwegen das Gesuch an das Pfarramt, daß hiezu die nöthige Einleitung getroffen werde. Martin Bortenlänger erwähnt noch schlußlich, daß nach dem oben berührten Auftritte Michael Unterberger sogar noch in sein Haus kam, dort wieder schimpfte, den Leuten die größten Grobheiten machte, und sogar sich mitunter thätlich an Einigen vergriff.

Dieser Bitte wurde entsprochen, obwohl Therese Unterberger dagegen Beschwerde beim Staatsministerium des Innern einlegte, aber eine »Weibsperson« konnte ohnehin die Funktion eines Mesners nicht übernehmen. So wurde dem Schmied von Johanneskirchen, Johann Sedlmair, die Mesnerei übertragen. Seit 1857 war der Weber Franz Gröbl gleichzeitig als Mesner tätig. Auch für ihn wurde ein Protokoll mit einer genauen Aufstellung seiner Bezüge verfasst und ebenso wie sein Vorgänger beschwerte sich Gröbl, weil ihm nicht alle zuständigen Mesnergebühren (aus dem Anwesen »zum Streicher« und vom »Ekarthof«-Besitzer) bezahlt worden sind.

Mesner Meier mit dem Kirchenschlüssel von St. Johann Baptist, um 1910

Das Leben im Dorf im 19. und 20. Jahrhundert

Die »Kirchtracht«

Zum Unterhalt des Pfarrers, Mesners und Schullehrers gehörte auch die sogenannte Kirchtracht, das waren Brotlaibe (Kirchweihbrot), die am Kirchweihfest von den Bauern in die Kirche gebracht wurden (Tracht = das aufgetragene Essen). In diesen »Kirchtrachten« sollten nach einer Verordnung von 1805 die Pfarrer, Schullehrer und Mesner »nachdrücklichst geschätzt« werden. Die Naturalabgabe »Kirchweihbrot« wurde Anfang des 19. Jahrhunderts in einen Geldbetrag umgewandelt, denn das Kirchweihbrot war nicht immer von bester Qualität. Nach der Publikation des Ablösungsgesetzes vom 4. Juni 1848 entstanden Zweifel an solchen Abgaben. Aus einer Liste »Kirchtrachtlaibe 1867, Rückstände« geht hervor, dass Bauern aus Johanneskirchen und Englschalking ihre Abgaben nicht bezahlt haben. Wie aus dem Seelsorgebericht von 1868 hervorgeht, wurde die Kirchweihfeier der Filialkirchen von Oberföhring auf einen anderen Tag als üblich verlegt. Hierfür nahm der Vorsteher von Daglfing, Stefan Ailer, Bauer von Englschalking, »Rache« an dem Pfarrer, indem er selbst die »Kirchtrachtbrote« verweigerte und sogar die ganze Gemeinde öffentlich aufforderte, diese Gabe zu verweigern.

In einem Brief an das königliche Bezirksamt rechtfertigte sich Pfarrer Riedl auf eine Eingabe von Ailer, ob die »Kirchweihtrachten« noch gegeben werden müssten. Ein Auszug daraus:

Mit gehorsamster Rücksendung des wegen mangelhafter Unterzeichnung kaum respektirbaren Schriftstückes des Gemeindevorstehers Ailer erlaubt sich gehorsamster Unterzeichnender darzulegen

daß die Brodspende-Pflichtigen pro 1867 willig und unaufgefordert ihre Gaben brachten mit Ausnahme der immer stätzigen[27] Wirtsleute und des Streichergutsbesitzers von Johanneskirchen und diesmal auch des Gemeindevorstehers Ailer;

daß die Ortschaften Johanneskirchen, Daglfing und Englschalking am 13. März 1868 auf Befragen, ob sie die Kirchentrachten für ferner zu verweigern gedenken, dies verneinten, sondern erklärten, einzig der Vorsteher Ailer habe sie dazu verleiten wollen, jedoch ohne Erfolg;

daß die Kirchtrachten nicht von der Abhaltung der Kirchweihfeier abhängen, sondern für die seelsorglichen Dienstleistungen und Haltung eines Kooperators überhaupt gereicht und nur zur Kirchweihzeit zur Kirche zu tragen seien;

daß die Wiederherstellung der alten Kirchweihordnung wohl durch geordnete Bittvorstellungen, keineswegs aber durch willkürliche Repressalien erreicht werden mag.

In der Gemeindeversammlung am 22. Mai 1924 wurde beschlossen, dass die Naturaliensammlung für den Herrn Kaplan Sellmair durch eine Entschädigung mit Geld abgelöst wird. Statt wie bisher Brot und Hafer, die der jeweilige Hilfsgeistliche an den Filialbezirken der Gemeinde Daglfing zu beanspruchen hatte, wurden 50 Mark an jährlicher Geldleistung gegeben.

Die Johanni-Prozession

Solange Johanneskirchen noch zum Oberföhringer Pfarrsprengel St. Lorenz gehörte, fand jedes Jahr an Johanni (25. Juni) im Dorf eine Prozession statt. Dieser Brauch aus dem 13. Jahrhundert sollte die Eucharistie auf Straßen und Plätze hinaustragen. An vier Altären – in jeder Himmelsrichtung einer – (bei der Kirche, beim Gröbl oder bei der Linde, beim Kreuzmair und beim Alten Wirt) wurde ein Evangelium gesungen. Mit der Zuordnung von Johanneskirchen zur neu gegründeten Pfarrei St. Thomas (1968) fand dieser Brauch ein Ende.

Die Wallfahrt nach St. Emmeram

1867 erging eine Currende der Daglfinger Gemeindeverwaltung an sämtliche Gemeindeglieder von Daglfing, Englschalking und Johanneskirchen. Die Pfarrgemeinde »verlobte sich«, am Pfingstmontag einen Bittgang zu Ehren des Heiligen Emmeram zu hal-

---

[27] stätzig = widerspenstig, zankend

Fronleichnamsprozession in Johanneskirchen in den 1960er-Jahren

ten, sodass die Gemeinde von »Hagel, Mausfraß und anderem Übel befreit bleiben möchte«. Durch eine Sammlung sollte in der neu erbauten Kapelle zu St. Emmeram eine St.-Emmeram-Statue aufgestellt werden. Die Spenden wurden in eine Liste eingetragen, die Bauern aus Johanneskirchen spendeten von 3 Kreuzer bis 4 Gulden. Martin Bortenlänger spendete nichts, sondern schrieb: »was die Rechte giebt soll die Linke nicht wissen«.

2001 wurde der Brauch des Bittgangs von Johanneskirchen zur Emmeramskapelle wiederbelebt.

Seelsorgbericht des Oberföhringer Pfarrers

Im jährlichen Seelsorgbericht beschrieb Pfarrer Karl Riedl seine Gemeinde und deren Bewohner. Im Bericht von 1862/63 gab er an, dass noch immer viele Trunkenbolde in Johanneskirchen, Daglfing und in den Ziegeleien seien. Außerdem kamen acht Mädchen »zum Falle«, wovon zwei aus Johanneskirchen stammten. Im nächsten Jahr fand das Dorf Johanneskirchen besondere Erwähnung:

Eine Familie begann das Bild einer liederlichen Hauswirthschaft und zugleich bitterer Gehässigkeit gegen die Nachbarn zu werden. Diese Leute konnte der Pfarrer zum Verkauf bewegen und gelang dadurch deren Austritt aus der Pfarrei. Eine 2te Familie, deren Haupt eine mundfertige Wittwe ist, suchte ihre Verlegenheit mit den ungerathenen Kindern durch Hilfe des Pfarrers zu vermitteln. Abhilfe geschah auch hier. Ein 3tes Ehepaar wollte zur Scheidung schreiten, auch dies wurde beschwichtigt. Ein 4tes lediges Paar scheint nun den Belästigungen zu erliegen. Johanneskirchen erbaut sich wenig am Anger der Liebe und der Buße.

Das Leben im Dorf im 19. und 20. Jahrhundert

»Aus einem Johanneskirchner Leben«
Bericht von Josef Pils (Jahrgang 1920)

Schul- und Kinderzeit:
Die ersten vier Schuljahre besuchte ich die Volksschule in Englschalking. Der Unterricht dauerte von 8 Uhr bis 15 Uhr, dazwischen gab es eine Mittagspause von 12 Uhr bis 13 Uhr. 1930 wurden die Kinder aus Johanneskirchen nach Oberföhring umgeschult, im 5. und 6. Schuljahr ging ich in die dortige Schule an der Muspillistraße 27. In Oberföhring wurde den Schulkindern, die weiter weg wohnten oder zu Hause nichts zum Essen bekamen, ein Mittagessen für 20 Pfennig angeboten, es gab meistens eine Suppe. Zum Besuch der 7. Klasse ging es wieder nach Englschalking und für die achte, die »Abschlussklasse« musste ich bis nach Bogenhausen in die Gebeleschule. Wenn es möglich war, fuhr ich mit dem Rad; öffentliche Verkehrsmittel, so wie heute, gab es damals noch nicht. Unterrichtet wurde bis 16 Uhr, in der Gebeleschule gab es eine Werkstatt, wo wir uns in Schreinerarbeiten üben konnten. Danach besuchte ich die Unterföhringer Fortbildungsschule »Blut und Boden«. Der Unterricht fand ganzjährig, einmal pro Woche am Nachmittag statt. Es wurde nur Wissenswertes über die Landwirtschaft gelehrt. Zu der Zeit war die Sonn- und Feiertagsschule abgeschafft worden, und der Unterricht der »Volksfortbildungsschulen« wurde von sonntags auf einen Wochentag verlegt. In München gab es für Jungen ab 15 Jahre eine Landwirtschaftsschule. Es wurde zur Winterzeit (Dezember bis April) unterrichtet und man musste Schulgeld bezahlen, aber das konnten wir uns nicht leisten.

Als Kind verdiente ich mir etwas Geld als Kegelbube. Beim Wirt in Johanneskirchen wurde jeden Sonntag um Geld gekegelt, und wer schnell und fix war, der bekam den Job und durfte die Kegel wieder aufstellen und die Kugel zurückrollen. Hatte ein Spieler einen guten Wurf, so war auch der Lohn gut, bis zu 10 Mark konnte ich mir verdienen.

Die Wahl 1933:
Im November 1933 war Reichstagswahl, Wahllokal war die Wirtschaft in Englschalking. Wenn jemand nicht zur Wahl erschien, kam der »Schleppdienst«. SA-Männer fuhren mit dem Auto vor und man wurde zum Wahllokal gebracht. Im Wahllokal selbst hatten SA-Männer Aufsicht, dass man auch ja das Richtige ankreuzte[28].

Kriegszeiten:
Während ich im Krieg war, mussten meine Eltern schauen, wie sie alleine auf dem Hof zurechtkamen. Ihnen wurde ein französischer Kriegsgefangener zugeteilt, der sehr gut arbeitete. Unser Nachbar, der mit seinem Franzosen nicht so zufrieden war, sorgte mit etwas Geld dafür, dass die beiden ausgetauscht wurden. Nach einer Schussverletzung am Kopf wurde ich nach München in die Kaserne beim Sendlinger Tor versetzt. Da ich keinen Helm mehr tragen konnte, wurde ich als AV = »Arbeitsverwendungsfähig Heimat« eingestuft. Als »Mädchen für alles« waren wir in Arbeitskommandos eingeteilt. Wir mussten nach Bombenangriffen den Schutt wegräumen und manchmal auch Dächer neu eindecken.

In der Zeit ab 1943 bis zum Kriegsende wohnte und arbeitete Christine, 25 Jahre alt, bei meinen Eltern. Sie stammte aus Polen und wurde damals »nach dem Gottesdienst, vor der Kirche weg« zusammengepackt und nach Deutschland verfrachtet. Kontrolliert wurden die landwirtschaftlichen Arbeitskräfte von der nahe gelegenen Lagerverwaltung des Ausländerlagers am heutigen Bichlhofweg. Die dortigen Zwangsarbeiter – es waren bis zu 500 Leute – arbeiteten in Fabriken in der Stadt oder in Freimann. Als die Amerikaner kamen, wurden die Gefangenen befreit und zum Teil auch bewaffnet. Es gab Plünderungen, meistens holten sie sich das Vieh von den Höfen. Die Bauern versuchten ihr Möglichstes,

---

[28] Bei der Wahl im März 1933 erhielt die Hitlerpartei in Bayern 43,1 % der Stimmen, in den darauf folgenden Monaten erfolgte die Machtübernahme. Die Reichstagswahl und Volksabstimmung im November 1933 diente als »Bekenntnis zur Politik des Führers«

um sich zu schützen. Auch bei uns wurde eingebrochen, mein Vater wehrte sich und verletzte einen von ihnen. So brachte man meinen Vater zu den Amerikanern in die Pionierkaserne an der Cosimastraße zum »Erschießen« – doch er wurde mit einem Jeep wieder unversehrt heimgebracht. Später brachte man die Zwangsarbeiter und die landwirtschaftlichen Hilfskräfte, wie auch unsere Christine, auf Befehl der Amerikaner in besondere Lager.

Drei Wochen vor Kriegsende wurde ich nach Garmisch versetzt. Ich arbeitete in einer Bäckerei, wir backten »Kommissbrot« für die Lazarette. Von den Amerikanern gefangen genommen, kamen wir in ein Lager bei Heilbronn. In dieses Lager – es fasste bis zu 16.000 Personen – steckte man alle möglichen Leute, sogar ehemalige KZ-Insassen waren dabei. Wir mussten alle den rechten Arm heben, denn bei den Leuten von der SS befand sich in der Nähe der Achsel ein Brandzeichen. Diese wurden aussortiert und in ein gesondertes Lager gebracht. Nach ein paar Wochen sagten die Amerikaner, dass wir wieder nach Hause dürften, aber sie verschleppten uns – 5000 bis 6000 Mann – nach Frankreich, dort wurden wir den Franzosen übergeben[29]. Wir sollten beim Wiederaufbau von Frankreich mithelfen, gelandet sind wir aber in einem »Hungerlager« bei Chartres. Keiner von uns war fähig zu arbeiten, viele starben, ich wog gerade noch 90 Pfund. So

---

[29] 1.750.000 Kriegsgefangene aus amerikanischen Lagern wurden zur Arbeit nach Frankreich überführt. Die Rückführung aller Kriegsgefangenen sollte bis Ende 1948 abgeschlossen sein.

Französischer Kriegsgefangener (Mitte stehend mit Mütze) mit Johanneskirchner Bauern und Buben aus der Zahnbrechersiedlung

wurden wir von den Amerikanern wieder abgeholt und zum Rücktransport aufgepäppelt, Ende Februar 1946 war ich wieder in Johanneskirchen.

Ein neuer Anfang:
Der Krieg hatte nicht viel übrig gelassen, in unserem Stall befanden sich noch fünf Kühe, ein Ochse und ein Ross, die aber nicht viel zur Feldarbeit taugten. 1939 hatten wir unsere Pferde zur Pferdemusterung nach Riem bringen müssen, pro Bauer wurden ein bis zwei Pferde eingezogen. Für Lebensmittel gab es damals eine Ablieferungspflicht. Bis zur Währungsreform konnte man nichts kaufen, es gab Marken und Bezugsscheine, zum Beispiel für Schuhe oder den Tauschhandel. Wir waren Selbstversorger, hin und wieder kam auch ein Händler mit seinem »fahrenden Kaufhaus« vorbei, mit dem man Geschäfte machen konnte.

Bauer Bernhard Pils, der Vater von Josef Pils, mit seinem besten Pferd, um 1950

Im Juni 1948 haben meine Frau und ich geheiratet. 1950 kauften wir unseren ersten gebrauchten Traktor für 3000 Mark, wir bestellten damals etwa 35 Tagwerk Ackerland. Meine Frau und ich betreiben eine kleine Schweinezucht und bis 1980 standen wieder 30 selbst aufgezogene Kühe und 20 Kälber im Stall. 1985 übergab ich den Hof an meinen ältesten Sohn. Durch die neuen EG-Verordnungen Ende der 1990er-Jahre lohnte sich die Milchproduktion nicht mehr, und – wie die meisten Bauern – waren auch wir zur Aufgabe unseres Viehbestandes bereit. [Bericht aufgezeichnet 1999]

Kriegszeiten

Das Reichsbahngemeinschaftslager an der Johanneskirchner Straße

Im Reichsbahnlager Johanneskirchen, am heutigen Bichlhofweg, Ecke Freischützstraße gelegen, waren im Oktober 1939 etwa 80 Slowaken und 70 Jugoslawen untergebracht (im September 1944 beschäftigte die Reichsbahn 686 Kriegsgefangene). Zwangsarbeit für die Reichsbahn, das waren Bauarbeiten (am heutigen »Alten Bahndamm« im Moos) und die Arbeit im Reichsbahnausbesserungswerk in Freimann. Laut Tagesbericht der Gestapo kam es am 27. Oktober 1939 im Gemeinschaftslager der Reichsbahn in Johanneskirchen zu Streitigkeiten zwischen dem Lagerführer und den slowakischen Arbeitern. Da die Hauptschuld den Lagerführer traf, wurde dieser seines Postens enthoben und ein neuer Lagerführer durch die Deutsche Arbeiterfront (DAF) eingesetzt. Drei Slowaken, die angeblichen Rädelsführer, wurden festgenommen und nach ein paar Tagen Haft nach Vernehmung und Verwarnung wieder entlassen.

Die Reichsbahn berechnete 1941 für ihre eigenen Arbeitskräfte im Johanneskirchner Lager ein tägliches Übernachtungsgeld von 0,50 RM. Für die Unterbringung der Arbeiter aus den umliegenden Betrieben musste ein Übernachtungsgeld von einer Reichsmark gezahlt werden. Nachdem die Übernachtung im Einzelzimmer in einer Oberföhringer Gastwirtschaft nur

0,80 RM kostete, waren die betroffenen Lagerbewohner und ihre Arbeitgeber verärgert. Die Reichsbahn profitierte von diesen zusätzlichen Einnahmen.

Nach Kriegsende, bei der letzten Besichtigung am 30. Juni 1945, war das Lager nicht mehr belegt. Die Baracken wurden ab Mai 1945 sehr schnell abgebaut – die Einheimischen holten sich das Holz als Brennmaterial.

Im Lager verstarben laut Aufzeichnung des Oberföhringer Pfarrers:

1940: Kracher Max, Hilfsarbeiter, led. kath., 32 Jahre 5 Monate an Unglücksfall Sturz vom Lastauto, Leberzerreißung; Poles Vice, Hilfsarbeiter, verh. kath., geb. 6. April 1895, (45 Jahre) verunglückt an einem Lastzug; Rascewski Joseph, Hilfsarbeiter led., kath., geb. 1923, gest. 7. März 1942; Vidakowic Vlado, Kroate led., kath., geb. 26. Oktober 1919, gest. 10. Mai 1944, Unglücksfall und Rudokas Jurgis, Schlosser, geb. 23. Juli 1898 in Leban, Litauen, gest. 23. April 1945 an Tbc, beerdigt am 3. Mai, Friedhof Johanneskirchen.

Luftangriffe auf Johanneskirchen

Am Donnerstag, dem 16. November 1944, kam es, da die Witterungsverhältnisse geeignet waren, zum 37. Angriff der Amerikaner auf München. In vier Wellen flogen sie mit 400 Kampfmaschinen und 100 Jägern ab 12.02 Uhr von Süden her, mit Bombenabwürfen über dem Westend, Hauptbahnhof und Schwabing. Die dritte Welle folgte um 12.40 Uhr mit Bombenabwürfen über dem Süden, der Innenstadt, Berg am Laim und Johanneskirchen. Dabei wurden insgesamt 2650 Sprengbomben abgeworfen, es gab 144 Tote, davon 37 Kriegsgefangene und 26 Ausländer. Die Amerikaner warfen an diesem Tag rund 3000 Flugblätter ab, die überschrieben waren: »Luftpost, Ausgabe Süd, Nr. 51, Nachrichtenblatt für Mittelmeer, Österreich und Deutschland vom 31. Oktober 1944«.

Ein Bewohner der Zahnbrechersiedlung erinnert sich:

Ecke Düppeler Straße/Westerlandanger etwa 80 Meter vom Haus Düppeler Straße 8 (bei der damaligen Müllgrube) gab es einmal einen Einschlag einer Sprengbombe. Ein Gebäudeschaden entstand zum Glück nicht, nur ein Bombentrichter mit einem Durchmesser von sechs bis acht Meter und einer Tiefe von vier bis fünf Meter lieferte den Beweis. Beim Aufprall flog der Müll in der ganzen Gegend umher – vermutlich hat er dazu beigetragen, dass nicht mehr passiert ist. Bei diesem Angriff wurden auch viele Flugblätter abgeworfen.

Im Dorf Johanneskirchen starben am 16. November 1944 Louigi Bazzaro, geb. 1915 in Udine, Italien, und Isabella Maria Artemenko, geb. in Schermigow, Ukraine. Beide wurden am 21. November im Friedhof am Perlacher Forst in einem Massengrab beerdigt. Am 13. März 1945 war die Flakstellung an der Glücksburger Straße Ziel eines Tieffliegerangriffs (48. Angriff auf München).

Die Flakstellung an der Glücksburger Straße

Nordöstlich des alten Bahndamms und der Bahn nach Ismaning, auf Unterföhringer Grund, lag die Flakstellung Abteilung 3/306 mit sechs Geschützen, die Raketen mit 8,8 Zentimeter Durchmesser abschossen. Zur Verteidigung des Riemer Flughafens und der Bahnlinien im Münchner Osten befanden sich in Richtung Riem, Trudering, Berg am Laim, Daglfing und Zamdorf weitere Flakstützpunkte. Von der Flakstellung in Daglfing an der Glücksburger Straße sind heute noch Reste vorhanden. Diese wurde erst im Frühjahr 1943 mit einer dazugehörigen Baracke angelegt. Über die Flakstellung an der Glücksburger Straße berichten Bewohner aus der Zahnbrechersiedlung:

Die während des Krieges in nächster Nähe der Siedlung befindliche Flakstellung (12 Geschütze mit einem Kaliber von jeweils 8,8 cm) war eine gewisse Gefahr für die Siedlung. Aus diesem Grunde bemühten sich einige in der Nähe der Stellung wohnende Siedler, unter anderen auch Herr Schwänzl sen. bei den zuständigen Offizieren energisch aber vergeblich, dass die Stellung

Kriegsschäden in Johanneskirchen (Gleißenbachstraße), 1944

der Geschütze weiter entfernt von den Siedlungshäusern errichtet wird. Bis 1944 war die Wirkung dieser 12 Geschütze für beide Teile deutlich spürbar. Für die Siedler deshalb, weil bei Luftangriffen von Bomberverbänden, die Flakmannschaften natürlich ebenfalls feuerten. Wenn aber alle Geschütze gleichzeitig schossen, bebte buchstäblich die Erde. Um zu vermeiden, dass bei größeren Luftangriffen allein durch den beim Abschuss der Flakgranaten entstehenden Luftdruck Türen und Fenster eingedrückt werden, mussten diese gleich zu Beginn der Angriffe geöffnet werden. Anschließend ging auch oft eine Vielzahl von Granatsplittern auf unsere Hausdächer und Gärten nieder. Stabbrandbomben fielen dagegen öfters auf unser Gebiet, konnten aber meist von Hauseigentümern und vom örtlichen Luftschutz gelöscht werden. Ebenfalls häufig wurden Leuchtkerzen, die sogenannten Christbäume mit Fallschirmen abgeworfen. Sie leuchteten circa 7 Minuten und dienten der Zielorientierung von Bomberverbänden. Für die meist in großer Höhe und in geschlossenen Formationen fliegenden Bomber war die Flakstellung höchst unangenehm, weil diese 12 Geschütze zu Anfang mehrere Treffer erzielten. Als die Angriffe häufiger wurden, feuerte die Flak weniger, weil die Munition knapp wurde.

Luftbild von Johanneskirchen 1945

Die letzten Kriegstage

Die Amerikaner kommen

Die 7. US-Army unter dem Befehl von General Alexander McCarrell Patch jr. rückte Ende April 1945 aus dem Raum Mannheim über Würzburg und Aschaffenburg kommend nach Bayern vor. Am Sonntag, dem 29. April 1945, eilte das Gerücht durch München: Die Amerikaner kommen! In der darauf folgenden Nacht, um etwa 3 Uhr, traf ein Stoßtrupp von 100 Mann in der Stadt ein. Sie folgten der Route Oberföhring, Ismaninger Straße zum Prinzregentenplatz 16, wo Hitler im zweiten Stock eines Mietshauses eine Wohnung hatte. Montagabends, am 30. April 1945, marschierten die Amerikaner in Oberföhring ein. Zeitzeugen berichten, dass sie sich in der Zeit von 18 bis 19 Uhr vor dem »Freisinger Hof« versammelten.

Bericht Pfarrer Ludwig Attenberger über die letzten Kriegstage

25. Juli 1945

Nachdem im Bernheimer Schloß (in nächster Nähe der Kirche) die SS, die dort seit 2 Jahren hauste, Ende April abgezogen war, wurde es schnellstens zu einem Lazarett umgestaltet und auf dem Schloß und auch auf dem Kirchturm die Rote Kreuz Fahne gehisst. Diesem »Umstand« und dem energischen Vorgehen unserer beiden Chef-Ärzte gegen eine SS-Truppe, die noch am Sonntag in der Nähe der Kirche Geschütze aufstellten und Oberföhring verteidigen wollte, ist es zu verdanken, dass der Einmarsch der Amerikaner ohne Blutvergießen und ohne Beschuss erfolgte. Lediglich die Brücke zwischen Oberföhring und Unterföhring wurde gesprengt, mit dem traurigen Erfolg, dass die Verwundeten nicht in unser Lazarett unmittelbar gebracht werden konnten. Die Ausschreitungen in den kommenden Tagen waren wohl in erster Linie Folgen von Betrunkenheit, es kam bald auch zu den ersten Plünderungen, besonders durch »Neger«. Als aber dann die Ausländer in der Kaserne und im Lager Johanneskirchen immer zahlreicher wurden (zwischen 3–4000) kam es fast täglich besonders in der Nachtzeit oft zu schwersten Plünderungen im Ort, in Johanneskirchen und im Moos, wo 2 Familien ganz ausgeraubt sind worden, 6 Personen wurden durch Schüsse mehr oder weniger schwer verletzt. Die Plünderungen haben erst Anfangs Juli aufgehört.

Letztes Aufgebot

Noch in den letzten Kriegstagen kam es in Würzburg und Nürnberg durch die Wehrmacht und die Bevölkerung zu sinnlosen Zerstörungen. Den Widerstandsparolen der Nazigrößen gehorchend, wurden dort öffentliche Gebäude und Brücken in die Luft gesprengt. In München verdankt man vor allem der »Freiheitsaktion Bayern« (FAB), dass solche größeren Aktionen unterblieben und die amerikanischen Soldaten fast ungehindert einmarschieren konnten. Nur bei der SS-Kaserne in Freimann wurde ihnen Widerstand entgegengesetzt und der westliche Teil der Leinthaler Brücke gesprengt. Der Volkssturm sollte noch als letztes Aufgebot an den Panzergräben, die rund um München gezogen waren, die Stadt verteidigen. SS-Leute sollen sich im Johanneskirchner Moos versteckt haben, um die Amerikaner, die von Aschheim kämen, aufzuhalten. Noch am 28. April 1945 forderte Gauleiter Paul Giesler die Münchner Bevölkerung zum Kampf gegen die anrückenden Amerikaner auf. Einen Tag später setzten sich er und der Münchner Bürgermeister Karl Fiehler ab und der Reichssender München stellte seinen Betrieb ein.

Über die letzten Kriegstage berichtet eine Bewohnerin aus der Zahnbrechersiedlung:

In den letzten Kriegstagen wirkte Hans Kallenbach von der Zahnbrechersiedlung in seiner Eigenschaft als Führer der örtlichen Volkssturmkompanie auf den Batterieführer Oberstfeldmeister Koschemann aus Rosenheim ein, dass er in der Nacht vom 28. April auf den 29. April 1945 befehlswidrig die Befehlsstelle verlassen sollte. Vereinbarungsgemäß verschwand Koschemann heimlich und unbemerkt (laut seinem Adjudanten, soll er vorher noch eine flammende Rede gehalten haben) und löste damit die von Kallenbach und Koschemann beabsichtigte Panik bei der Mannschaft aus. Die Mannschaften verließen im Laufe des 29. Aprils, insbesondere in der Nacht auf den 30. April in hellen Scharen ihre Stellung und rissen auch die Mannschaft des zweiten Batterieführers (der sich immer noch auf seine Befehle berief) mit sich. Von ursprünglich 300 Mann verblieben schließlich nur noch 35 Mann. Zusätzlich verhinderte Kallenbach, wie vereinbart, den Einsatz des Volkssturmes. Angesichts dieser Tatsache und nach weiteren Verhandlungen mit Kallenbach gab der 2. Batterieführer schließlich die Verteidigung auf. Nach dem planlosen Verschuss von 720 Aufschlaggranaten und 120 Panzerabwehrgranaten und dem Sprengen der 12 Geschütze rückte der 2. Batterieführer mit seiner Restmannschaft ab, längst ehe es mit den anrückenden Amerikanern zur Gefechtsberührung kommen konnte. Möglicherweise hat Herr Kallenbach die Siedlung mit seiner Einflussnahme vor Zerstörungen bewahrt.[30]

Der Busunternehmer Johann Behr erhielt am 30. April 1945 vom Volkssturmführer aus der Zahnbrechersiedlung die Mitteilung, dass er mit seinem Omnibus mit Anhänger fahrbereit um 13 Uhr bei der Befehlsstelle der Ortsgruppe Daglfing zu stehen hätte. Nach einem Befehl vom Kreisleiter, sollte der Bus zum Abtransport von etwa 200 politisch unzuverlässigen Personen zur Kreisleitung, wo sie unschädlich gemacht werden sollten, dienen. Diese Aktion konnte glücklicherweise dadurch verhindert werden, dass Behr seinen Bus in einen nicht fahrbereiten Zustand versetzte. Das nötige trockene Tankholz sollte nicht zur Verfügung stehen, beziehungsweise man riet Behr, sein Tankholz mit Wasser zu begießen. Damit war die Durchführung der Aktion Mangels geeigneter Fahrzeuge unmöglich, was man an die Befehlsstelle weitermeldete. Johann Behr befuhr damals mit seinem Bus die Zubringerlinie von der Zahnbrechersiedlung zum Herkomerplatz.

Auszug aus einer Eidesstattlichen Erklärung vom Juni 1948 von Johann Behr:

Am 30. April 45 zwischen 11 und 12 Uhr vormittags – ich war gerade mit einer Instandsetzungsarbeit an meinem Omnibus beschäftigt – kam Herr Ing. W. D.

»Einmannbunker« am Ende der Düppeler Straße

---

[30] Quelle: Eidesstattliche Erklärung von Heinz Koschemann vom 30. August 1946 und persönliche Aufzeichnungen von Herrn Kallenbach

in seiner Eigenschaft als Volkssturmführer zu mir. Er teilte mit mit, dass soeben beim örtlichen Kompanieführer, Herrn Kallenbach, der telefonische Befehl der Volkssturmführung München/Ost eingelaufen sei, wonach ich um 13 Uhr mittags mit meinen Omnibus fahrbereit bei der Befehlsstelle der Ortsgruppe Daglfing zu stehen hätte. Aus persönlichen Bemerkungen, die D. an diese Befehlsübermittlung knüpfte, konnte ich schließen, dass es für mich besser sei, wenn ich diesem Befehl nicht Folge leisten, sondern mein Fahrzeug in einen nicht fahrbereiten Zustand versetzen würde und, dass es D. und Kallenbach eigentlich sehr drum zu tun war, dass ich tatsächlich nicht fahren könne [...] Am Spätnachmittag sprach ich dann selbst bei Kallenbach vor, um mir von ihm Rat wegen der Sicherstellung meines Omnibusses zu holen. Ich traf in der Wohnung Kallenbachs auch Herrn D. an und beide Herrn rieten mir, meinen Omnibus so rasch als möglich verschwinden zu lassen, was ich auch am gleichen Tage ausführte, nachdem Kallenbach mir bzw. meinem Fahrer für alle Fälle einen fingierten »Fahrbefehl« ausgehändigt hatte, mit dessen Hilfe es gelang das Fahrzeug ausserhalb Münchens in Sicherheit zu bringen.

Plünderungen nach Kriegsende

Schon bald nach dem Einzug der Amerikaner kam es zu Plünderungen. Zum einen plünderten die Einwohner selbst, so zum Beispiel unter Duldung der Amerikaner in der Luftwaffenkaserne (spätere Prinz-Eugen-Kaserne, 2009 abgerissen). Auch die Arbeitsdienstlager waren betroffen oder abgestellte Eisenbahnwaggons am Bahndamm. Diese Plünderungen sind sowohl durch die Aufzeichnungen von Pfarrer Ludwig Attenberger und als auch durch Zeitzeugenberichte belegt. Zum anderen kam es zu Plünderungen durch die freigelassenen Zwangsarbeiter und Kriegsgefangenen und auch durch Angehörige der amerikanischen Besatzung.

Aus der Chronik des Pfarrers Ludwig Attenberger:

Am Montag (30. April) in der Früh las ich unter Kanonendonner ohne Ministranten die heilige Messe. Am Abend zogen die ersten Amerikaner ein. Die nächsten Tage waren aufregend durch Überfälle (besonders von Schwarzen), Raub und Plünderungen, besonders von Fahrrädern, Uhren und insbesondere Schnäpsen und Weinen. Auch im Pfarrhaus erschienen einmal 2 Amis und fragten nach Spirituosen. Ich erklärte, dass ich nur Messwein habe, darauf zogen sie ab. Eines Morgens kamen 5 Amerikaner durchsuchten das ganze Haus, alle Schränke und zogen nach einer halben Stunde wieder ab. Leider wurde die Unsicherheit immer größer, besonders waren einsam stehende Häuser gefährdet. 2 Familien wurden ganz ausgeplündert.

Die Amerikaner sammelten die »umherstreunenden« Ausländer so gut es ging in der Oberföhringer Kaserne oder brachten sie in anderen Lagern unter. Die Plünderungen im Pfarrsprengel von Oberföhring hörten laut Chronik des Pfarrers Ludwig Attenberger erst Anfang Juli 1945 auf. In München wurden fast täglich Lebensmittellager, Eisenbahnzüge und Geschäfte von der Bevölkerung ausgeplündert. Da sich die Ernährungslage in München bis zum Jahr 1947 nicht verbesserte, kam es auch zwei Jahre nach Kriegsende immer wieder zu Überfällen und Plünderungen.

Kapitel 3
Häuser und Einwohner

Johanneskirchen um 1800

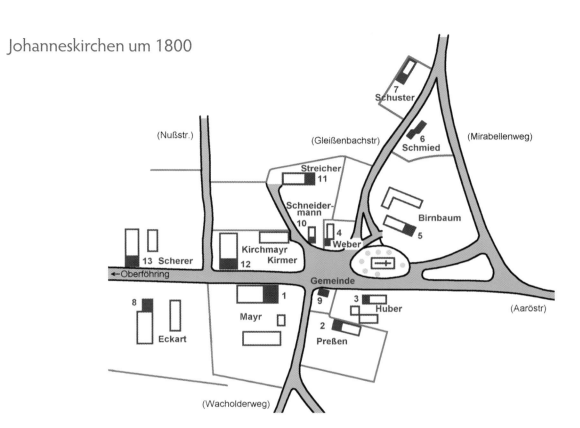

Huben:
Haus No. 1: Mayr
Haus No. 2: Preßen
Haus No. 3: Huber
Haus No. 5: Birnbaum
Haus No. 8: Eckart
Haus No. 11: Streicher
Haus No. 12: Kirmer
Haus No. 13: Scherer

Sölden:
Haus No. 4: Weber
Haus No. 6: Schmied
Haus No. 7: Schuster
Haus No. 10: Schneidermann

Bewertung der Bauernhöfe nach dem »Hoffuß«

Die Größe und Qualität der bäuerlichen Anwesen unterschied sich seit dem 15. Jahrhundert durch den sogenannten Hoffuß. Der »Hoffuß« geht von einem ganzen Hof als größte Einheit aus. Folgende Größenangaben galten für die Gegend im Münchner Nordosten:

⅟₁-Hof	ganzer Hof, mit mehr als circa 20 bis 30 Hektar Grund und etwa acht Pferden. Die Besitzer konnten sich Bauern nennen. Davon abgeleitet sind zum Beispiel die Familiennamen »Maier« oder »Hofer«
½-Hof	Hube, mit circa 10 bis 15 Hektar Grund und vier Pferden. Davon abgeleitet ist zum Beispiel der Familienname »Huber«
¼-Hof	Lehen, mit circa 5 bis 8 Hektar Grund und zwei Pferden. Davon abgeleitet sind zum Beispiel die Familiennamen »Lehner« oder »Lechner«
⅛-Hof	Sölde, mit gemeinschaftlichem Weidegrund und ein wenig Vieh, etwa ein Pferd oder ein Paar Ochsen.
⅟₁₆-Hof	gemeine Sölde, ohne Grund. Die Inhaber waren Handwerker oder Tagelöhner.
⅟₃₂-Hof	Leerhäusl, ohne Grund. Die Inhaber waren Handwerker oder Tagelöhner.

Der Gemeindehirte, auch Hüter, bewohnte das Gemeindehaus. Er hatte, wie Gelegenheitsarbeiter, Dienstboten und Inwohner (Mieter), kein eigenes Haus.

Hausnamen und Flurbezeichnungen

Neben der Hausnummer besaß jeder Hof einen eigenen Hausnamen. Seit Mitte des 18. Jahrhunderts sind uns Hof- und Hausnamen überliefert, sie wurden damals per kurfürstlichem Dekret eingeführt und im Katasterwerk von 1809 neben dem Familiennamen übernommen. Der Familienname war dem Hausnamen untergeordnet. Der Hausname bildete sich oftmals aus dem Namen oder auch der Tätigkeit seines Bewohners, zum Beispiel der Hof »beim Weber«, später auch »Mesnerhaus« genannt.

Die Schreibweise der Hausnamen wechselte im Laufe der Zeit, da man früher noch keine einheitliche Rechtschreibung kannte und mehr nach Gehör geschrieben wurde. Beispielsweise gibt es für das Anwesen No. 5 die Schreibweisen »Bierbaum«, »Biernbaum« oder »Birnbaum«.

Die Felder wurden durch Flurnamen bezeichnet, um ihre Lage besser angeben zu können. Oft wurden die Flure nach dem Hausnamen (zum Beispiel »Schmiedacker) oder einer Landschaftseigenschaft (zum Beispiel »Ziegelstadelacker«) benannt.

Mit der bayerischen Landesvermessung in den Jahren 1808 bis 1854 entstanden Flurkarten, die die genaue Größe der Besitzungen, eingeteilt nach Plannummern, angaben. Bis dahin wurde in Joch oder Juchart (auch Jauchert), Pifang und Tagwerk gemessen. Ein Juchart war etwas mehr als ein Tagwerk, die Größe eines Tagwerkes wurde definiert durch die Fläche, die ein Gespann Pferde mit einem Mann in acht Stunden bei mittlerer Pflugtiefe pflügen konnte. Seit Ende des 19. Jahrhunderts wurde in Hektar und Ar gemessen: 1 Tagwerk = 0,34073 Hektar. Der Pifang (Bifang) bezeichnete die Breite eines Ackerbeetes, die vier Pflugfurchen, also 1 bis 1,30 Meter, breit waren. Da in der Feldflur mehrere gleich lange Äcker nebeneinander lagen, kam es nur darauf an, die Breite durch die Anzahl der Pifange zu benennen. Heute sagt man zum erhöhten Ackerstreifen im Kartoffelfeld auch »Bifi«, eine Kurzform für »Bifang«. Die Endung »-breite« weist auf von Süd nach Nord gerichtete Felder hin (zum Beispiel »Griesbreite«), die Endung »-länge« auf schmale und lange Äcker in Ost/Westrichtung (zum Beispiel »Schmiedenlang«, »Sonnenläng«).Unter einem »Vorland« verstand man die Felder vor dem Dorfe. Der »Oetz« oder auch »Etz« war eine Weidefläche zwischen der Ostabflachung des Lößlehmrückens und der Gleißach (= Gleißenbach) bis hin nach Unterföhring. Weitere Flurnamen in der Johanneskirchner Gegend: »Streicheracker«, »Steffelacker«, »Zipfelbreiten«, »Kotterbreiten«, »Thalangerl«, »Klausnerwegackerl«, »Herderwiese«[31].

---

[31] »Herder« = Hirte

Die Besitzverhältnisse der Bauern

Bis etwa 1250 war der Bauer Leibeigener seines Grundherren. Der von ihm bewirtschaftete Grund war nicht sein Eigentum, er durfte aber bis zur Hälfte der Erträge behalten. Im 14. Jahrhundert trat eine grundlegende Änderung ein: Das Eigentum wurde in ein Ober- oder Grundeigentum und in ein Unter- oder Nutzungseigentum geteilt. Das Grundeigentum verblieb beim Grundherren, das Nutzungseigentum aber fiel an den Bauern. Die Art des Nutzungseigentums wurde in Verstiftungen festgelegt. Die Grundherren gewährten ihren Untertanen allmählich auch sogenannte Gerechtsame (auch »Ehehaften«), das waren verbriefte Nutzungsrechte, zum Beispiel eine Genehmigungsurkunde zur Berufsausübung. So war die »Webergerechtigkeit« die Erlaubnis, als Weber tätig zu sein.

Im Laufe der Jahrhunderte haben sich in unserer Gegend vier verschiedene Leihrechte herausgebildet:

1. Die Freistift, auch »Herrengnad« oder »Herrengunst« genannt. Der Grundherr konnte die »bloße Freistift« jederzeit aufkündigen und den Bauern von Haus und Hof verweisen. Bei der »veranlaiten Freistift« musste bei einer Kündigung des Vertrags seitens der Grundherrschaft der beim Antritt der »Mayrschaft« gezahlte Geldbetrag, die »Anlait«, dem Bauern zurückgezahlt werden.
2. Die »Neustift«: Der Vertrag endete mit dem Tod oder dem Wechsel des Grundherrn und musste dadurch jedesmal erneuert werden.
3. Das »Leibrecht« oder »Leibgeding«: der Vertrag galt auf Lebenszeit des Bauern oder, wenn er »auf zwei Leiber« lautete, der Bäuerin und war im Allgemeinen unkündbar.
4. Das »Erbrecht«: Das Nutzungsrecht konnte auf die Kinder des Bauern weitervererbt oder mit Einwilligung des Grundherrn verkauft werden.
5. Freies Grundeigentum eines Bauern, über das er frei verfügen konnte, wurde als »ludeigen« bezeichnet.

Die Grundherrschaften der Bauern von Johanneskirchen

Freistiftig zur Hofmark:	Schmid, Schuster
Freistiftig zum Pfarrer von Oberföhring:	Schneidermann
Leibrechtig zur Hofmark:	Mayr, Preßen, Huber, Eckart, Kirmer, Scherer, Birnbaum
Erbrechtig zur Hofmark:	Weber
Erbrechtig zum Majorat Kronwinkel:	Streicher

Bäuerliche Abgaben und Steuern

Für die Überlassung des Nutzungsrechts musste der Bauer alljährlich Abgaben in Form von Naturalien leisten und Scharwerkdienste, das heißt unentgeltliche Arbeiten für den Grundherrn, verrichten. Im Laufe des 19. Jahrhunderts trat an die Stelle der Naturalabgaben die Bezahlung mit Geld.

An Abgaben (»Reichnissen«) waren zu leisten:

an den Grundherrn	
Stiftgeld:	Geringfügige Abgabe von ein paar Kreuzern als Anerkennungsgebühr, zu entrichten am Stiftstag (St. Michaeli, 29. September).
Gült (auch Gilt):	Bauern leisteten gewöhnlich eine Getreidegült, Kleinhäusler und Tagelöhner entrichteten einen Geldbetrag, die Pfenniggült. Die Wechselgilt war abhängig von der Bebauung des Feldes, bei »Brache« wurde nichts gegeben.

Küchendienst:	Naturalabgaben wie Eier, Butter, Schmalz, Hühner, ab 1750 auch mit Geld abzugelten.
Dienstleistungen:	Auch Frondienst oder Scharwerk genannt. Verschiedene Arbeiten, wie Fuhrdienste, Pflügen, Mähen, Dreschen, das Jagdscharwerk oder die Weingült. Beispielsweise bedeutete ⅓ Weingült, dass der Bauer alle drei Jahre ein ganzes Gespann mit vier Pferden stellen musste, um für den Bischofshof samt Domkapitel Wein aus den Gütern an der Donau und in der Wachau oder aus Südtirol zu holen.
Laudemium:	Auch Herrengnad, Anfall oder Abfahrt genannt. Einmalige Gebühr bei Antritt einer Mayrschaft.

an die Kirche	
Zehent:	Großer Zehent: 10 % des Getreideertrages, kleiner Zehent: die zehnte Portion von kleinen Früchten wie Kraut, Rüben, Obst und Flachs oder Heu, und den Blutzehent: der zehnte Teil des lebenden Viehs.

an den Richter	
Naturalabgaben:	Richterhaber, Richterkraut(kopf), Hofstroh

an den Staat	
Steuern:	In nicht geringer Höhe

an den Landesherrn	
Dienstleistungen:	Vorspann (Fuhrdienste) und Jagdscharwerk (Jagdhelferdienste so oft es erforderlich war)

Erbrachte ein Bauer diese Abgaben nicht oder nicht vollständig, so konnte der Grundherr mit ihm so verfahren, wie es ihm am günstigsten erschien. Die Grundherren hatten allerdings in der Regel kein Interesse daran, dass aus ihren Untertanen Bettler wurden.

1811 sind für Johanneskirchen folgende Höfe mit den zu leistenden Abgaben aufgelistet für[32]

a. das königl. Rentamt des Landbezirks München
    IV   Zehentherrliche: Haus No. 2, 3, 8, 11, 12

b. die königl. Stiftungsadministration des Distrikts München, Gotteshaus Oberföhring
    II   Grundherrliche   Haus No. 5

c. das Patrimonialgericht Johanneskirchen
    I   Jurisdiktionsherrliche: Haus No. 10,11
    II   Grundherrliche: Haus No. 1, 2, 3, 4, 5, 6, 7, 8, 12, 13

d. die Patrimonialstiftungs-Administration Johanneskirchen
    II   Grundherrliche: Haus No. 4

e. die Pfarrei Oberföhring
    II   Grundherrliche: Haus No. 10
    IV   Zehentherrliche: Haus No. 1, 2, 3, 4, 5, 8, 11, 12, 13

h. das Dichtlische Beneficium in München
    IV   Zehentherrliche: Haus No. 3, 11

j. das Majorat Stammlehen Kronwinkel
    III   Lehenherrliche: Haus No. 10

---

[32] Archivmaterial: [X13165]

Johanneskirchner Anwesen nach dem Urkataster von 1809

Dieses erste, sogenannte A-Kataster ist als provisorisches »Rustikalsteuer-Kataster« nach Ortschaften gegliedert und enthält neben Hausnummern und Hausnamen der Besitzungen auch deren Schätzwert und Grundherrschaft.

Fassions No. Steuer No. Hausnamen Namen der Besitzer	No. der Besitzungen	Gegenstände des Besitzes	Dominikal-Verhältnisse	Steuerkapital
93 CVIII Beim Mayr Johann Gruber	175	A ½ Mayrhof, Nutzung an der Gemeindweide	A Gerichtlich zur Hofmark St. Johanneskirchen B Leibrechtig ebendahin C Der Zehent wird auf den 2 Ziegelackern und Berg und Streicheracker im Johanneskirchner Feld dann zum Bergacker im Grießfeld und dem Grießwegacker im Englschalkinger Feld selbst eingeholt. Auf den Vorlandackern und Schereracker genießt der Pfarrer von Oberföhring den ganzen Zehent, auf den übrigen hat der Pfarrer die Hälfte und die andere der Leibrechter.	4085 fl
	176	eigentherrliche Schmidacker am Denninger Weg zu ½ Tagwerk	A Gerichtlich zum Landgericht München B Ludeigen C Den ganzen Zehent dem Pfarrer in Oberföhring	
94 CIX Beim Preßen Bartholomä Bortenlänger	177	A ½ Preßenhof B Gemeindstheil am Moos Nutzung an der Gemeindweide	A Gerichtlich zur Hofmark Johanneskirchen B Leibrechtsweis ebendahin C Hat auf sämtliche Breiten das Rentamt, auf den übrigen Äckern der Pfarrer von Oberföhring den ganzen Zehent.	3620 fl
	178	½ Tagwerk Acker im Riemerfeld	A Gerichtlich Landgericht B Eigen C Zehentfrei	
95 CX Beim Huber Egid Huber	179	A ½ zum Huber Gemeindnutzung im Moos	A Gerichtlich zur Hofmark Johanneskirchen B Leibbar ebendahin C Zehentbar ⅓ zum Rentamt, ⅓ in Oberföhring, dann ⅓ zum Beneficiat Franz Terkel, St. Peter zu München außer den 3 Vorland zu 3 Tagwerk zur Pfarrei in Oberföhring.	3580 fl

Häuser und Einwohner

Fassions No. Steuer No. Hausnamen Namen der Besitzer	No. der Besitzungen	Gegenstände des Besitzes	Dominikal-Verhältnisse	Steuerkapital
96 CXI Beim Weber Johann Bullacher	180	A ⅛ Webergütl B Webergerechtigkeit Nutzung an der Gemeindeweide	A Gerichtlich zur Hofmark Johanneskirchen B Erbrechtig dahin C Ganzer Zehent dem Pfarrer in Oberföhring	900 fl
97 CXII Beim Birnbaum Johann Stumpf	181	A ½ Birnbaumhof Gemeindeanteil an der Oetz	A Gerichtlich zur Hofmark Johanneskirchen B Leibbar dahin gehörig C Zehentfrei außer bei den 3 Vorland zu 2 ½ Tagwerk wo den Zehent der Pfarrer in Oberföhring hat.	6100 fl
98 CXIII Beim Schmid Johann Jaustner	182	A Leerhäusl Beim Schmid B die Schmiedgerechtigkeit	A Gerichtlich zur Hofmark St. Johanneskirchen B Freistiftig dahin	300 fl
99 CXIV Beim Schuster Peter Streicher	183	A Leerhäusl Beim Schuster B Anteil an Gemeindsgründe 4 Tagwerk Mooswiese	A Gerichtlich zur Hofmark St. Johanneskirchen B Freistiftig eben dahin A Landgericht gerichtsbar B Ludeigen	670 fl
92 CVII Beim Eckart Emmeran Mayer	174	A ½ Hof zum Eckart B Gemeindnutzung am Moos Nutzung an der Viehweide C ⅓ Zehent auf eigenen Gründen	A Gerichtlich zur St. Johanneskirchner Hofmark B Leibrechtig eben dahin C zum Rentamt	5260 fl
CXV die Gemeinde Johanneskirchen	242	A Leerhäusl zum Hirten	A Gerichtlich zur Hofmark Johanneskirchen B Eigentum der Gemeinde	150 fl
91 CVI Beim Schneidermann Johann Schickgelber	173	A ¹⁄₁₆ Schneidermanngütl Nutzung an der Gemeindweide	A Gerichtlich zur Hofmark St. Johanneskirchen B Freistiftig zum Pfarrer in Oberföhring C Zehentfrei	300 fl

Fassions No. Steuer No. Hausnamen Namen der Besitzer	No. der Besitzungen	Gegenstände des Besitzes	Dominikal-Verhältnisse	Steuerkapital
100 CXVI Beim Streicher Jakob Gruber	173	A ½ Streicherhof Anteil an Gemeind-Nutzungen	A Gerichtlich zur Hofmark St. Johanneskirchen B Grundbar zum Majorat Kronwinkel C ½ Zehent Beim Rentamt ¼ zum Pfarrer und ¼ dem Beneficiat Fr. Terkl von St. Peter in München außer 3 Vorländer ad 2 ½ Tagwerk dem Pfarrer in Oberföhring.	4070 fl
101 CXVII Beim Kirmer Josef Spitzweck	186	A ½ Kirmerhof B Moosanteile Nutzung an den Gemeindweiden	A Gerichtlich zur Hofmark St. Johanneskirchen B Leibrechtig ebendahin C Auf den Breiten zu 10 Tagwerk hat das Rentamt auf den übrigen Äckern der Pfarrer in Oberföhring den ganzen Zehent.	3370 fl
102 CXVIII Beim Scherrer Mathias Speidler	187	A ½ Schererhof Nutzanteil an den Gemeindsgründ	A Gerichtlich zur Hofmark St. Johanneskirchen B Leibrechtig ebendahin C Ganzen Zehent der Pfarrer in Oberföhring	4000 fl

Die Kirche St. Johann Baptist, Haus No. 14, wurde im Gegensatz zu den Kirchen von Oberföhring, Unterföhring, Englschalking und Daglfing nicht im Kataster von 1809 erwähnt.

Als beeidete Schätzleute wurden im Kataster von 1809 angegeben: Isidor Peter, Schätzmann von Perlach, Johann Frimmer, Schätzmann zu Biberg, Joseph Obermayr, Schätzmann zu Unterföhring und Lukas Bildl, Schätzmann von Daglfing.

Das Steuerkapital wurde mittels Anwendung von »Gütermittelwerten« die sich durch Vergleiche mit den benachbarten Distrikten und Beurteilung von Probegrundstücken ergaben, berechnet.

Beurteilt wurde nach der Nähe zur Stadt (»da diese Güter eine sehr vorteilhafte Lage haben, und alles leicht an Mann bringen«), der Bonität der Grundstücke und der Größe des Besitzes. So ergaben sich Mittelwerte für ein Juchart Acker 58–72 Gulden, für Gärten 104–130 Gulden und für »einmädige« Wiesen 12 Gulden. Die Natural-Küchendienste wurden nach dem Regulativ vom 14. Januar 1808 in Geld angeschlagen sowie das Getreide, wobei statt für einen Metzen Weizen 1 Gulden 30 Kreuzer, Korn oder Gerste 1 Gulden und Haber 48 Kreuzer in Geldaufschlag gebracht wurde. Gewerbegerechtigkeiten kamen hierorts nicht in Anschlag, d.h. wurden damals nicht besteuert. Bis zur Erstellung eines neuen Katasters wurden Besitzänderungen in den »Katasterumschreibeheften« festgehalten.

Das Dorf im 19. und 20. Jahrhundert

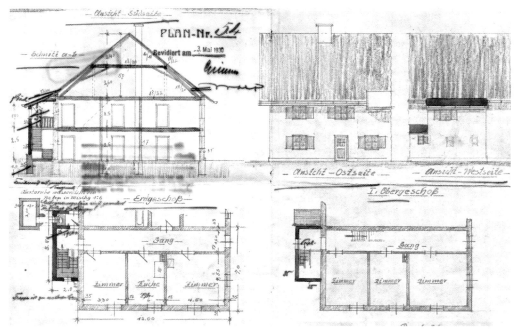

Änderungsplan eines Johanneskirchner Bauernhauses, 1929

Das Bauernanwesen

Das Bauernanwesen vereinigte unter einem lang gestreckten Dach Wohnung, Stall und Scheune zum sogenannten Einfirsthaus. Nebenbauten waren der Backofen, »Troad«-Kasten[33], Wagenschuppen und Werkstätten. Die Wohnung schaute meistens gegen Süden oder Osten. Die Dungstätte lag in der Regel auf der Schattenseite des Hauses (Nordwest). Im Laufe des 19. Jahrhunderts wurden die Holzhäuser durch gemauerte Ziegelbauten ersetzt, statt mit Stroh wurden die Dächer mit Schindeln oder Dachziegeln gedeckt.

33 »Troad«-Kasten = Getreidekasten

Bis zum Bau der Wasserleitung in Daglfing nach 1930 wurde das Wasser mittels Pumpbrunnen aus dem Boden geholt. Jeder Hof war in Besitz eines Gras- und Baumgartens und eines Wurzgartens. Der Wurzgarten war ein rechteckiges Stück Land, umgeben von einem robusten Zaun; hier wuchsen Blumen, Gemüse, Würz- und Heilkräuter.

Die Dorflinde

Lange Jahre stand mitten in der Johanneskirchner Straße die Dorflinde. Gepflanzt wurde sie mit den Lindenbäumen an der alten Johanneskirchner Straße 1926. Mit den Kanalbaumaßnahmen wurde sie zu Beginn der 1960er-Jahre gefällt.

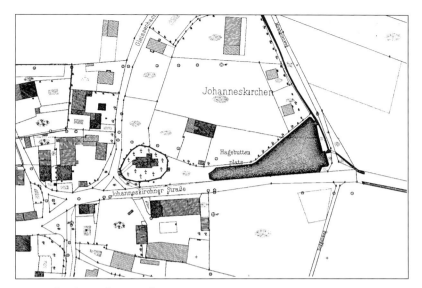

Der Dorfweiher auf einem Plan von 1953

Der Dorfweiher

In Johanneskirchen gab es laut Protokollen aus dem 19. Jahrhundert zwei Dorfweiher, den »unteren« und den zweiten »Beim Dorfe«. Im Winter holten sich Gastwirte oder auch Ziegeleibesitzer Eis aus den zugefrorenen Weihern, um damit ihre Bierkeller zu kühlen. Bis 1926 wurden die Eisweiher immer wieder versteigert, danach konnten sich die Ortsansässigen für 1 Mark pro Fuhre Eis für den Eigenbedarf holen.

Im Mai 1880 erteilte das königliche Bezirksamt den Auftrag, dass die Dorfbewohner den Dorfweiher räumen sollten. Der Bürgermeister ließ die Ortsbürger zu einer Aussprache zusammenkommen. Mathias Kobler, Wirt von Johanneskirchen, erklärte sich bereit, den Dorfweiher ohne Entschädigung zu räumen, wenn man ihm den Weiher für jährlich 40 Mark zur Eisbenützung überlassen würde. Zur Kontrolle des Wasserstandes wurde ein Pfahl gesetzt: Sollte jemand durch das Aufstauen des Wassers einen Schaden erleiden, so hatte Kobler den Schaden zu ersetzen.

Die beiden Eisweiher wurden alle ein bis zwei Jahre unter den Ortsbewohnern neu versteigert. Die jährliche Pacht betrug 40 bis 90 Mark und wurde an die Ortskasse gezahlt. 1898 verpachtete man den Ortsweiher für 5 Mark im Jahr als Fischwasser. Für den Fall, dass der Weiher austrocknen sollte, würde der Pachtvertrag erlöschen. Der Dorfweiher wurde auch als Löschwasserreservoir genutzt, war Ententeich, Ross-Schwemme und wenn er im Winter zugefroren war, Schlittschuh- und Eisstockbahn.

In der zweiten Hälfte der 1950er-Jahre wurde er zugeschüttet, nachdem er vorher bereits fast ausgetrocknet war.

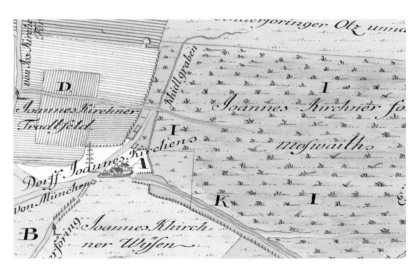

Johanneskirchen mit Maibaum, Ausschnitt aus einer Karte von 1737

Der erste Maibaum in Johanneskirchen

Aus dem Jahr 1737, als es zwischen dem Hochstift Freising und dem Herzogtum Bayern zu Grenzstreitigkeiten kam, ist ein Plan von Johanneskirchen und Umgebung erhalten. Auf diesem ist gegenüber der Kirche ein Maibaum eingezeichnet. Zu sehen ist ein entästeter, schlanker Baumstamm mit einem Wipfelbuschen und einigen, noch wegstehenden Ästen. Auf den Stichen aus der Zeit um 1700 von Michael Wening kann man, vorzugsweise auf Blättern von Hofmarkssitzen, solche »Maibäume« erkennen. Interessanterweise steht der Johanneskirchner »Maibaum« auf dem Grund des »Weberhofes«. Dessen Bewohner war 1618 der Hofmarksamtmann Glößl und der Hof gehörte bis zur Grundablösung gerichtlich zur Hofmark Johanneskirchen. Wie alt die Tradition des Maibaumaufstellens überhaupt und speziell in Johanneskirchen ist, kann nicht vollständig geklärt werden. Die Tradition des »Maien« reicht wahrscheinlich bis in die vorchristliche Zeit zurück. Im Laufe der Jahrhunderte tauchen verschiedene Geschichten um Maibräuche und Maibäume auf. So gab es den Orts-, Wirtshaus-, und den Mädchenmaibaum. Beim Kirchenmaien verwendete man statt eines Nadelbaumes eine Birke und verschob den Termin vom 1. Mai auf Fronleichnam oder Pfingsten. Den figurengeschmückten Maibaum beschreibt Felix Joseph Lipowsky 1815 so:

Meistens veranlaßte die Auferbauung einer Kirche die Entstehung eines Ortes, und wenn sich dann in demselben ein Wirt, ein Bader, ein Schmied und Müller, notwendige Gewerbe für daselbst zahlreich wohnende Menschen ansässig gemacht hatten, so erhielt der Ort den Namen Dorf, daher auch auf den in demselben gesetzten sogenannten Maibäumen, Erfindung der Römer, eine Kirche, eine Badewanne, ein Rad, ein Haus und ein Hufeisen sich befanden, um anzuzeigen, dass dieses Dorf mit einer Kirche und mit den sogenannten Ehehaften begabet sei.«

Nach Lipowsky war der Dorfmaibaum so alt wie das Dorfgefüge selbst. Ein für ganz Altbayern gültiger Befehl von 1760 verbot das »Aufpflanzen von Maien«, dieser Befehl wurde durch König Ludwig I. wieder aufgehoben. Als religiöse Jahreszeitfeier wird mit dem Brauch des Maibaumaufstellens das Ende des Winters und der Einzug des Monats Mai begonnen.

Maibaumsaufstellung in Johanneskirchen, um 1980

Der Johanneskirchner Faschingszug

Dieser Brauch etablierte sich erst Ende des 20. Jahrhunderts. 34 engagierte Oberföhringer und Johanneskirchner gründeten am 6. Mai 1978 die »Faschingsgesellschaft Feringa e. V.«. Seit 1980 veranstaltet die Feringa einen Gaudiwurm am Faschingssonntag, der traditionell um 13 Uhr bei der Kirche St. Johann Baptist startet. In Jahren, in denen Kommunalwahlen anstanden, fuhr auch gerne die politische Lokalprominenz in einer Kutsche mit …

Oberbürgermeister Georg Kronawitter neben Stadträtin Maria Nindl beim Johanneskirchner Faschingszug, 1989

»Altrömischer Kampfwagen« beim Johanneskirchner Faschingszug, 1989

Der Johanneskirchner Kleinkaliberschützenverein
Mit Beschluss des Bezirksamtes vom 23. August 1927 wurde dem Kleinkaliberschützenverein von Johanneskirchen die Errichtung eines Schießstandes bewilligt. Die Erlaubnis zur Benützung dieses Schießstandes wurde nur unter bestimmten Bedingungen erteilt, zum Beispiel war eine Schießordnung anzubringen und ein Schießleiter musste anwesend sein.

Der Johanneskirchner Kleinkaliberschützenverein um 1910

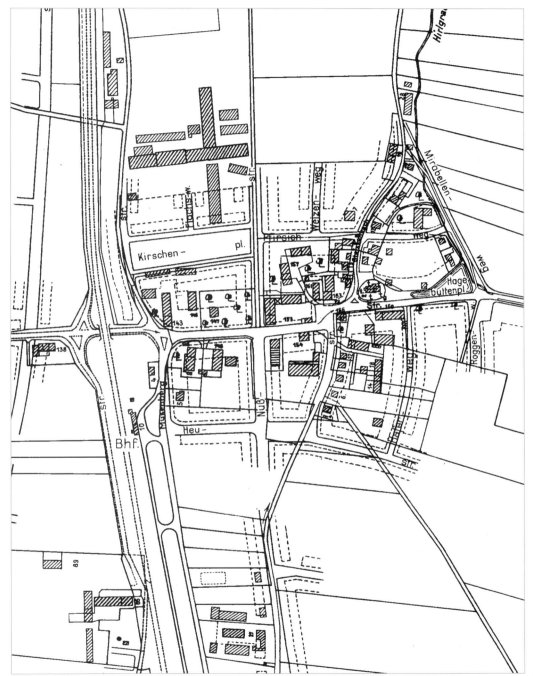

Johanneskirchen, um 1950

Häusergeschichten

Haus No. 1 – »Beim Mayr«
Johanneskirchner Straße 154

Haus »Beim Mayr«, um 1980

Seit Anfang des 19. Jahrhunderts lebte die Familie Gruber, Johann und Elisabeth, geb. Bokmair, und ihre Kinder auf dem »Mayrhof«. 1826 erhielt Kaspar Glasl von Heimstetten die Erlaubnis, sich mit der Tochter Maria Gruber zu verheiraten und sich in Johanneskirchen ansässig zu machen. 1859 übernahm der Sohn Joseph Glasl mit seiner Ehefrau Barbara, geb. Zehetmayer, das Anwesen mit 128 Tagwerk, 22 Dezimale, bestehend aus »Wohnhaus und Stallung unter einem Dach, Getreide- und Heustadel mit Pflug- und Holzhütte und angebauter Wagenremise, Backofen und Hofraum« um 1900 Gulden. Als »größter Bauer« hatte Joseph Glasl viele Ämter für die Dorfgemeinde Johanneskirchen und die Distriktgemeinde Daglfing inne. 1868 wurde der Pfleger Joseph Glasl von Johanneskirchen zum Feldgeschworenen gewählt. Jedes Jahr nach der Ernte, sollten die (vier bis sechs) Feldgeschworenen die richtigen Standorte der Grenzsteine abgehen. 1885 wurde die Hofanlage neu errichtet; unter anderem wurde auch eine »Trebergrube«[34] gebaut.

[34] »Trebergrube«: Aufbewahrungsgrube für den »Treber« (Gerstenabfall), der als Rest beim Bierbrauen übrigbleibt. Die Bauern holten ihn sich von den Bierbrauereien, um ihn als Viehfutter zu verwenden.

1890 ging der Besitz für 52.000 Mark an den Sohn Josef Glasl und seine Braut Maria Kafler aus Sendling über. Sie übergaben den Hof 1923 an ihren Sohn Josef Glasl jun. und seine Braut Maria Westermayr um 20.000.000 Mark, einschließlich 5.000.000 Mark für Bewegliches.

Im Jahrbuch der Bayerischen Denkmalpflege von 1985 wurde dieser Hof als »stattliche vierseitige Hofanlage, Bauernhaus im Kern spätes 19. Jahrhundert, ältere Teile«, beschrieben und im Jahrbuch von 1993 steht:

Das Anwesen befindet sich im Bereich des ensemblegeschützten historischen Ortskerns von Johanneskirchen. Die lockere Gruppierung von Kirche und einigen umliegenden Bauernhöfen läßt noch ein anschauliches Dorfbild entsprechend der Bebauungsstruktur des 18./19. Jhs. erkennen. Das »Mayrhof« genannte Anwesen ist für die Wirkung der historischen Ortslage mitprägend. Der Wohnteil der vierseitigen Hofanlage, entstanden zu Anfang des 19. Jhs., konnte trotz Bemühung nicht vor dem

Kinder am »Glaslhof«, um 1950

Abbruch gerettet werden, da insbesondere Witterungsschäden, hervorgerufen durch unsachgemäße Umbauten der dreißiger Jahre und nach dem Krieg, hofseitig zu solchen Schäden geführt haben, daß dieses in neuerer Zeit nur noch als Garage und Maschinenhalle genutzte frühere Wohnhaus bei einer Sanierung nahezu gänzlich in seiner Substanz hätte ausgetauscht werden müssen. So mußte sich die Denkmalpflege darauf beschränken, einen angemessenen Ersatzbau – etwas zurückgesetzt – zu fordern, damit das Ensemble wieder eine angemessene Schließung und Abrundung erfährt.

Das stark baufällige Bauernhaus aus dem Jahr 1885 wurde Anfang der 1990er-Jahre abgerissen. Das heute zu sehende Gebäude stammt von 1939.

Haus No. 2 – »Beim Preßen«
Wacholderweg 20

Haus No. 2 – »Beim Preßen«, 1997

Am 6. Oktober 1806 erhielt der ledige Bauernsohn Bartholomä Bortenlänger von Unterbiberg die Erlaubnis zur Verehelichung mit Kreszenz Spitzweber, Tochter des »Preßenbauern« Joseph Spitzweber von Johanneskirchen. 1846 übernahmen der Sohn Martin Bortenlänger und seine Braut Maria Lechner um 8604 Gulden den Hof mit 113 Tagwerk, 43 Dezimale. Das Anwesen bestand aus »Wohnhaus und Stallung unter einem Dach mit angebauter Streuhütte, Backhaus, Wagenschupfe, Getreide- und Heustadel nebst Pflughütte unter einem Dach, Getreidekasten, Hofraum und Wurzgarten«.

Heiratskonsens, 1846

*Polizeilicher Consens
Dem Martin Bortenlänger, ledig volljähriger Besitzer des sogenannten Preßenhofes zu Johanneskirchen, wird die polizeiliche Erlaubnis ertheilt, daß er sich mit Maria Lechner, ledig volljährigen Wirthstocher von Unterföhring verehelichen darf, und kann die Trauung bei dem kgl. Pfarramte Oberföhring vor sich gehen.
München, den 23. Mai 1846
Patrimonialgericht Johanneskirchen*

1873 ging der Besitz, der mit 38.000 Gulden veranschlagt wurde, an den Sohn Anton Bortenlänger und seine Braut Wilhelmine Fischer über, die ihn 1876 für 37.714 Mark an den Metzger Anton Fischer verkauften. Dieser veräußerte den Hof bereits 1878 für

Häuser und Einwohner 81

29.137,14 Mark an Lang Simon und Krämer Bernhard, die ihn noch im gleichen Jahr für 40.000 Mark an Kasper und Elisabeth Lex weiterverkauften. Aber schon 1880 ersteigerten die Kaufleute Simon Lang und Bernhard Krämer das Anwesen für 16.000 Mark zurück.

Ein Jahr später, 1881, erwarb durch Tausch Anton Scheuer, Privatier in München, Haus No. 2 »im Wertanschlag zu 35.000 Mark« und wieder ein Jahr später wurde im Verzeichnis der Ortsbewohner von 1882 als Eigentümer Johann Pfeifer, Ziegeleibesitzer, genannt.

1888 erwarben Josef und Katharina Schmid, Gastwirtseheleute in Oberföhring, für 20.000 Mark den Hof mit nur noch 58 Tagwerk, 42 Dezimale, um ihn im gleichen Jahr noch an Martin Mittelhammer für 22.000 Mark weiterzuverkaufen. Mittelhammer betrieb damals ein Lohnfuhrwerk mit zwei Pferden und einem Knecht. 1896 wurde der Besitz wieder von Josef Schmid, Gastwirt zu Bogenhausen, für 31.500 Mark gekauft. Stadel und Wagenremise wurden abgebrochen und ein neuer Stall erbaut.

Im September 1897 erhielt der Pferdehändler Rudolf August durch Tausch das Anwesen, um es für 9700 Mark an Josef Empfenzeder, Privatier aus München zu verkaufen. 1909 erwarben die Gastwirtseheleute Michael und Walburga Wagner, geb. Empfenzeder, wohnhaft Johanneskirchen Haus No. 8, für 10.000 Mark das Haus No. 2, das 1910 für 15.000 Mark an den Bäcker Anton Numberger aus München ging. Der Besitz bestand damals aus Wohnhaus mit Bäckerei, Stall, Holzschupfe und Remise, Abort und Hofraum mit Gras- und Baumgarten, insgesamt 1,014 Hektar Grund.

Kreszenz Reithofer und ihre Kinder vom »Huberhof« erkauften das Anwesen 1918 um 14.970 Mark und transferierten Grund zu Haus No. 3. Für 22.000 Mark verkauften sie den Hof im September 1920 an Wilhelm Thurner, Futtermeister bei der Rennbahn in Daglfing. Bei einem Brand 1928 wurden Schupfen und Remisen zerstört. Im gleichen Jahr errichtete Wilhelm Thurner auf seinem Grund drei neue Wohnhäuser, Wacholderweg 8, 10 und 12. 1930 wurde der gesamte Besitz von Wilhelm Thurner versteigert. Für Haus No. 2 erhielt Christian Pachtner aus München den Zuschlag mit 25.200 RM. Ein Jahr später ersteigerte die Bayerische Beamtenversicherungsanstalt von München um 20.000 RM das Anwesen und verkaufte es 1941 für 14.500 RM an Franz und Maria Mastaller.

Bei einem schweren Brand am 21. Mai 2006, gegen 22 Uhr 30, brannte das Wohnhaus, Wacholderweg 20, vollständig ab. Seit Jahren waren dort Sozialhilfeempfänger – zum Zeitpunkt des Brandes vier Personen – untergebracht. Von den vier Schwerverletzten verstarb die Brandverursacherin. Der Sachschaden betrug insgesamt rund 500.000 Euro.

Haus No. 3 – »Beim Huber«
Johanneskirchner Straße 160

Haus No. 3 – »Beim Huber«, um 1900

Seit 1801 wurden Egidi Huber und seine Ehefrau Barbara, geb. Biechl, als Besitzer des »Huberhofs« in den Kirchenrechnungen erwähnt. Im Februar 1846 erhielt Johann Huber, Besitzer des Bauernanwesens Haus No. 3, die Erlaubnis, sich mit Maria Pöltl, Bau-

Haus No. 3 – »Beim Huber«, um 1950 (Hofseite, oben) und 1900 (Straßenseite, unten)

erstochter von Dornach, zu verheiraten. Maria Huber erwarb den Hof nach dem Ableben ihres Mannes 1849 zum Alleineigentum.

In einem Brief vom 8. Juni 1849 ersuchte Pfarrer Merz von Oberföhring um einen Dispens für die Brautleute Maria Huber, geb. Pöltl, und Andreas Pöltl.

Ein Auszug daraus:

Die verwittibte Huberbäuerin von Johanneskirchen, Maria Huber, 31 Jahre alt, kam mit dem Bauernsohne Andreas Pöltl, von Dornach, der 32 Jahre alt ist, zum hiesigen Pfarramte mit der Erklärung, daß sie sich ehelichen wollen und baten um das herkömmliche Zeugnis, daß kein Hindernis vorhanden sey.

Da beide von Dornach gebürtig, beide von Geburt aus sich Pöltl schreiben, so frug man genau nach, ob etwa keine Verwandtschaft zwischen ihnen bestehe. Sie gestanden wohl etwas von einer weitschichtigen Freundschaft zu wissen, konnten sie aber nicht näher angeben und nannten einen Mann von Johanneskirchen, ebenfalls mit Namen Pöltl, der ihre Verwandtschaftsverhältnisse genauer angeben könne. Dieser wurde dann sogleich gerufen, nach seinen Angaben der anliegende Stammbaum entworfen und es stellte sich dann nach Vergleich mit dem hiesigen Pfarr-Matrikeln heraus, daß die beiden Genannten im 3ten Grade blutsverwandt, und andere Geschwisterkinder sind.

Man machte sie nun auf dieses Ehehindernis aufmerksam und befragte sie, ob sie von ihrem Vorhaben absehen oder doch einander zu ehelichen wünschen. Sie blieben aber bei ihrem Entschlusse und baten um Erwirkung der Dispens. Nun berief man, nach Vorschrift der großen Diözesan-Rituale und dem Generale vom 1. Juli 1844 zwei unpartheiische Männer, den einen von Dornach, den andern von Johanneskirchen, nahm ihnen, nach vorgängiger Belehrung über den Eid, und die Folgen des Meineides, den vorgeschriebenen Zeugen-Eid ab, und nahm mit ihnen dann die anliegenden zwei Protokolle auf.

Und nun stellt der gehorsamst Unterzeichnete im Namen der beiden Eingangs Genannten die unterthänigste Bitte, ihnen die gnädigste Dispense von dem dritten Grade der Verwandtschaft ertheilen zu wollen. Denn die Wittwe Maria Huber kann in ihrem Orte keinen, ihrem Stande, Alter und Vermögen gleichen oder beinahe gleichen Mann bekommen, und sie konnte daher nicht umhin, ihr Augenmerk auf einen solchen zu richten, der, obwohl zu ihr verwandt, ihren Verhältnissen doch passend war. Zudem steht er in einem sehr guten Rufe als ordentlicher, arbeitsamer, häuslicher Bursche, von dem zu hoffen ist, daß er dem eben nicht glänzenden Anwesen mit Sorgfalt und Nutzen vorstehen werde.

Unter Wiederholung obiger Seite geharrt in tiefster Ehrfurcht Merz Pfarrer

Die Dispenstaxe mit 9 Gulden 12 Kreuzer ist bezahlt worden.

Im gleichen Jahr heiratete Maria Pöltl ihren zweiten Ehemann, Andreas Pöltl.

Das Anwesen bestand aus Wohnhaus, Stallung und Getreidestadel unter einem Dach, Getreidestadel mit Wagenremise, Streuschupfe, Hofraum, Backofen und Wurzgärtchen sowie weiterem Besitz, insgesamt 96 Tagwerk, 95 Dezimale. Nach dem Tod von Maria Pöltl 1865 heiratete Andreas Pöltl 1867 Monika Reithofer, Müllerswitwe von Altheim. Sie übergab das Anwesen 1882 an Joseph Reithofer und dessen Braut Therese Heilmair für 26.000 Mark.

Das Verzeichnis der Neubauten von 1890 führt für den Ökonomen Joseph Reithofer auf: Heustadl, neue Unterfahrt mit Wagenremise und Schweinestall. Joseph Reithofer war im Jahr 1891 und 1893 als Gewerbetreibender mit einem Lohnfuhrwerk mit zwei Pferden angemeldet. Nach dem Ableben seiner Ehefrau Therese heiratete Joseph Reithofer 1893 Kreszenz Eder. Das Wohnhaus sowie das Back- und Waschhaus wurden 1897 neu errichtet.

Nach dem Tod von Joseph Reithofer im Jahr 1913 erbten Haus No. 3 und No. 5 in Erbengemeinschaft die Ökonomswitwe Kreszenz Reithofer in Johanneskirchen, Therese Reithofer, Ökonomstochter in New York sowie Alois, Josef, Maria, Sebastian und Simon Reithofer, Ökonomskinder in Johanneskirchen.

Das Anwesen bestand damals aus: »Wohnhaus, Stall

und Heustadel, Backhaus und Schweinestall, Stadel mit Kartoffelkeller, Holz- und Streuschupfe, Wagenremise, Abort und Hofraum mit Gärtchen, Grasgarten mit Bienenhaus und Garten mit Brunnen übern Weg« (an der Kirchenmauer). 1923 übergab die Ökonomswitwe Kreszenz Reithofer das Anwesen Haus No. 3 für die Summe von 200.000 Mark einschließlich 70.000 Mark für Bewegliches ihrem Sohn Sebastian Reithofer.

Im Jahr 1980 fiel der unter Denkmalschutz stehende Hof einem Brand zum Opfer.

Haus No. 4 – »Beim Weber«
Johanneskirchner Straße 163

Haus No. 4 – ehemals »Beim Weber«, 2015

Die Kirchenrechnung von 1753 notierte:

> *Nach absterben des Melchior Kuenz, Wöber zu Johanneskirchen, hat dessen nachgelassener Sohn Balthasar Kuenz zwei, je einen halben Juchart großen zu dem Gotteshaus Johanneskirchen gehörigen Äckerl auf ein neues wieder verstiftet, Handlohn 10 Gulden, jährliche Stift 2 Gulden.*

1767 entliehen sich Balthasar Kainz, Weber und Söldner, und seine Ehefrau Maria 100 Gulden von der Kirche. Seit 1781 waren Balthasar Kainz und seine Ehefrau Margaretha Besitzer des »Webergütl«, zehn Jahre später übernahm Johannes Burlacher das Anwesen und somit die Schulden seines Vorgängers.

Das »Webergütl« haben Elisabeth Burlacher und ihr Bräutigam Franz Seraph Gröbl, Webergesell aus Gauting, am 19. April 1827 vom Vater Johannes Burlacher übernommen.

1856 nahmen die Eheleute Gröbl eine Hypothek von 130 Gulden aus der »Bortenlänger'schen Jahrtagsstiftung« der Kirche Johanneskirchen auf.

Ausschnitt aus dem Text des Schuld- und Hypothekenbriefs:

> *Die Schuldner bekennen die baare Vorzählung des Geldes, und machen sich verbindlich, die Zinsen von 1 Jahr zu 1 Jahr vom Tage des gegebenen Darlehens an gerechnet, und zwar von heute ab zu entrichten, das Kapital aber mit den etwaigen Rückzinsen in einem halben Jahre nach geschehener, beiden Theilen freistehender Aufkündigung zurückzuzahlen.*
>
> *Auch hat die Ehefrau auf die ihr zustehenden, und in Abwesenheit ihres Ehemannes gehörig erklärten weiblichen Rechtswohlthaten, namentlich des Sent. Vellej. und der Auth. si qua mulier Verzicht geleistet, sich als Mitschuldnerin unterschrieben und solidarisch haftbar erklärt.*

Im Grundsteuerkataster von 1860 ist vermerkt, dass die alten Gebäude inzwischen abgebrannt sind. Das Anwesen wird beschrieben: »Wohnhaus, Stallung und Stadel unter einem Dache, Heuschupfe mit angefügter Wagenschupfe, Backofen und Hofraum und Wurzgarten, dazu gutseingehörig der Webergarten, der Huberackerl und in der Steuergemeinde Oberföhring im Mitterfeld der Graswegackerl, im Unterfeld der Kirchwegacker und Spitzackerl, insgesamt 38 Tagwerk und 23 Dezimale.

Bis 1879 war Franz Gröbl noch als Weber tätig. 1878 übernahmen dessen Sohn, der Gütler Peter Gröbl, und dessen Braut Therese Reithofer, Ökonomstochter, für 13.000 Mark den Hof. Noch im gleichen Jahr verstarb

Haus No. 4 – Familie Gröbl, »Beim Weber«, vor 1920

Therese Gröbl und Peter Gröbl wurde der Hof zum Alleineigentum zugesprochen. 1886 heiratete er Anna Feiner. Ab 1889 betrieb er ein Lohnfuhrwerk mit zwei Pferden – einen Knecht beschäftigte er nicht, er fuhr selbst.

Nach dem Tod von Peter Gröbl 1900 erbten die Witwe Anna Gröbl und die vier Kinder Anna, Franz, Maria und Peter je zur Hälfte den Besitz. 1905 erfolgte ein Neubau des Getreidestadels und das Anwesen wurde folgendermaßen beschrieben: »Wohnhaus mit angebautem Stall und Stadel, Heustadel, Schupfe, Schweinestall und Backofen, Hofraum mit Brunnen und Gärtchen«.

1929 erhielt Sohn Peter Gröbl das Anwesen zum Anschlag von 19.000 Goldmark. Das Haus trug auch den Beinamen »Mesnerhaus«, da die Bewohner über 100 Jahre lang die Mesnerei für die Kirche St. Johann Baptist innehatten.

Das zur Hofanlage gehörende Wasch- und Backhaus wurde in den 1960er-Jahren wegen Baufälligkeit abgerissen, nachdem es bei Straßenbauarbeiten an der Johanneskirchner Straße Risse bekommen hatte. 2001 wurde das Haus einer gründlichen Außenrenovierung unterzogen.

Haus No. 5 – »Beim Birnbaum«

Haus No. 4 – »Beim Weber« in den 1950er-Jahren

Johanneskirchner Straße 169, Wildrosenweg
1768 nahmen die Eheleute Paulus und Maria Stumpf,

Haus No. 5 – »Beim Birnbaum« (rechts auf dem Bild), Ausschnitt aus einer alten Ansichtskarte, um 1930

Halbhöfer zu Johanneskirchen, zu ihrer »höchsten Hausnotdurft und zur Ausheiratung« ihrer Tochter ein Kapital von 50 Gulden auf.

1809 wurde als »Birnbaum«-Bauer Johann Stumpf, danach Johann Gerhardinger genannt. 1816 erfolgte eine »Namensumschreibung« um 2500 Gulden auf Emeran Pöltl. Emeran Pöltl, Bauerssohn aus Dornach, heiratete die Halbbäuerin Maria Gehardinger. Nach dem Tod seiner ersten Frau heiratete Emeran Pöltl die »Huberbauern-Tochter« Ursula Huber aus Johanneskirchen.

Im Mai 1856 übernahm Joseph Pöltl in Gemeinschaft mit seiner Ehefrau Anastasia, geb. Wunder, von der Witwe Ursula Pöltl das »Birnbaumgut« für 15.000 Gulden. Das Anwesen wurde damals beschrieben als »Wohnhaus und Stallung unter einem Dache, Getreide- und Heustadel mit angebauter Heuschupfe, Wagen- und Holzremise, Getreidestadel, Hofraum und 107 Tagwerk, 4 Dezimale Grund«. 1863 baute Joseph Pöltl einen Getreidestadel an sein Wohnhaus an.

1867 kaufte Franz Wild, Privatier in München, für 20.000 Gulden das Haus No. 5 (daher auch als »Wildhof« bekannt), das nach seinem Tod 1878 sein Sohn Franz Wild erhielt. 1879 und 1882 wurden diverse Neubauten an der Hofanlage vorgenommen und 1882 wurde sie wie folgt beschrieben: »Wohnhaus mit Pferdestall und angebautem Kuhstall, Getreide- und Heustadel mit Holzremise, angebauter Wagenremise mit Heuboden und Unterfahrt, Trebergrube und Hofraum, Gras- und Wurzgarten mit Backofen«.

1884 kaufte Elias Oettinger, Hopfenhändler aus Nürnberg, das Anwesen für 45.000 Mark. Nach mehreren Verkäufen von Acker- und Wiesengrund schrumpfte der Besitz von 142 auf 85 Tagwerk. 1886 erhielten Josef und Theresa Moser, Gastwirtseheleute in München, den »Birnbaumhof« durch Tausch und verkauften ihn 1887 für 19.500 Mark an Anton und Magdalena Fischer weiter.

In einer Gewerbeliste von 1889 und 1891 ist unter No. 5 Anton Fischer als Gewerbetreibender mit einem Ziegelfuhrwerk mit vier Pferden und einem Knecht eingetragen, 1890 ein Georg Karg, Schuhmacher, mit einer Schuhmacherei.[35]

1890 kauften Josef Schmid und Thomas Glas aus München für 21.500 Mark den Hof und verkauften ihn im gleichen Jahr für 18.000 Mark an Josef und Therese Reithofer aus Johanneskirchen, Haus No. 3. 1894 gehörten noch 3,746 Hektar Grund zum Hof. 1913 bestand das Anwesen aus »Wohnhaus, Stall, Holzschupfe, Abort und Hofraum mit Brunnen, Garten, Wiese und Pferdeweide und 1,03 Hektar Grund«.

Ab 1919 sind der Landwirt und Schweinehändler Josef Bachl und seine Ehefrau Therese, geb. Hagl, als Grundbesitzer eingetragen, der Kaufpreis betrug 25.000 Mark. Für 280 Goldmark, das entsprach 280 Billionen Mark in Papiergeld, kauften Josef und Maria Hackner am 1. April 1926 den Hof. Der »Katholische Begräbnisverein« in München ersteigerte den Besitz am 31. März 1931 für 11.000 RM und verkaufte ihn 1938 für 4500 RM an die Fuhrunternehmer Josef Spratter und Josef Emmer, wohnhaft in der Gleißenbachstraße 12. Der Bauernhof wurde abgerissen und das Gelände diente erst als Holz- und Kohlenlager, dann bis 1996 als Lagerplatz einer Baufirma. 2001 begann die Neubebauung des Geländes.

Haus No. 6 – »Beim Schmied«
Gleißenbachstraße 14

Haus No. 6 – »Beim Schmied«, um 1930

Um 1800 wurde der Schmied Johann Jausner als Bewohner von Haus No. 6 genannt. 1829 kauften Joseph Lankes und seine Braut Barbara Krazer das Anwesen.

1845 erwarb Johann Sedlmayr zusammen mit seiner Ehefrau Franziska das »Schmiedhaus« mit der Schmiedgerechtsame und den Werkzeugen für 1425 Gulden von Sebastian und Anna Maria Schmaus. Das »Schmiedhaus« wurde damals beschrieben als »Wohnhaus, Stallung und Stadel unter einem Dache mit angebauter Schmiede, Wurzgärtchen, Brunnen und Hofraum«. An Grund gehörten unter anderem die vordere Fretz (Wiese), die Feldlänge und Etzl mit insgesamt 33 Tagwerk, 41 Dezimale dazu. Johann Sedlmayr baute 1862 einen neuen »Getraidstadel« und war bis 1868 noch als Schmiedemeister angemeldet.

---

[35] Archivmaterial: [STAM-DGLF040]

Polizeilicher »Consens« vom 22. Januar 1845
Nachdem sich Johann Sedlmair, ledig volljähriger Schmidgesell von Haimhausen, geboren am 5. Juli 1810 und Franziska Hausner, led. Schmidtochter von Johanneskirchen, geb. am 3. Juli 1819, auf legale Weise ausgewiesen haben, daß sie alle gesetzlichen Bedingungen zur Ansäßigmachung besitzen, die Gerichts- und Grundherrschaft von Johanneskirchen, die Gemeindeverwaltung und der Armen-Pflegschaftsrath gegen das am 18. Jänner des Jahres angebrachte Gesuch, keine Einwendung machten, so wird auf die angebrachte Bitte die polizeiliche Erlaubnis ertheilt, daß sich Sedlmair und Hausner auf das freistiftig grundbare Schmidanwesen zu Johanneskirchen verehelichen dürfen, und kann die Trauung bei dem kgl. Pfarramte Oberföhring vielmehr in dem Filialgotteshause Johanneskirchen vollzogen werden.
Patrimonialgericht Johanneskirchen in München (Kosten: 49 Kreuzer 2 Pfennig)

1867 ersuchte Johann Sedlmair um ein Darlehen von 100 Gulden bei der Pfarrei von Oberföhring. Das Darlehen wurde ihm aufgrund nicht genügend begründeter Deckung verweigert, denn auf dem Haus lastete noch eine Hypothek von 1400 Gulden.

1878 verkaufte Johann Sedlmayr das Anwesen für 7714,29 Mark an Michael Meßner, Privatier in München. 1879 erfolgte der Neubau eines Wohnhauses und eines Nebengebäudes mit Stadel. Im gleichen Jahr wurde der Besitz für 3500 Mark von der Privatiersgattin Maria Bernrieder aus München ersteigert. 1881 kauften die Krämerseheleute Simon und Theresa Groß aus München den Besitz für 12.000 Mark und verkauften ihn wieder für 13.250 Mark an den Hofmilchlieferanten Franz Pache.

Nach Neubauten bestand das Anwesen No. 6 1884 aus »Wohnhaus mit Keller, Stallung und Heuboden, Trebergrube, Stadel mit Tenne, Hofraum, Gras- und Baumgarten und Wagenremise«. 1886 kaufte Otto Ritter von Mann-Tiechler den Besitz für 17.500 Mark. 1887 heiratete er Adelheid Werofson, Papierfabrikstochter aus Rewal in Rußland. 1888 erwarb der Korbwarenhändler Paul Beiler das Anwesen für 10.000 Mark und danach Clara Adolfine für 10.200 Mark.

1890 erhielt Josefine Abele, Privatiera, für 11.000 Mark das Haus mit 7,173 Hektar Grund, um es 1891 an Alois Hörbrand für 14.500 Mark weiterzuverkaufen. 1896 kaufte sie den Besitz zurück und verkaufte ihn 1898 an den Kaufmann Johann Hacker. Infolge Auflösung des Kaufvertrags wurde das Anwesen aber wieder auf sie zurücküberschrieben. 1899 wurden die Stallungen in Wohnungen umgebaut.

Weihnachten in den 1950er-Jahren im Hause Gleißenbachstraße 14

Für 8000 RM kaufte die Oberlehrersehegattin Maria Ebner das Anwesen am 7. März 1933. Im gleichen Jahr wurde allgemeine Gütergemeinschaft mit ihrem Ehemann Josef Ebner geschlossen. Die Witwe Maria Ebner übergab 1948 das Haus ihrem Sohn, Theodor Ebner.

Nach dem Abbruch des schon heruntergekommenen, unbewohnbaren Wohngebäudes Ende 2007 entstand ein »Wohnensemble« bestehend aus vier Einzelhäusern mit Zwei- bis Vierzimmerwohnungen.

Haus No. 7 – »Beim Schuster«
Gleißenbachstraße 19

Haus No. 7 – »Beim Schuster«, um 1940

1786 wurden dem Schuhmacher Jakob Grill und seiner Ehefrau Anna von der Kirche in Johanneskirchen 100 Gulden zum Kauf des Hauses mit der Schuhmachergerechtigkeit geliehen. Die Witwe Anna »Grillin« (bei den Familiennamen der Frauen wurde früher gerne ein »in« angehängt) erhielt 1805 die Erlaubnis, sich mit Josef Stiegel, ledigem Schuhmachergesell aus Weilheim, zu verheiraten. Zwei Jahre später übernahmen Peter und Anna Streicher das Anwesen. 1820 war Peter Streichers Witwe Besitzerin des »Schusterhauses«, 1828 Franz Falk.

1833 kaufte Joseph Huber, Bauerssohn von Johanneskirchen, das »Schusterhaus«, bestehend aus »Wohnhaus, Stallung und Stadel unter einem Dache und Hofraum mit Brunnen und 50 Tagwerk Grund« für 300 Gulden. Nach seinem Ableben, 1860, erhielt seine Witwe Nothburga Huber das gesamte Anwesen zugesprochen, das sie 1863 für 7200 Gulden an Jakob und Thekla Zellner verkaufte. 1874 übernahm Anton Zellner gegen Zahlung von 10.000 Gulden den Hof.

1875 erwarb der Ökonom Jakob Zellner für 8776 Gulden den »Schusterhof« 1879 wurde die »Gant«[36] über das Vermögen der Gütlerseheleute Jakob und Maria Zellner ausgesprochen. 1880 ging das Anwesen für 6.857,14 Mark in den Besitz des Bauernsohns Georg Hausmann und dessen Braut Barbara Mutzbauer über. Nach Neubauten wurde das Anwesen 1884 als »Wohnhaus mit Getreideboden, Stallung, Heuboden, Wagenremise, Stadel mit Tenne, Hofraum und Gras-, Wurz- und Baumgarten« beschrieben.

1890 kauften Peter Schuller und seine Ehefrau Maria, geb. Hohnburger, das Haus mit 10,147 Hektar Grund für 8000 Mark. Er und sein Vorbesitzer Georg Hausmann betrieben neben der Landwirtschaft noch ein Lohnfuhrwerk. 1953 übergab die Witwe Maria Schuller das Anwesen gegen Leibgeding an sämtlichen Flurstücken sowie gegen Wohnungs- und Mitbenutzungsrecht an Franz und Philomena Schuller. 1958 erhielt Hans Schuller durch einen Vergleich den Besitz, 1961 ging er durch Übergabe an Anneliese und Martin Erbeskorn.

Das Bauernhaus wurde 1990 durch einen Neubau ersetzt.

---

36 »Gant« = Konkurs, Zwangsvollstreckung

Haus No. 8 – »Beim Eckart«
Johanneskirchner Straße 146

Haus No. 8 – »Beim Eckart« (links), um 1900, mit der noch ungepflasterten Johanneskirchner Straße

Um 1800 übernahmen Emmeram und Maria Mayer den »Eckarthof« von ihrem Vorbesitzer Kaspar Bockmayr. 1822 ist als Besitzer Christian Gundi genannt und es lebten acht Personen auf dem Hof, wovon sechs Personen Mennoniten waren.[37] 1840 wurde unter dem Hausnamen »Beim Eckart« das Gemeindeglied Johann Pechler angegeben, um 1845 Freiherr Karl von Imhof. Am 9. Juli 1873 schrieb von Imhof einen Brief an den Pfarrer von Oberföhring zwecks Neuausstellung seines verlorengegangenen Tauf- und Geburtscheins. Darin gab er an, dass er als Kind von Karl und Theres von Imhof, geb. Gräfin Fugger, am 27. Oktober 1845 in Johanneskirchen geboren wurde.

1850 hat den »Eckarthuberhof« Magdalena Süß aus dem Schuldnerwesen des Freiherrn Karl von Imhof mit weiteren Objekten für 8300 Gulden gekauft. Das Anwesen bestand damals aus »Wohnhaus und Stallung unter einem Dache, Brennhaus und Backofen, Getreide- und Heustadel und Hofraum«. Nachdem sie 1854 Georg Schmid geheiratet hatte, war dieser Miteigentümer, ab 1862 war Magdalena Schmid, geb. Süß, nach Abänderung des Ehevertrags wieder Alleineigentümerin.

1871 erwarb Maria Wagner, geb. Ahle, Braumeistersgattin aus München, für 17.200 Gulden den Besitz. Seit 1872 hat die Familie Wagner auf No. 8 unter dem Namen »Alte Wirtschaft«, später dann »Alter Wirt« eine Gastwirtschaft angemeldet. 1880 kam es zur Zwangsversteigerung, bei der für das Meistgebot von 2100 Mark Maria Wagner, Bierbrauers-, nun Privatierswitwe, den Zuschlag bekam. 1885 wurde Haus No. 8 wie folgt beschrieben: »Wohnhaus, Stallung unter einem Dache, Brennhaus, Backofen, Getreide- und Heustadel, Kegelbahn und Hofraum«.

1891 bat Michael Wagner um Erlaubnis »zur Errichtung einer Marketenderei im Daglfinger Moose während der Entwässerungsarbeiten dortselbst«. Er wollte dort Bier und andere Nahrungsmittel an die Arbeiter verkaufen. Dies wurde abgelehnt, da bereits eine solche Einrichtung bestand. 1892 übernahm die Gastwirtstochter Maria Wagner das Anwesen. Von ihr erhielt 1895 der Bruder Michael Wagner für 29.571 Mark den Gesamtbesitz mit der Wirtschaftsgerechtsamen. Damals wurde auf das Wohnhaus und die Stallung ein Stockwerk aufgebaut. 1899 heiratet Michael Wagner Walburga Empfenzeder aus Johanneskirchen, wohnhaft Haus No. 2. Im gleichen Jahr wurde die Kegelbahn abgebrochen und neu errichtet. Michael Wagner war von 1901 bis 1917 »Ortskassier«.

Anfang des 20. Jahrhunderts wurde Haus No. 8 wie folgt beschrieben:

Wohnhaus mit Gastwirtschaft, Stall, Waschhaus, Schweinestall, Abort, Wagenremise, Kegelbahn, Hofraum und Wirtschaftsgarten, dazu Garten, Getreidestadel, Heustadel mit Wagenremise und Hofraum mit Brunnen und Gras- und Wurzgarten mit Bienenhaus«. Dazu gehörte Haus No. 8 ½ (die »Wagner-Villa«), bestehend aus »Wohnhaus, Veranda und Hofraum.

---

37 (Mennoniten sind sogenannte Taufgesinnte, eine nach Menno Simons benannte protestantische Sekte, deren Schrift – das »Fundamentbuch« – aus dem Jahr 1539 stammt.)

Abbruch der »Wagner-Villa«, Haus No. 8½, 2005

Die »Wagner-Villa«, das frühere Wohnhaus an der Musenbergstraße gegenüber der Bushaltestelle am S-Bahnhof, wurde 2005 abgebrochen und durch einen Neubau ersetzt.

Haus No. 9 – Gemeindehaus
heute Huuezziplatz / Maibaum

In der Kirchenrechnung von 1770 wurde als Mesner von Johanneskirchen Georg Unterberger erwähnt; es ist anzunehmen dass er auch Gemeindehirte war und somit das Gemeindehaus bewohnte. Um 1800 war Niklas Unterberger, verheiratet mit Anna Breitmoser, Mesner und Hirte der Gemeinde Johanneskirchen. Nach Gemeindebeschluss vom 23. Februar 1824 wurde der Mesnerdienst seinem Sohn Bartholomä Unterberger übertragen mit der Erlaubnis, sich mit Therese Metz von Freimann verehelichen zu dürfen.

Die Pfründnerstube im Gemeindehaus:
Nach dem großen Brand von 1838 wurde das Gemeindehaus von Zimmermeister Ertl neu erbaut. Am 26. Februar 1840 erschien Bartholomä Unterberger beim Gerichtshalter des Patrimonialgerichts und gab Folgendes zu Protokoll:

[…] habe der Geselle des Kaminkehrers wahrgenommen, daß das Rohr von dem Ofen in der oberen Stube den Kammin nicht vollkommen erreiche sohin die Beheitzung dieses Ofens um so mehr feuergefährlich sey, als oberhalb des leeren Raumes zwischen der Ofenmauer und dem Kammins sich eine Abtheilung des Gebäudes befinde, welche zum Aufbewahren von Strohe verwendet werde. Zwar sey dieser Ofen nur ein einziges mal geheitzt worden, und glücklicherweise kein Unglück entstanden, allein es hätte sehr leicht ein großes entstehen können, wenn nicht die zufällige Gelindigkeit des heurigen Winters eine Beheitzung nicht gefordert hätte […]. Auf Befragen, wer das bezeichnete Rohr in den Kammin geleitet habe, erklärte er, daß dies von dem Hafner zu Bogenhausen, und soviel er wisse ohne Beyziehung des Kaminkehrers oder Baumeisters geschehen sey.

Auf diese Anzeige hin wurde der Geselle des Kaminkehrermeisters Reischel aus der Vorstadt Au, Franz Minoletty, vom Patrimonialgericht Johanneskirchen angehört. Dieser gab das Gleiche, wie schon Unterberger,

Das Johanneskirchner Gemeindehaus in den 1930er-Jahren

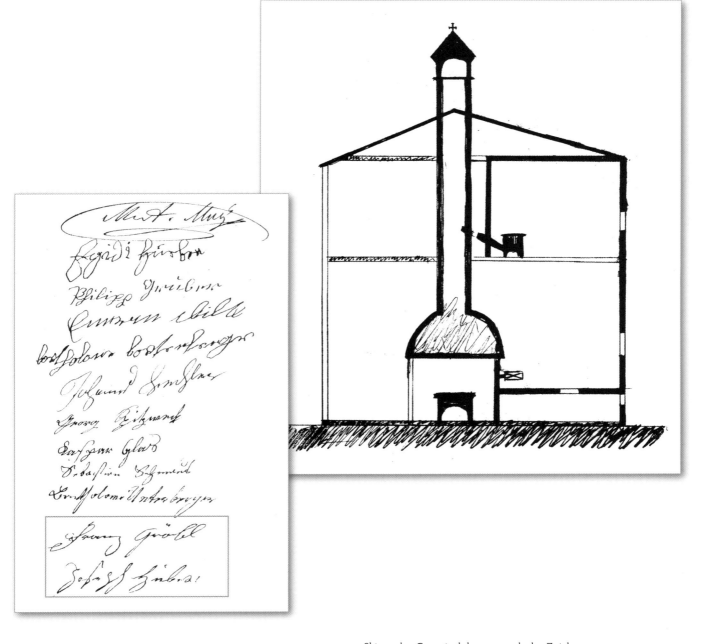

Unterschriften am Protokoll, 27. April 1840

Skizze des Gemeindehauses nach der Zeichnung des Zimmermeisters Ertl, 1840

zu Protokoll. Auch der Kaminkehrermeister Reischel wurde vernommen. Er erklärte:

> [...] *habe er sich sogleich an Ort und Stelle begeben, und fraglichen Gegenstand untersucht, und da er sich wirklich überzeugt hatte, daß das aus dem bezeichneten Ofen in den Kamin führen sollende Rohr, den Kamin nicht erreichte [...] zum bessern Überblick habe er über den Gegenstand einen Aufriß angefertigt, welchen er zum Protokoll legt.*

Am 14. März 1840 erschien der bürgerliche Zimmermeister Ertl aus der Vorstadt Au beim Gericht und erklärte:

> [...] *er habe von dem gegenwärtigen Gemeindeführer Emeran Bildl zu Johanneskirchen erfahren, daß die gegenwärtige Beheitzungsweise der Pfründnerstube im dortigen Gemeindehause, dessen Bau er akkordmäßig geführt habe, von der Feuerschau Commission beanständet, und hienach die Gemeinde zur Wendung der Feuergefährlichkeit beauftragt worden sey. Er habe sich hienach mit dem Kaminkehrer Reischl hierüber benommen, und hienach die Überzeugung erhalten, daß es blos der Aufführung eines Kamines am äußern Theil der Pfründnerstube bedürfe, und wolle sich dazu verstehen, diesen Kamin auf seine Kosten aufführen zu lassen, obwohl die Abweichung ganz dem frühern Bauprojekt nicht ihm zur Last gelegt werden könne.*

Die Befragung des Hafnermeisters Niedermayr kam erst im April 1840 zustande, da er krank war. Wegen dieser Erkrankung konnte er den Auftrag für den neuen Ofen im Gemeindehaus auch nicht ausführen. Er übertrug diese Arbeit damals dem Gesellen Mathias Bezoll. Weiter gab er zu Protokoll:

> *Ich wußte auch bis heute nicht, das mein Geselle einen solchen Fehler gemacht habe. Ich glaube daher keine Schuld an der betreffenden Feuergefährlichkeit zu haben.*

Am 27. April 1840 begab sich eine Kommission nach Johanneskirchen, um »auf den Grund eigener Anschauung« einen Vermittlungsversuch zwischen den Gemeindemitgliedern und Gerichtsholden einerseits, dem Zimmermeister Ertl und Gemeindehirten Unterberger anderseits vorzunehmen. Folgendes wurde zu Protokoll gegeben:

> *Es erschienen: 1) Kaspar Glasl, Mayrbauer, 2) Barth. Bortenlänger, Preß, 3) Egid Huber, 4) Franz Gröbl, Weber, 5) Emeran Bildl, Biernbaum, 6) Philipp Gruber, Streicher, 7) Max Aug. Meyr, Scherer, 8) Barth. Unterberger, Hirt, 9) Georg Spitzweck noc. der Barbara Spitzweck, 10) Johann Bächler, Eckart, 11) Josef Huber, Schuster, 12) der Schmid Schmaus hat noch nicht aufgestiftet und ist noch nicht erschienen.*
>
> *Der Hirt Unterberger macht hierauf folgenden Antrag:*
> 1) *Der Zimmermeister Ertl von der Vorstadt Au hat sich bereits verbindlich gemacht, die Herstellung eines neuen Kammins nach feuerpolizeilichen Anforderungen unentgeltlich zu übernehmen.*
> 2) *Unterberger macht sich für den Fall, daß die Pfründnerstube in dem gegenwärtigen Zustande verbleibt, verbindlich für sich und seine Nachfolger im Dienste sämtliche Reparaturkosten dieser Pfründnerstube, welch immer Namen habend, aus eigenen Mitteln zu bestreiten, ohne das ihm hiedurch Eigenthums- oder Besitz oder auch nur Retensionsrechte erwachsen sollen.*
> 3) *Er verpflichtet sich überdies, diese Stube fortwährend in reinlichen wohnbaren Zustande zu erhalten, ferner die Reinigung, die Wasch, Wart und Pflege eines jeweiligen Pfründners, mit Ausnahme der Verköstigung und Beheitzung, Bekleidung und Bettfournituren, deren Besorgung den Gemeindegliedern zur Last fällt, zu übernehmen, und zwar ohne allen Entgeld.*
>
> *Diesen Antrag stimmen nachstehende Gemeindeglieder bey, der später erschienene Schmied Schmaus für sich und seinen Gebkäufer Marx Karl, später erklärten sich auch Franz Gröbl, Weber und Josef Huber, Schuster, mit dem Antrag des Unterberger gleichfalls einverstanden.*

Am 2. Mai 1840 erhielt Zimmermeister Ertl den Auftrag, einen Kamin auf eigene Kosten auszuführen.

Im Grundsteuerkataster von 1860 stand geschrieben: »Das Gemeindehaus ist seit unfürdenklichen Zeiten Eigentum der Ortsgemeinde Johanneskirchen«. Der Gemeinde gehörte das Gemeindehaus, bestehend aus Wohnhaus mit angebauter Austragsstube, Stallung und Stadel unter einem Dache und Hofraum, verschiedene Gärten und Wiesen, ein Stadel, die »Herderwiese« im Moos, insgesamt 33 Tagwerk.

Die Wirtschaft im Gemeindehaus:
Aus einem Beschwerdebrief des Pfarrers Werndle von Oberföhring an das königliche Landgericht München r/I:

[...] woher kommt denn, daß Theres Unterberger, Hütterin von Johanneskirchen zugleich Wirthin ist? Man weiß hier nichts von einem Wirthsrecht noch von einer Wirthskoncession für Johanneskirchen überhaupt viel weniger für die Theres Unterberger. Nach einem Protokoll vom 23. Febr. 1824 wurde Bartholomä Unterberger von der Gemeinde Johanneskirchen als Hirt aufgestellt und ihm bewilligt, sich mit Theres Metz zu verehelichen. Als Wohnung erhielt er das Gemeindehaus, das aber kein Wirthshaus war. Nun aber ist die Hütterin Unterberger als blohse Insasse eine förmliche Wirthin. Wenn nun weder ein Recht noch eine Koncession vorhanden sein sollte, so erlaubt sich das Pfarramt die weitere Bitte zu stellen dieses Wirthshaus zu schließen, und zwar aus folgenden Gründen:
1) *ist für Johanneskirchen keine Bierschenke nothwendig, denn die Bauern alle haben ihr Bier selbst zu hause*
2) *ist Theres Unterberger keine Person, die auf Sitte und Ordnung sieht und Übertrettungen der Polizeistunde und andere Excesse sind an der Tagesordnung*
3) *hat dieselbe 3 Söhne, davon einer verheurathet, die zwei andern aber den größten Theil des Jahres müßig zu hause sitzen und zugleich ein so rohes Betragen an den Tag legen, daß sie nicht blos von der Gemeinde Johanneskirchen, sondern auch von der ganzen Umgebung gefürchtet sind, und man sich ihrer Rohheit wegen vieles gefallen lassen muß, um von größeren Unannähmlichkeiten sicher zu sein.*

Sollte jedoch für ein Recht oder Koncession zu einer Bierschenke für Johanneskirchen vorhanden sein, so möge die Gemeinde veranlaßt werden, die Ausübung derselben einem ordentlichen und verläßigen Manne zu übertragen.

Die bezirksamtliche Schließung des Wirtshauses erfolgte am 15. August 1863. In einem Brief versuchte die Gemeindeverwaltung Daglfing noch die Umstände zu erklären. Die Begründung lautete, dass im Gemeindebeschluss vom 3. Juni 1862 das Hirthaus der Hüterswitwe Theres Unterberger zur lebenslänglichen Benutzung überlassen wurde und dass die Hüterseheleute die Wirtschaft dort schon seit mindestens 50 Jahren betrieben. Ein Jahr später wurde das Gemeindehaus an Josef Unterberger für jährlich 10 Gulden vermietet und die Wirtschaftskonzession verkauft. Außerdem hatte sich Theres Unterberger schon längst ein neues Haus gekauft.

Danach wurde das Gemeindehaus von verschiedenen Mietern bezogen, die dort ihrem Gewerbe nachgingen:

1873	Waßer Balthasar, Schneidergewerbe
1884	Henn Benno, Milchhandel (verkaufte täglich 200 Liter Milch)
1885	Mathias Kobler (mietete die untere Etage des Gemeindehauses für monatlich vier Mark)
April 1887	Anna Zerndl, Milchhandel (Mietzins 8 Mark im Monat)
Oktober 1887	Georg Adam von Feldkirchen, Milchhandel, danach Margaretha Begl, Milchhandel
1892	Maierl Ferdinand, Milchhandel

1893   Krämer Michael Waltner (Miete 5 Mark im Monat)

1920   Franz Wagner mietete das Erdgeschoss mit drei Zimmern und den ersten Stock mit zwei Kammern um monatlich 40 Mark. Zum Haus gehörte ein Vorplatz mit einem Schlagbrunnen, in jedem Parterrezimmer gab es elektrisches Licht, das vom Mieter zu bezahlen war. Falls die Gemeinde die im ersten Stock wohnbar gemachten zwei Kammern extra vermietete, so hatte Wagner nur 35 Mark zu zahlen

Neben dem Gemeindehaus gehörte der Gemeinde Johanneskirchen auch noch ein Feuerwehrhaus, das 1873 in der Gleißenbachstraße 2, neben der Kirche, neu errichtet wurde. Später wurde es wieder abgerissen und das Gemeindehaus auch als Spritzenhaus benutzt. 1920 wurde das Gemeindehaus renoviert und ein Jahr darauf eine Leichenkammer eingerichtet (Eingang von Süden, bis 1939 diente das Gemeindehaus auch als Leichenhaus).

Bald nach dem Zweiten Weltkrieg wurde das beschädigte Haus abgebrochen.

Haus No. 10 – »Beim Schneidermann«
Johanneskirchner Straße 161

Haus No. 10 – »Beim Schneidermann« mit Auslage der Krämerei »Weinland« (links), um 1910

Grundherr der Sölde »Beim Schneidermann« war der jeweilige Pfarrer von Oberföhring, der auch den Freistiftsbrief ausstellte. 1766 erhielt Johann Hornberger die Sölde freistiftsweise vom Pfarrer Bernhard Gensperger verliehen. Der »Schneidermann« Georg Weiß erhielt 1801 ein Kapital von 150 Gulden von der Kirche Johanneskirchen zum Wiederaufbau seines am 20. Mai 1800 durch Feuer zerstörten Hauses. Noch im selben Jahr übernahmen Johann Schickgabler (auch Schickgelber oder Schittgabel) und seine Ehefrau Valeria das Anwesen und bezahlten für Johann Weiß das »Besingnisgeld«[38] von 17 Kreuzern.

1847 kaufte sich die Witwe Theres Unterberger, vorher wohnhaft im Gemeindehaus, das »Schneidermann«-Anwesen.

Freistiftsbrief des Pfarrers von Oberföhring für Theres Unterberger:

München, am 15. Oktober 1847

Freistiftsbrief per 500 Gulden

Heute erscheint in Person vor Gericht der kgl. Pfarrer Johann Merz, von Oberföhring und gibt für die Theres Unterberger Wirthswittwe zu Johanneskirchen, welche das sogenannte Schneidermanngütchen zu Johanneskirchen durch Kauf an sich bringt, folgenden Freistiftsbrief zu Protokoll:

Ich Johann Merz, kgl. Pfarrer zu Oberföhring ertheile der Theres Unterberger Wirthswittwe von Johanneskirchen auf das sogenannte Schneidermanngütchen zu Johanneskirchen bestehend in einem Hause und angebauter Stallung dann Garten zusammen – Tagw. 26 Dez. groß für ihre Person neue Freistiftsgerechtigkeit unter der Bedingung, daß sie dieses Anwesen innehaben und benutzen könne jedoch schuldig und gehalten ist, an die kgl.

---

[38] »Besingnis halten für einen Verstorbenen« = Erdbestattung mit Singen von Choralpsalmen

Pfarrei Oberföhring alle Jahre zur gewöhnlichen Stiftszeit die herkömmliche Stift zu zwanzig Kreuzer pünktlich zu verabreichen und bei jeder Besitzänderung muß das herkömmliche Freistiftslaudemium mit 7½ % von Hundert baar erlegt werden. Die auf dem Anwesen haftenden Staatsabgaben und alle übrigen Gemeindelasten hat die Theres Unterberger zu tragen und zu entrichten ebenso hat dieselbe an die Gerichtsherrschaft zu Johanneskirchen das jährliche Vogteigeld zu 20 Kreuzer zu bezahlen. Bei gegenwärtiger Besitzveränderung wurde das Freistiftslaudemium im Vergleichswege nach einer Summe von 500 Gulden berechnet und dasselbe beläuft sich zu 7½ % auf 37 Gulden 30 Kreuzer, welche Summe die Unterberger baar in Abführung zu bringen hat.

Die Unterberger hat das Schneidermanngütchen stets im ordentlichen Stande zu erhalten, muß es mit eigenem Rücken bemaiern und darf ohne grundherrliche Einwilligung hievon nichts verkaufen, vertauschen, verpfänden oder auf andere weise belasten. Übrigens werden sich wegen Abschleif des Anwesens liederlicher Überschuldung s.a. die Rechte und Ansprüche in jeder Beziehung auf den Grund des bayerischen Landrechtes vorbehalten. Die bei Gericht anwesende Theres Unterberger wurde von vorstehendem Freistiftsbrief gehörig in Kenntniß gesetzt und worauf sie erklärt alle gestellten Bedingungen genau zu erfüllen. Beschlossen, vorgelesen und Unterschrieben Jhann Merz Pfarrer, Handzeichen Theres Unterberger

Im Januar 1852 übernahm Michael Unterberger das Anwesen für 1500 Gulden und löste das Obereigentum zur Pfarrei Oberföhring ab. Er bezahlte das gerichtlich festgesetzte Laudemium von 56 Gulden und 15 Kreuzern sowie 6 Gulden Ablösungssumme für die jährliche Stift von 20 Kreuzern. Der Hof bestand aus »Wohnhaus und Stall unter einem Dache und Hofraum und insgesamt 32 Tagwerk, 26 Dezimale Grund«.

Am 17. April 1852 erhielten Michael Unterberger und Barbara Schott die bischöfliche Dispens zur Heirat. Barbara Schott, Bauerstochter aus Dornach, wurde als Mennonitin geboren und getauft, trat am 1. Januar 1852 zur evangelischen Kirche über und ließ ihr bereits außerehelich gezeugtes Kind Johann katholisch taufen. Michael Unterberger wünschte sich, in der Pfarrkirche zu Oberföhring getraut zu werden: Nach Meinung des Pfarrers sollte die Trauung bei den Umständen, in welchen die Braut sich befand, in aller Stille und nur vor wenigen Zeugen stattfinden.

1867 baute der »Schneidergütler« Michael Unterberger ein neues Wohnhaus mit Getreide- und Heustadl, da »der alte Hof im heurigen Frühjahr gänzlich niedergebrannt« war.

1868 kauften die Zimmermannseheleute Karl und Margarete Harter aus München für 3100 Gulden das Anwesen. Seitdem war hier eine Krämerei gemeldet.

1888 kauften Franz und Maria Spitzweck den Gesamtbesitz für 6700 Mark. 1890 war Franz Spitzweg, Gütler in Johanneskirchen Haus No. 10, mit einem Lohnfuhrwerk als Gewerbe angemeldet.

1892 tauschten die Spitzweg'schen Eheleute Haus No. 10 mit Josef Schmid, Gastwirt aus Johanneskirchen, gegen Haus No. 13. Dabei wurden zunächst die zu Haus No. 10 gehörenden Äcker und Wiesen zu Haus No. 13 transferiert, sodass bei Haus No. 10 verblieben: »0 Tagwerk, 33 Dezimale an Grund, das Wohnhaus mit Anbau, Hofraum und Garten«. Josef Schmid transferierte seinen landwirtschaftlichen Grund zu Haus No. 10, sodass zum Anwesen wieder insgesamt 23 Tagwerk, 19 Dezimale Grund gehörten. Den größten Teil davon übertrug er sogleich auf den Besitz Johanneskirchen No. 1/12 und verkaufte Haus No. 10 mit etwa 8 Tagwerk Grund 1892 für 4000 Mark an Babette Lößl, Hoftheatergarderobiersehefrau.

Babette Lößl verkaufte das Anwesen 1893 für 4300 Mark an Hermann, Rudolf und Otto Weinland. Sie vergrößerten das Haus durch Dacherhöhung um ein ganzes Stockwerk und bauten einen neuen Stall und eine Küche an. 1894 war bei den Gewerbeanmeldungen für die Kleinkrämerei der Name Walter eingetragen, im Jahr 1895 Ida Weinland. 1895 gab es vom Krämer Friedrich Weinland ein Gesuch »um Erlaubnis für eine Branntweinschänke auf Haus No. 10«, die aber versagt wurde, da angeblich kein Bedarf dafür bestand.

Auch seinem Sohn Hermann Weinland wurde es nicht gestattet, Branntwein auszuschenken. Neben der Krämerei betrieb Hermann Weinland noch bis 1899 ein Lohnfuhrwerk für den Ziegeltransport. 1903 ergab sich nach Abbruch und Neubau des Wohngebäudes folgende Beschreibung für Haus No. 10: »Wohnhaus mit Stallung und Stadel unter einem Dache, Remise und Hofraum, Gras- und Baumgarten«.

Im Januar 1909 erhielt der Kaufmann Rudolf Friedrich Weinland in Johanneskirchen, bisher Esslingen in Württemberg, das Heimatrecht von der Gemeinde Daglfing verliehen. Er verheiratete sich mit der Verkäuferin Wilhelmine Emilie Mayer aus Augsburg. Das Gemeindebürgerrecht erhielt Rudolf Weinland im April 1912 gegen Bezahlung von 42 Mark 86 Pfennig. 1913 bildete das Wohnhaus mit Verkaufsladen ein Wirtschaftsobjekt: die Krämerei, die es noch bis in die 1960er-Jahre gab. 1932 ging das Anwesen als Alleineigentum in den Besitz von Rudolf Weinland über, nach dessen Tod erbte es seine Frau Mina Weinland. Ute Weinland, Kontoristin in München, erbte das Haus 1961.

Haus No. 11 – »Beim Streicher«

Haus No. 11 – »Beim Streicher«

Anfang des 19. Jahrhunderts war der Hof »Beim Streicher« im Besitz von Jakob Gruber, der Sohn Philipp Gruber übernahm das Anwesen um 1810. 1825 lebten fünf Erwachsene und vier Kinder auf dem Hof. Am 4. August 1860 übergab Philipp Gruber, seit 1845 Alleineigentümer, das »Streicherbauern«-Anwesen seinem Sohn, auch Philipp Gruber.

Im gleichen Jahr wurde das Obereigentum, früher zur Hofmark Kronwinkel erbrechtig gewesen, durch Bezahlung von 337 Gulden 30 Kreuzer an die sogenannte Ablösungskasse des Staats, abgelöst. Zum Anwesen gehörte »ein Wohnhaus und Stallung unter einem Dache, Getreide- und Heustadel mit Getreidekasten, Wagenremise, Holzschupfe, Backofen und Hofraum, der Grasgarten, Äcker und Wiesen, ludeigenen Gemeindeteilen, mit insgesamt 89 Tagwerk 32 Dezimale«.

Am 4. Juni 1861 wurde die Übergabe rückgängig gemacht, der Vater verkaufte das Anwesen um 14000 Gulden an seinen Sohn. Ab 1862 fand eine »Zertrümmerung« des Hofs statt, das heißt es wurden Gründe, die vorher fest mit dem Hof verbunden waren, losgetrennt und verkauft. Der Sohn veräußerte zunächst 62 Tagwerk Grund im Werte von 10.700 Gulden an den Privatier Jakob Haushammer in München. Im gleichen Jahr verkaufte er sein Restgut, bestehend aus den Gebäuden, Vieh und »Fahrnis« und 38 Tagwerk Grund für 10.500 Gulden an den königlichen Rentbeamten Leopold Friedrich Goeringer in München. Jakob Haushammer veräußerte die erstandenen Gründe an die umliegenden Bauern weiter.

1864 tauschte Bernhard Birkenheuer, Kaufmann in München, den »Streicherhof« gegen sein Haus in der Schönfeldstraße 18 in München ein. Noch im gleichen Jahr wurden durch weiteren Tausch die Eheleute Ludwig und Maria Fischer Besitzer von Haus No. 11. Ein Jahr später, 1865, ersteigerte Ludwig Birkenhauer das Anwesen für 10.000 Gulden, um es gleich darauf für 11.000 Gulden an Friedrich und Wilhelm Michl weiterzuverkaufen. 1873 erwarb der Zeitungsverleger Dr. Johann Sigl für 9500 Gulden den »Streicherhof« und veräußerte ihn im Jahr darauf, am 27. Juli 1874, für 11.300 Gulden an Bernhard Pils. 1875 verkaufte Bernhard Pils das zweite Wohnhaus, Haus No. 11½, das um 1870 erbaut worden war.

Der Besitz wurde 1875 so beschrieben: »Wohnhaus (mit Strohdach), mit Stall und Stadel unter einem Dache, Stallung und Stadel, Backhaus und Hofraum, Grasgarten«. 1889 und 1890 war Bernhard Pils, Gütler in Johanneskirchen, als Lohnfuhrwerksbetreiber im Gewerbebuch verzeichnet. Ab 1891 wurde ein kleines Zimmer im Hause als Laden benutzt. Diese »Kleinkrämerei« betrieben zuerst Josef Harter, dann Anna Knollmüller (Mai 1893), später Bernhard Pils selbst.

1954 wurde das Haus wegen Baufälligkeit eingerissen.

Haus No. 11½
Johanneskirchner Straße 157

Haus No. 11½, um 1935

1876 kaufte der Handelsmann Peter Kaiser für 2743 Mark Haus No. 11½, Wohnhaus mit Grasgarten, und betrieb hier eine Krämerei. In diesem Jahr stellte er auch einen Antrag »um die Erlaubnis zum Ausschank und Kleinhandel von Branntwein« auf Haus No. 11½.

Im Zuge der Zwangsversteigerung erhielten 1878 Georg und Helena Schlommer das Haus für 300 Mark. Georg Schlommer führte hier eine Krämerei ohne Gehilfen[39]. Verkauft wurden unter anderem Zucker und Kaffee mit einem Jahresumsatz von 200 Mark. Nach dem Ableben des Georg Schlommer verkaufte die Witwe Helena Schlommer den Besitz 1883 für 1600 Mark an Alois Petzendorfer, Krämer in Haidhausen.

1884 kam es wieder zu einer Zwangsversteigerung. Der Besitz ging für 1000 Mark an den Zimmermann Andreas Schiesl von Taufkirchen, der ihn im gleichen Jahr für 1025 Mark an die Metzgersfrau Ursula Ertl aus Schwabing weiterveräußerte. Ludwig Ertl führte hier eine Metzgerei mit einem jährlichen Einkommen von 1000 Mark. Für das Jahr 1888 waren an Schlachtvieh angegeben: 21 Kühe, zwei Kälber und elf Schweine, für 1889: 31 Kühe, fünf Kälber und zwölf Schweine. Nachfolger von Ludwig Ertl war Joseph Ertl.

1891 ersteigerte der Buchhalter Josef Menz für 800 Mark das Haus und verkaufte es im gleichen Jahr für 1450 Mark an Bernhard Pils. Die Witwe Margarete Pils übergab 1919 die Anwesen Haus No. 11 und No. 11½ an ihren Sohn Bernhard Pils und seine Braut Katharina Zehetmair. Aus dem Übergabevertrag 1919:

Margarethe Pils, Landwirtswitwe, übergibt dem ledigen Sohn Bernhard Pils die Anwesen Haus No. 11 und 11½ um den vereinbarten Preis von 30.000 Mark, wobei 6000 Mark auf bewegliche Sachen treffen. Mit diesem Anwesen übernimmt er auch die gesamten vorhandenen lebenden und toten Baumannsfahrnisse und alle landwirtschaftlichen Vorräte mit Ausnahme der Wohnungseinrichtung, welche die Übergeberin, soweit sie dieselbe nicht selbst für sich behält, an ihre Kinder verteilen wird. Er verpflichtete sich noch zu folgenden Leistungen:
A. Ein Wohnungsrecht auf Lebensdauer im Anwesen Haus No. 11½ als auch in Haus No. 11 und zwar im letzteren im Zimmer neben der Küche, welches von dem Übernehmer wohn- und heizbar herzurichten und zu unterhalten ist, mit dem

---

[39] Archivmaterial: [STAM-DGLF040]

Rechte, alle Hausanstalten mit zu benützen, sich im Wohnzimmer aufzuhalten und sich im und beim Hause frei zu bewegen.

B. *Er hat seiner Mutter auf deren Lebensdauer folgendes unentgeltliches Leibgeding zu gewähren: die tägliche im Hause bereitete ortsübliche standesgemäße und der Übergeberin zuträgliche gute Kost an seinem Familientische zu den gewöhnlichen Tagesmahlzeiten, das erforderliche Beheizungs- und Beleuchtungsmaterial, die nötigen Kleidungsstücke, insbesondere jährlich zwei Werktagskleider und ein Paar Pantoffel, alle zwei Jahre ein Sonntagskleid und ein paar Schuhe, das Reinigen und Instandhalten der Kleider, Wäsche und Schuhe sowie in Krankheitsfällen neben Wart und Pflege auch Krankenkost und ärztliche Hilfe und Medikamente und endlich wöchentlich 2 Mark Taschengeld. Sollte Margarethe Pils es vorziehen sich selbst zu verköstigen, so hat sie anstatt der ihr zu gewährenden Kost zu erhalten: monatlich 60 Mark, 60 Stück Eier, 8 Pfund Fleisch, 10 Pfund weißes Mehl, 4 Laib Brot, 20 Pfund Kartoffeln und 5 Pfund Butter und täglich einen Liter Milch, auch ist ihr das nötige Kochgeschirr zur Verfügung zu stellen.*

C. *Der Übernehmer hat seine Mutter auf seine Kosten seiner Zeit standesgemäß beerdigen zu lassen und für sie alljährlich auf die Dauer von fünf Jahren einen Jahrtag mit Virgil und Libera abhalten zu lassen; nach Ablauf dieser fünf Jahre hat der Übernehmer, solange er lebt, alljährlich für das Seelenheil seiner Mutter ein heiliges Amt abhalten zu lassen.*

Seinen Geschwistern musste Pils außerdem ein unentgeltliches Wohnungs- und Benützungsrecht am Anwesen für die Dauer ihres Ledigenstandes einräumen, Bruder Johann hatte er unentgeltlich zu verköstigen, wenn dieser für ihn arbeitete. Wenn nicht, hatte ihm umgekehrt dieser für die tägliche Kost 1 Mark zu geben.

Im Januar 1948 wurden Haus No. 11 und 11½ von Bernhard und Katharina Pils an ihren Sohn Josef über-

Die »Streicher-Bäuerin« Margarethe Pils, um 1920

geben. 1963 wurde Haus No. 11½ abgerissen und das jetzige Anwesen errichtet.

Haus No. 12 – »Beim Kirchmayr« oder »Beim Kirmer«
Johanneskirchner Str. 153

Milchfuhrwerk vor dem »Kirchmayr«, um 1930

1763 übergab die Witwe von Jakob Spizwöggt zu Johanneskirchen, Anna, den Besitz an ihren Sohn Balthasar. 1803 erhielten Joseph Spitzweck und seine Braut Barbara Schindlhuber den Hof.

Seit dem Landrecht von 1616 mussten die »Heiratsgedinge«[40] der bäuerlichen Untertanen im Herzogtum Bayern durch die Obrigkeit verbrieft werden. Im Sponsalienmandat des Bayerischen Kurfürsten Max III. Joseph vom 24. Juli 1769 wurde die Verbriefung des Verlöbnisses vor der weltlichen Obrigkeit gefordert.

1848 hatte Joseph Spitzweg den »Kirchmaierhof« mit Vieh, »Fahrnissen« und Vorräten und 100 Tagwerk, 92 Dezimale Grund von der Witwe Barbara Spitzweg und den Geschwistern für 10.000 Gulden übernommen. Durch Heirat wurde Ursula Widmann aus Aubing am 25. Juni 1855 Mitbesitzerin des Anwesens. Die Gebäude waren beschrieben als »Wohnhaus und Stallung unter einem Dache, Getreide- und Heustadel mit angebauter Wagenremise und Holzlege, Backofen«. In einem Verzeichnis der Neubauten von 1858[41] stand: »Joseph Spitzweg, Kirchmairbauer, Anbau an den Stadel und Vergrößerung desselben«.

1878 bekam der Sohn Josef Spitzweg den mit 26.386 Mark veranschlagten Hof durch Erbteilung zugesprochen und verkaufte ihn ein Jahr später an Georg Ulmann, Ökonomssohn und dessen Braut Ursula Spitzweg für 31.800 Mark. 1884 baute man eine Trebergrube, 1892 wurde der Stadel, 1894 die Remise und das Waschhaus neu gebaut. Nach dem Tod von Georg Ulmann, 1897, heiratete Ursula Ulmann 1898 Georg Kreuzmair. 1928 übergab die Witwe Ursula Kreuzmair den Hof im Wert von 52.000 Goldmark an Benno Kreuzmair.

Das heutige, unter Denkmalschutz stehende Bauernhaus, stammt aus dem Jahr 1903. Es wurde 1913 wie folgt beschrieben: »Wohnhaus, Stall, Stadel, zwei Schupfen, Backhaus, Schweinestall, Abort und Hofraum mit Brunnen und Vorgärtchen«.

[40] »Heiratsgeding« = Ehevertrag
[41] Archivmaterial: [STAM-DGLF101]

Bau des Hofs »Beim Kirchmayr«, 1903

Haus No. 12 ½
Ehemals Johanneskirchner Straße 147

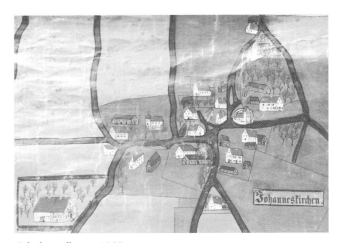

Schulwandkarte, 1903

Hier stand einst die 1901 erbaute und um 1970 abgerissene Villa des Ziegeleibesitzers Anton Baur. Auf der alten Schulwandkarte ist es das Haus mit dem Zwiebeltürmchen in der Mitte. Genauer ist das Anwesen im Abschnitt »Ziegeleien« (siehe S. 121) beschrieben.

»Loambarone«: Die Familie Anton Baur im Garten ihrer Villa, um 1910

Die Villa von Anton Baur mit dem markanten Turm, um 1960

Haus No. 13 – »Beim Scherer«
Johanneskirchner Straße 145

»Beim Scherer«, Fronleichnamsprozession, 1960er-Jahre

Im Kataster von 1809 wurde als Besitzer des »Schererhofs« Mathias Speidler genannt. In der »Seelenbeschreibung« des Oberföhringer Pfarrers aus dem Jahr 1825 wurde die Familie Schreiner als Bewohner erwähnt. Es lebten zwölf Personen, darunter vier Kinder, auf dem Hof, besonders vermerkt wurde noch eine illegal getrennte Ehe.

Der »Schererhof« war 1828 in Besitz von Karl Sebastian und 1838 von August Maier. Am 11. November 1852 kaufte Mathias Kobler zusammen mit seiner Ehefrau Maria, geb. Peisl, den »Schererhof« vom Magistrat Landshut für 9200 Gulden.

1859 baute der »Schererbauer« das abgebrannte Haus mit Stall wieder auf. Damals wurde das Anwesen so beschrieben: »Wohnhaus und Stallung unter einem Dache, Brennhaus, Backhaus und Remise, Getreidestadel mit zwei angebauten Wagenschupfen und Hofraum mit insgesamt 93 Tagwerk, 75 Dezimale Grund«. Anfang des Jahres 1862 errichtete er einen Ziegelstadel mit einem Ofen, im Juli wurden der Trockenstadel und das Ökonomiegebäude verlängert.

Am 9. April 1860 wurde von der Armenpflegschaft Daglfing im Pfarrhof von Oberföhring folgendes Protokoll aufgenommen:

Erscheint Mathias Kobler, Bauer zu Johanneskirchen, mit der Bitte ihm die Aufnahme eines Anlehens von 300 fl aus der Kreishilfskasse zu erwirken und begründet sein Ansuchen mit der Erklärung, daß ihn dazu mehrfache erlittene Unglücksfälle veranlassen, nämlich

1. *seien ihm von 10 Stück Rindvieh 6 an Lungelbrand verendet, dessen Schaden auf 600 fl mindestens anzuschlagen wäre; dies sei im Jahre 1856 der Fall gewesen;*
2. *seien im Jahre 1858 zur Zeit der Ärnte nacheinander er, Mathias, dessen Mutter, dessen Eheweib und 2 Kinder an Schleim- und Nervenfieber[42] erkrankt, und habe diese Krankheit ihm eine Baarauslage von 350 fl – 400 fl, eine noch höhere aber der Verlust dieser Arbeitskräfte veranlaßt;*

---

42 Schleimfieber = mit Fieber auftretender Magenkatarrh

3. *habe er ein Brandunglück erlitten im Frühjahr 1859, wo ihm Haus, Stall und Brennhaus zu Grunde gingen, ein Verlust die durch die von der Brandassekuranz erhaltenen 3000 fl nicht ersetzt wurde.*
4. *Er gibt vor, daß mit 300 fl ihm geholfen werden könne, indem diese Summe zum Ausbau des Anwesens hinreiche, die Rückzahlung ganz bestimmt in jährlichen Raten von 30 fl zu leisten; als Sicherheit sein Gesammtanwesen, welches auf 21.000 fl geschätzt, mit 11.650 fl hypothekarisch belastet ist, einzusetzen.*

Der Armenpflegrath hat sich in obigen Betreff berathen und, daß hier wirklich Hilfe nötig sei, der Fall für die Hilfskasse sich eigne, die Sicherheit hinreiche, gefunden, und wurde auch von Seite der Rechtlichkeit und Sittlichkeit des Bittstellers ein Anstand nicht erhoben.

Pfarrer Riedl [Unterschrift]

Am 24. Januar 1868 wurde Mathias Kobler die Zustimmung für eine Krämerkonzession wegen Vermögenslosigkeit von der Gemeinde Daglfing versagt. In diesem Jahr erwarb die Städtische Sparkasse Landshut das Anwesen und die Ziegelei für 8.000 Gulden. 1871 kauften Maria, Adelheid und Anton Kobler für 6000 Gulden das Haus No. 13 zum gemeinschaftlichen Eigentum zurück. Sie verkauften 1876 den Ziegelstadel mit Brennofen und 7,33 Tagwerk Grund für 10.629 Mark an Gottfried und Agnes Graf, Ziegelmeisterseheleute. Die Ziegelei erhielt die Hausnummer 13½. Die Kobler-Kinder errichteten nördlich des »Schererhofs« einen neuen Ziegelstadel mit zwei Brennöfen.

1884 stellte der »Schererbauer« Mathias Kobler einen Antrag zur Verlegung seiner Wirtschaft von Haus No. 13 ins Gemeindehaus (Haus No. 9). Die Verhandlungen zogen sich bis 1890 hin, aber dem Antrag wurde nicht stattgegeben.

1885 ersteigerte der Käsehändler Hehrle den Besitz für 8500 Mark und verkaufte ihn 1887 an Josef und Maria Boeck für 12.600 Mark; die Ziegelei war damals nicht mehr in Betrieb. Joseph Boeck war ab dem Jahr 1889 mit einem Lohnfuhrwerk angemeldet. 1892 erhielt Josef Schmid, Gastwirt in Bogenhausen, durch Tausch den »Schererhof«. Josef Schmid tauschte das Anwesen im gleichen Jahr mit Franz Spitzweg gegen Haus No. 10 in Johanneskirchen. 1894 wurde der Stadel abgebrochen und an seiner Stelle eine Schmiedewerkstatt eingerichtet.

1895 verkauften Franz und Maria Spitzweg das Anwesen mit 9 Hektar Grund für 16.000 Mark an Sabina Giese, die es 1897 für 27.000 Mark an Anton und Clara Baur aus Denning weiterveräußerte. 1899 wurde die Ziegelei des Anton Baur von Haus No. 12½ zu Haus No. 13 übertragen.

Nach einigen Neubauten wurde der Besitz 1913 so beschrieben: »Wohnhaus, Stall, Stadel, Vordach, Wagenremise, Pferdestall, Waschhaus und Hühnerstall, Werkstätte, Autogarage und Hofraum mit Brunnen, Garten; Ziegelei: Brennofen, Trockenstadel, Arbeiterwohnhaus, Getreidestadel und Trockenplatz«.

»Beim Scherer« mit dem Auto von Anton Baur, um 1910

Haus No. 13 ½ und 13 ⅓
Ehemals Johanneskirchner Straße 110

Haus No. 13 ½, Mitte der 1960er-Jahre

Unter Haus No. 13 ½ betrieb Gottfried Graf ab 1876 eine Ziegelei. 1898 wurde der Besitz geteilt. Haus No. 13 ½ war das Wohnhaus und 13 ⅓ die Ziegelei. Genauer ist das Anwesen im Abschnitt »Ziegeleien« (S. 122) beschrieben.

Haus No. 14 – Dorfkirche St. Johann Baptist
heute Gleißenbachstraße 2

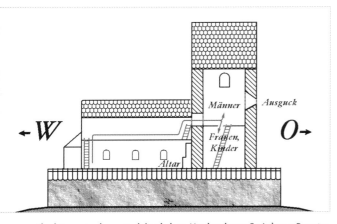

Fluchtweg in der mittelalterlichen Kirchenburg St. Johann Baptist

Die Dorfkirche St. Johann Baptist ist die Namensgeberin und das älteste Gebäude Johanneskirchens. Die Kirche, gewidmet Johannes dem Täufer, wurde erstmals in einer Urkunde des Hochstifts Freising aus dem Jahr 815 erwähnt. Die heutige Kirche, ein gedrungener romanischer Bau, der auch als Wehranlage diente, stammt aus dem 13. Jahrhundert. Der wuchtige Satteldachturm weist im Erdgeschoss eine Mauerstärke von 1,80 Meter auf. Der ovale Mauerring war ursprünglich etwa doppelt so hoch und wohl mit einem hölzernen Wehrgang versehen. Der Lehmhügel, auf dem die Kirche liegt, kommt heute durch die Straßenaufschüttungen kaum mehr zur Geltung. Früher aber ragte der quadratische Kirchturm über die niedrigen Hütten und die weite gerodete Schotterebene hinaus und stand in Sichtverbindung mit den Kirchtürmen von Oberföhring, Aschheim und Englschalking. Wahrscheinlich war der Kirchenhügel noch von einem Wassergraben umgeben, der vom nahen Gleißenbach abgeleitet wurde.

Der Turm diente in Notzeiten als Zufluchtsort, die Schalllöcher als Ausguck und Schießscharten. Über die Empore gelangte man in den Kirchenspeicher und von dort durch ein Schlupfloch in den Turm, eine Leiter führte zum unteren Teil hinab (siehe Abbildung links).

1688 wurde die Kirche ihres martialischen Aussehens entkleidet und die Ringmauer auf die heutige Höhe abgetragen. Der Hochaltar, der sich ursprünglich vor der Wand des Turms befand, wurde in den Turm eingebaut, Chorraum und Chorbogen erhielten eine Stuckierung in frühbarocken Formen.

Bei der Renovierung 1938 – bereits unter Aufsicht des Denkmalamts – wurde die »schadhafte Kanzel« entfernt, der Unterbau der Seitenaltäre erneuert, die Figuren am Hochaltar in ihrer alten Fassung hergestellt, und ein neuer Tabernakel eingebaut. Durch die spätromanische Wandmalerei, die sich hinter der alten Kanzel befand, ist die Datierung von St. Johann Baptist auf die Zeit zwischen dem 12. und 13. Jahrhundert möglich. Vor dieser Renovierung befand sich in der Kirche, hinter einem Verschlag im Eingangsbereich, eine Ansammlung von Totenköpfen, die damals entfernt wurden.

Haus No. 14 – St. Johann Baptist, Anfang des 20. Jahrhunderts

Die neuen Glocken von St. Johann Baptist, 1983 bei der Weihe

Im Laufe des Sommers 1953 wurde die Kirche St. Johann Baptist gründlich erneuert, die Kosten für die Renovierung der Friedhofsmauer trug dankenswerterweise das erzbischöfliche Baubüro (3000 DM). Weitere Restaurierungen fanden in den Jahren 1969 bis 1971 statt, wobei der Friedhof neu gestaltet wurde.

Außenrenovierung 1992: Das feuchte Mauerwerk wurde trockengelegt, der Verputz erneuert und die Kirche mit einem neuen Außenanstrich versehen. Im darauf folgenden Frühjahr wurde mit der Renovierung des Innenraums begonnen. Veranschlagte Kosten waren hierfür 270.000 DM, wovon 50.000 DM durch die Gemeinde St. Thomas aufzubringen waren.

Die Glocken der Kirche:
Im Zweiten Weltkrieg wurde die Konfiszierung aller Glocken befohlen. Der Widerstand der Gemeinden erreichte, dass die historisch wertvollsten Exemplare nicht angetastet wurden und jede Pfarrei wenigstens eine Glocke behalten durfte. Die Glocken kamen in ein Sammellager am Hafen von Hamburg und wurden Zug um Zug eingeschmolzen. 4650 bayerische Glocken entgingen dem Schicksal des Feuers und wurden ab April 1947 in die Heimattürme zurückgebracht, diese Rückführung dauerte bis 1950. In den 1950er-Jahren verteilte man heimatlose Glocken oder Glocken, die nicht zurückgebracht werden konnten.

Meldebogen der Bronzeglocken in der Kirche St. Johann Baptist, 9. Mai 1940:
Nr. 1: 200 kg, 14. Jahrhundert Kirchengeläut, schwingend aufgehängt
Nr. 2: 200 kg, 14. Jahrhundert Kirchengeläut, schwingend aufgehängt
Nr. 3: 35 kg, 1791, Schallloch

Abnahme der Glocken im Mai 1942:

Auch alte Glocken wurden entgegen einer Zusage nicht verschont. In Johanneskirchen waren 2 Glocken aus dem 14. Jahrhundert, alle Bemühungen beide zu erhalten waren vergeblich, eine mußte abgeliefert werden.

Die Glocken wurden bei ihrer Abnahme vom Turm heruntergeworfen. Glocke Nr. 1 verblieb, für die anderen wurde im August 1950 finanzieller Ersatz gefordert: für die große Glocke 1000 DM und für die kleine Glocke 175 DM. Die Glocke, die bis 2010 links beim Eingang stand, und nun als Friedensmahnerin im Rundbau der St.-Thomas-Kirche steht, stammt wohl aus der Zeit der Rückführung von beschlagnahmten Glocken. Da sie irreparabel beschädigt wurde, konnte sie nicht mehr im Turm aufgehängt werden.

1983 wurden neue Glocken von den Geschwistern Maria und Josef Leibenger gespendet. Die größere Glocke ist Johannes dem Täufer, die kleinere dem heiligen Thomas geweiht.

Haus No. 15
Gleißenbachstraße 3

Haus No. 15 in den 1960er-Jahren

1862 baute Kaspar Nützl, von Beruf Schäffler, ein neues Wohnhaus, das die Hausnummer 15 erhielt. Er war bis 1889 als Schäffler angemeldet. 1873 erfolgte ein Neubau von Wohnhaus und Stall, 1874 erhielt Anna

Nützl durch Erbteilung den Besitz, der 1877 versteigert wurde. Den Zuschlag erhielt bei 3800 Mark Theres Huber, Taglöhnersfrau. 1879 kauften Johann und Katharina Will, Privatierseheleute in Taufkirchen, den Besitz für 3600 Mark. 1881 wurde das Anwesen für 2228 Mark und 58 Pfennige an Josef Fränzl, Wirt in Schwabing, veräußert. Nächste Besitzer waren die Brauereimeisterseheleute Anna und Alois Baier aus Ramersdorf für 3200 Mark.

1882 erwarb Creszenz Hibl für 2228 Mark und 58 Pfennige Haus No. 15, das 1884 von der Bayerischen Hypotheken- und Wechselbank um das Meistgebot von 1000 Mark ersteigert wurde. Im gleichen Jahr wurden die Gütlerseheleute Anton und Creszenz Wisgigl für 2000 Mark Besitzer des Anwesens. 1889 übernahmen Anton und Walburga Wisgigl von den Eltern den Hof mit 10 Hektar Grund. Am 27. Dezember 1889 stellte der Ökonom Anton Wisgigl von Pliening, Bezirksamt Ebersberg, ein Gesuch an die Gemeinde um Verleihung des Bürgerrechts. Gegen die Entrichtung der Bürger-Aufnahmegebühr von 45 Mark wurde sie ihm verliehen.

1893 wurden folgende Neubauten vorgenommen: »Getreidestadel und Remise, Anbau an das Wohnhaus und Anbau einer Remise«. Danach wurde das Anwesen so beschrieben: »Wohnhaus und Stall unter einem Dache, Getreidestadel mit angebauter Wagenremise, Hofraum und Brunnen«.

1899 kaufte Klara Baur, Ziegeleibesitzerswitwe, das Haus No. 15 für 36.000 Mark und transferierte Acker- und Wiesengrund zu Haus No. 12½ in Johanneskirchen. Im gleichen Jahr erwarb Georg Seel, Ziegelmeister und Hausmeister bei der Ziegelei Leibenger, das Anwesen für 5200 Mark. Ein »Schankgesuch« von Georg Seel 1894 zur Genehmigung eines Ausschanks im Anwesen des Michael Leibenger (Haus No. 20) wurde abgelehnt. 1895 wurde er wegen unbefugter Wirtschaftsausübung angezeigt. Die Verhandlungen wegen einer Konzession zogen sich bis 1896 hin[43]. Der Errichtung einer Kantine in der Ziegelei Leibenger wurde erst 1901 zugestimmt. Georg Seel transferierte 1912 einen Teil des Grundstücks zu Besitz Nummer 1/10 (später Haus No. 29) und machte die Gütlerseheleute Josef und Katharina Reim für 8000 Mark zu Miteigentümern von Haus No. 15. Josef Reim war ebenfalls bei der Ziegelei Leibenger angestellt.

1913 bestand das Anwesen aus »Wohnhaus mit Stall, Stadel, Wagenremise, Holzschupfe, Hofraum mit Brunnen und Wasserhülle«. 1924 wurde Josef Reim Alleinbesitzer des Anwesens. 1950 übergab er den Besitz an Maria Reiser, geb. Wanninger, im Anschlag von 4700 DM. Franz und Maria Wiesheu, wohnhaft Mirabellenweg 5, kauften 1960 das inzwischen schon baufällige Haus No. 15; es wurde 1973 abgebrochen.

Haus No. 16
ehemals Johanneskirchner Straße 138

Haus No. 16, kurz vor dem Abriss 1975

1863 baute sich der Schuhmacher Johann Lipp ein neues Wohnhaus in Johanneskirchen, das die Haus-

[43] Archivmaterial: [STAM-DGLF109]

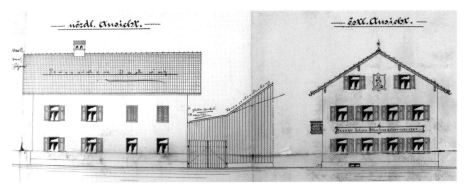

Haus No. 16, Plan des Wohnhauses, 1906

Als eine »Gefahr für Leib und Leben« der Kinder der Großwohnanlage Johanneskirchen – Siedlung Gemeinnützige Wohnungsbaugenossenschaft, Südgrund und Münchner Grund – bezeichnete Stadtrat Heinz Riederer (SPD) in einem Schreiben an Oberbürgermeister Georg Kronawitter das leerstehende Anwesen an der Johanneskirchner Straße 138 in München-Johanneskirchen. Schon auf der jüngsten Sitzung des 29. Bezirksausschusses (Bogenhausen) wurde wegen dieses Anwesens, das aus einem leerstehenden Bauernhaus und einem Stadel besteht, Klage geführt. Riederer weist in seinem Brief darauf hin, daß das baufällige Haus für spielende Kinder lebensgefährlich sei, da seiner Ansicht nach akute Einsturzgefahr bestehe. Hier sei auch eine »Absicherung« des Geländes durch einen Zaun« zwecklos, da Zäune bekanntlich von Kindern leicht überstiegen werden, ja geradezu dazu herausfordern. Vielmehr sei der Eigentümer des Anwesens zu einem umgehenden Abbruch »dieser die Gegend verschandelnden Bauruine«

nummer 16 erhielt. Am 23. Januar 1864 bewilligte ihm die Gemeinde Daglfing die Ansässigmachung und die Heirat mit Katharina Bichel aus Unterföhring.

An das Wohnhaus wurde 1874 ein Getreidestadel angebaut. 1878 wurde das Anwesen so beschrieben: »Wohnhaus mit Stall und Stadel unter einem Dache, Hofraum und Wurzgärtchen mit 6,239 Tagwerk Grund«. 1883 baute Johann Lipp einen Schweinestall an. 1898 übergab er das Anwesen für 6035 Mark und 50 Pfennige an seinen Sohn Kaspar Lipp, ebenfalls Schuhmacher, und seine Braut Margaretha Ostermaier. Seit 1901 war der »Schuhmachermeister Johann Lipp für kein Gewerbe mehr besteuert«.

1908 musste der Hof dem Bau der Eisenbahnlinie München–Ismaning weichen, ein neues Wohnhaus (Johanneskirchner Straße 138) wurde westlich der Bahn errichtet. 1922, nach dem Tod von Margaretha Lipp, erbten Kaspar Lipp und seine sieben Söhne den Besitz. 1932 übernahmen im Wege der »Auseinandersetzung« um 12.000 RM, davon 2000 RM für Bewegliches, der Sohn Josef Lipp und Maria, geb. Wörl, das Anwesen. Kaspar Lipp arbeitete noch bis in die 1940er-Jahre als Schuhmacher. Das Haus und die Nebengebäude wurden 1975 abgerissen, nachdem es in einem Zeitungsbericht unter der Überschrift »Eine Todesfalle für Kinder« geheißen hatte:

Familie Kaspar Lipp, um 1920

Häuser und Einwohner

zu veranlassen. Der Oberbürgermeister reagierte umgehend. Er teilte in seiner Antwort mit, »er werde prüfen lassen, ob hier Abhilfe zu schaffen ist«.

Haus No. 16 ½
Früher Rambaldistraße 58, heute Wacholderweg 4

Haus No. 16 ½, um 1935

1875 kauften Johann und Cäcilia Arnold von Maria Wagner Baugrund für 96 Gulden und errichteten darauf ein Anwesen aus »Wohnhaus, Stall, Remise unter einem Dache, Holzhütte mit Hofraum und Brunnen und einem Gras- und Wurzgarten am Haus«, das die Hausnummer 16 ½ erhielt.

Schon ein Jahr später verkauften sie ihren Besitz für 2800 Gulden an Antonia Hofstetter, Maurerehefrau in der Au. Der Ziegeleibesitzer Blasius Rieger erwarb 1877 für 4285 Mark und 71 Pfennige das Haus. 1879 ersteigerte Antonia Hofstetter für 3750 Mark Haus No. 16 ½ zurück.

Weitere Besitzer waren: 1880 Anna Neumaier, Zimmermannsehefrau (Kaufpreis 3200 Mark), März 1881 Ludwig Merz, Käsehändler in München (Kaufpreis 2900 Mark), Juni 1881 Mathias Fischer, Privatier (Kaufpreis 4000 Mark).

1882 tauschten die Taglöhnerseheleute Michael und Anna Koih ihr Haus No. 73 in Haimhausen gegen das Haus No. 16 ½ in Johanneskirchen. Ein Jahr später, 1883, erwarben die Krämerseheleute Helena und Friedrich Lamprecht das Anwesen für 3250 Mark und führten hier eine Krämerei mit Holzwaren- und Brothandel und Schneiderei. Im selben Jahr stellte Friedrich Lamprecht einen Antrag um die Erlaubnis zum Ausschenken von Branntwein, eine Bewilligung wurde aber nicht erteilt, da es schon zwei Wirte in Johanneskirchen gab.

Noch 1897 wurde als Bewohner von Haus No. 16 ½ der Unterhändler und Schneidermeister Friedrich Lamprecht genannt, danach war der Hoftheatergarderobier Georg Lößl für ein Jahr Besitzer des Anwesens. 1899 kaufte Barbara Weichselbaumer aus Englschalking, Fuhrwerksbesitzersehefrau, das Haus um 5000 Mark. 1917 übernahmen Sohn Max Weichselbaumer, Fuhrknecht, und seine Frau Walburga, geb. Feicht, für 6000 Mark – davon 300 Mark für Bewegliches – das Anwesen. 1968 wurde an der Stelle des alten Hauses ein ähnlicher Neubau errichtet.

Haus No. 16 ½, in den 1930er-Jahren

Haus No. 19 – »Riehlschwaige«
Im Moosgrund 152

Haus No. 19 um 1930 …

… und 1997

Häuser und Einwohner 111

Die Hausnummer 19 in Johanneskirchen tauchte erstmals 1862 auf als »Acker- und Wiesengrund, zu dem Hauptanwesen Haus No. 26 in der Steuergemeinde Oberföhring zugehörig«. 1862 kaufte Antonia von Meisrimmel für 12.000 Gulden das Hauptanwesen mit dem Grund im Moos. 1866 gelangte der Gesamtbesitz durch Tausch in den Besitz von Privatier Anton Hang, der ihn für 14.000 Gulden an Carl Freiherr von Wohnlich, Privatier in Schwabing, weiterverkaufte. 1883 kaufte Dr. Wilhelm von Riehl, Direktor des Münchner Nationalmuseums und Generalkonservator der Kunstdenkmäler Bayerns, für 38.000 Mark Haus No. 19 in Johanneskirchen und das Anwesen Haus No. 26 in Oberföhring für seinen Sohn Heinrich.

Im »Renovierten Grundsteuerkataster« der Steuergemeinde Daglfing, angefertigt 1896, wurde als Besitzer von Haus No. 19 Heinrich Riehl genannt. Das Anwesen bestand damals aus einem »Heustadel (von 1888) mit Hofraum mit 32 ha Grund«. 1898 errichteten Heinrich und Maria Riehl sich im Moos ein Wohnhaus mit Stall und Stadel.

1902 kauften die Ziegeleibesitzerseheleute Wilhelm und Sofia Flaschenträger Haus No. 19 für 30.000 Mark, einschließlich 1000 Mark für Mobiliar. Im Tausch gegen Grundstücke in Johanneskirchen erhielten Georg und Ursula Kreuzmair 1907 den Besitz, bestehend aus »Wohnhaus mit Stall und Remise, Stadel mit Remise und Hofraum und circa 25 Hektar Grund«. Im gleichen Jahr übergaben sie den Hof an den Sohn Georg Ulmann und seine Frau Theresia, geb. Westermayr, die »Moosbäuerin«.

1922 wurde Theresia Ulmann, Mutter von sieben Kindern, erschossen aufgefunden. Es wurde vermutet, dass der Mörder nach Geld gesucht hatte, das nach dem Verkauf von Vieh im Hause war. Der Täter wurde nie ausfindig gemacht, aber im Dorf verdächtigte man einen gewissen Willi Thurner, der sich zeitgleich zu diesem Mord nach Amerika davongemacht hatte. 1924 wurde der Hof aufgestockt und das Wohnhaus erhielt sein heutiges Aussehen. 1957 ging der Besitz durch Übergabe an den Sohn Heinrich Ulmann und seine Frau Maria, geb. Schrecker. 1963 erbten das Anwesen Maria Ulmann, Witwe, und die Kinder Theresia und Marianne in Erbengemeinschaft. Erst seit 1965 war der Hof an das Elektrizitätsnetz angeschlossen.

Haus No. 20 – »Leibengerhof«
Bichlhofweg 8 (vorher Johanneskirchner Straße 115)

Der »Leibengerhof« in den 1960er-Jahren

Hier standen einst das landwirtschaftliche Anwesen und die Ziegelei der Familie Leibenger. Während die Ziegelei bereits 1929 abgebrochen wurde, standen das Wohnhaus und einige Wirtschaftsgebäude noch bis 2000. Heute steht an dieser Stelle ein Kindergarten. Genauer ist das Anwesen im Abschnitt »Ziegeleien« (siehe S. 121) beschrieben.

Der »Leibengerhof«, 1996, heute abgerissen, ehemals Johanneskirchner Straße 115

Haus No. 21
Freischützstraße 76/78

Haus No. 21, 2001

Hier stand einst der »Ellwangerhof« und bis etwa 1910 die Ziegelei Ellwanger. 2008 konnte man den alten Hof vom S-Bahn-Bahnsteig noch gut sehen und bis Anfang 2011 stand noch an der Freischützstraße – entkernt und ohne Dacheindeckung – das 1905 erbaute Arbeiterhaus (»Italienerhaus«). Genauer ist das Anwesen im Abschnitt »Ziegeleien« (siehe S. 121) beschrieben.

Haus No. 23
Bichlhofweg 5

Haus No. 23 – Die Schmiede, um 1900

1898 kaufte der Wagnermeister Georg Sondermayer von Gottfried und Agnes Graf für 2500 Mark einen Bauplatz und baute darauf ein Wohnhaus mit Keller und Schmiedewerkstätte im Erdgeschoss. Seit diesem Jahr war hier der Huf- und Grobschmied Max Sondermaier als Schmied gemeldet. Die »Hufschlagprüfung« hatte er am 31. Januar 1890 abgelegt. Er übernahm 1903 den Besitz, damals beschrieben als »Wohnhaus mit Keller, Schmiedewerkstätte, Bienenhaus, Abort und Hofraum mit Gärtchen«.

1956 erbte Max, der Sohn von Witwe Berta Sondermayer, das Anwesen. Das Haus, durch Anbauten vergrößert (1930), steht heute noch. Eine Schmiede gibt es hier zwar nicht mehr, aber in einem neueren Werkstattgebäude wird immer noch Metallbearbeitung betrieben. Auch die alte Werkstatt mit Amboss und Esse ist noch vorhanden und wird gelegentlich sogar benutzt. Bis vor einigen Jahren wurden hier hauptsächlich Spezialaufbauten für LKWs hergestellt und eine zeitweilig war im unteren Bereich eine Autowerkstatt untergebracht. Heute ist »Haus Johanneskirchen No. 23« ein Schlossereibetrieb.

Haus No. 26
Ehemals Flaschenträgerstraße 59

Haus No. 26 war die 1899 errichtete Ziegelei von Franz und Karolina Rattenhuber, wohnhaft in Englschalking. Heute befindet sich an dieser Stelle ein Tennisplatz (Freischützstraße / Ecke Stegmühlstraße).

Haus No. 27
Rambaldistraße 20

Haus No. 27, Wäscherei Stemmer, um 1930

1902 kaufte Georg Lößl aus München für 1500 Mark eine Kiesgrube an der »Griesbreite« (auch Griesfeld), um im gleichen Jahr dort ein Wohnhaus zu bauen. Dieses Anwesen kaufte 1903 der Zimmermeister Johann Schott für 3175 Mark und veräußerte es im gleichen Jahr für 4000 Mark weiter an die Zimmermannseheleute Ludwig und Kreszenz Schott.

1904 erwarben die Wäschereibesitzerseheleute Alois und Theresa Stemmer aus München den Besitz für 3000 Mark und bauten an das Wohnhaus »Waschhaus, Pferdestall, Holzremise mit Heueinlage« an. In den Anfangszeiten des Betriebs wurde die Wäsche von Hunden, die vor Wägelchen gespannt waren, ausgefahren. Die Familie Stemmer betrieb die Wäscherei, in der bis zu fünf Angestellte beschäftigt waren, über drei Generationen bis 1988.

Haus No. 29
Gleißenbachstraße 5

Haus No. 29, 2015

1913 baute sich Georg Seel, vorher wohnhaft in Johanneskirchen, Haus No. 15, ein Anwesen, bestehend aus »Wohnhaus mit Keller, Stall und Heuboden, Holzlege und Wurzgarten«, das heute noch fast unverändert erhalten geblieben ist. Georg Seel war mit Maria, geb. Reithermann, verheiratet. 1927 erhielt die Tochter Maria Seel den Besitz im Wert von 17.000 RM einschließlich 1000 RM für Bewegliches überlassen, sie heiratete im gleichen Jahr den Malermeister Josef Lamprecht. Durch Erbfolge erhielt die uneheliche Tochter Josefa Seel, Hausangestellte, das Haus.

Haus No. 1/9
ehemals Gleißenbachstraße 1

Haus No. ½
Gleißenbachstraße 7

Haus No. ½ in den 1960er-Jahren

Haus No. 1/9, 1930

1909 kaufte Christiana Buß, geb. Weinland, für 200 Mark einen Bauplatz, der bis dahin als Garten zu Haus No. 10 gehört hatte. Ein Wohnhaus wurde erst 1930 errichtet. Ab 1942 war das Anwesen im Besitz von Maria Weinland, Kaufmannswitwe, und Tochter Uta Weinland. Es wurde nach dem Zweiten Weltkrieg abgerissen, nachdem es durch Bombenschäden unbewohnbar geworden war.

Das alte, verfallene Haus stammte aus dem Jahr 1918, erbaut als Einfirsthof von Josef Ulmann. Die Landwirtstochter Maria Ulmann erhielt das Anwesen 1951 im Wert der Gegenleistungen zu 750 DM übergeben. Wegen Baufälligkeit war es seit 1970 unbewohnbar und wurde 2000 eingerissen.

Haus Gleißenbachstraße 12

Haus Gleißenbachstraße 12, um 1930

Aus dem Protokoll vom 23. Januar 1922 geht hervor, dass der Gemeinderat Daglfing gewillt war, an den Invaliden Heinrich Ulmann 40 Dezimale in Johanneskirchen abzutreten und zwar zum Preis von 50 Mark per Dezimale. Er verpflichtete sich, den Grund für die Dauer von zehn Jahren nicht zu veräußern. Das Wohnhaus mit Kraftwageneinstellraum wurde bis 1930 errichtet. Das Anwesen ersteigerte 1932 die Stadt München für 7000 RM, später wurde es als Baustofflager genutzt. 2014 verkaufte die Stadt München das inzwischen schon baufällig gewordene Gebäude an den Meistbietenden, der es mittlerweile saniert.

Haus Mirabellenweg 1

Häuser Mirabellenweg 1, 3 und 5, um 1950, mit Dorfweiher und Johanneskirchner Straße im Vordergrund

1926 kauften Kaspar und Ottilie Westermayr, Maurerseheleute, ein 0,046 Hektar großes Gartenland für 800 RM von den Revierjägersehegatten Josef und Marie Hackner. Im gleichen Jahr wurde mit dem Bau eines Einfamilienhauses begonnen, das heute noch, durch Umbauten verändert, dort steht.

Haus Gleißenbachstraße 20

Gleißenbachstraße 20, 2001

Haus Mirabellenweg 3

Haus Mirabellenweg 3, 1994 kurz vor dem Abriss

Am 11. Juni 1928 erhielten Martin Schuller, Hilfsarbeiter, und Maria Griebl, geb. Schuller, Hilfsarbeitersehefrau, von ihrer Mutter ein Grundstück im Wertanschlag von 300 RM unentgeltlich überlassen. Das heutige Wohnhaus wurde 1928 gebaut.

1930 kauften die Eisenhoblerseheleute Simon und Therese Mooser um 350 RM einen Baugrund mit

0,032 Hektar. Im gleichen Jahr bauten sie sich ein kleines Einfamilienhaus mit einem Pumpbrunnen im Haus. 1934 wurde Therese Mooser Alleinbesitzerin des Anwesens, sie tauschte es 1959 mit Friedrich und Barbara Eiba, Metzgermeisterseheleute in Daglfing. Das Haus wurde nach 1994 abgerissen und ein Neubau errichtet.

Haus Mirabellenweg 5

Haus Mirabellenweg 5, um 1930

Auf dem östlichen Teil des »Birnbaum«-Geländes baute sich der Ökonom Franz Wiesheu, Hausbesitzer in Oberföhring, um 1923 einen Bauernhof, bestehend aus Wohnhaus, Stall und Stadel. 1963 erbte die Witwe Maria Wiesheu das Anwesen. Anfang der 1990er-Jahre wurde ein neues Wohnhaus errichtet.

Haus Wacholderweg 4a

Haus Wacholderweg 4a, 2001

1928 erhielt die Landwirtstochter Katharina Kreuzmair Baugrund mit 0,411 Hektar im Werte von 3000 RM. Um das Jahr 1932 wurde das heutige Wohnhaus gebaut.

Haus Wacholderweg 6

Haus Wacholderweg 6, 1997

1937 kaufte die Wiede Acetylen GmbH 0,349 Hektar Grund um 7000 RM von Josef Glasl. Das Wohnhaus wurde 1938 gebaut.

Haus Wacholderweg 8

Blick in den Wacholderweg mit den Hausnummern 12 (links), 10 und 8 (rechts), 1997

1928 baute Wilhelm Thurner, Futtermeister in Daglfing, auf seinem Grund ein neues Wohnhaus. 1930 wurde sein gesamter Besitz versteigert, Haus Wacholderweg 8 erhielt um das Meistgebot von 15.000 RM Otto Gall, Kaufmann in Paris. 1933 ersteigerte Wilhelm Scheller, Eierhändler in München, Oberföhringer Straße 9½, das Haus um 12.000 RM. 1941 erbte der Witwer Wilhelm Scheller das Anwesen, 1951 Maria Scheller, geb. Thalhammer.

Haus Wacholderweg 10

1930 ersteigert Otto Gall, Kaufmann in Paris, das Haus um das Meistgebot von 13.500 RM. Es wurde 1928 von Wilhelm Thurner erbaut. Bei der Zwangsversteigerung 1932 erhielt die Bayerische Beamtenversicherungsanstalt den Zuschlag um 9000 RM. Die Werksmeistersgattin Maria Glockshuber kaufte das Anwesen 1936 um 12.500 RM. Das damalige Haus wurde nach 1995 durch einen Neubau ersetzt.

Haus Wacholderweg 12

Haus Wacholderweg 12, Abriss 2014

Das 1928 erbaute Haus wurde 1932 von Otto Gall, Kaufmann aus Paris, um 13.000 RM ersteigert. Später kauften es die Bäckermeisterseheleute Georg und Anna Pils aus Englschalking, danach die Kaufmannseheleute Georg und Cäzilie Kräutlein jeweils um 12.500 RM. 1940 erbten den Hälfteanteil von Georg Kräutlein die Witwe und die Kinder. Im Haus befand sich bis ungefähr 1970 ein Milchgeschäft. Im Juli 2014 wurde das Gebäude abgerissen und bald darauf ein Neubau errichtet.

Ansichtskarte von Johanneskirchen; um 1930 (unten in der Mitte die Häuser am Wacholderweg, ohne Nr. 6)

Häuser Wacholderweg 14 und 16

Die Häuser Wacholderweg 14 und 16, vorher Rambaldistraße 62, wurden 1932 erbaut. Besitzer waren Ruperta, Annemarie und Leopold Zahnbrecher, Syndikuskinder, zu je einem Drittel. Am 8. Februar 1941 kauften Johann und Maria Laxhuber, Kaufmannseheleute in München, beide Häuser für 20.000 RM. Der Besitz ging 1943 um 30.000 RM an Otto und Anna Kruger, Jugendlerseheleute in München, über. Der Kaufmann Ludwig Bauer aus Landberg/Deggendorf kaufte 1953 die Anwesen für 17.000 DM.

Haus Wacholderweg 18

Haus Wacholderweg 18, 1997

Am 16. Juli 1931 verkaufte die Bayerische BeamtenversicherungsAnstalt aus Haus No. 2 einen Stallteil mit zwei Hofraumstreifen und Garten je zur Hälfte an Anna Solbrig und Ludwig Gruber für 2000 Mark. Dieser Stallteil und drei weitere Stallteile (Plannummern 770 1/6 bis 770 1/9) dienten den Arbeitern des Arbeitsdienstes, die beim Bau der Zahnbrechersiedlung eingesetzt waren, ab 1933 als Unterkunft. Im Oktober 1932 beantragte die Ein- und Verkaufsgenossenschaft der Siedlung München-Johanneskirchen eGmbH, vertreten durch die Vorstandsmitglieder Franz Xaver Zahnbrecher, Schriftsteller, und Stefan Drechsler, Kaufmann, beim Gewerbeamt eine Konzession zum Betrieb einer Arbeiterkantine mit der Erlaubnis, Bier und alkoholfreie Getränke auszuschenken. Das Gesuch wurde im Oktober 1932 mit der Begründung abgelehnt,

[…] dass man die einfachsten hygienischen Forderungen ausseracht lassen kann. Ein Raum (mit circa 124 Quadratmetern), der 50 Personen als Schlafraum dient, erscheint keineswegs geeignet, gleichzeitig auch als Kantinenraum zu dienen. Durch das tägliche Zusammenrollen der Strohsäcke, was – um Raum zu gewinnen – unbedingt notwendig ist, wird derart Staub aufgewirbelt, dass es sicher auch für den weniger Empfindlichen keineswegs eine Annehmlichkeit sein dürfte, in diesem Raum sein Frühstück einzunehmen. Da in den Abendstunden mit einer grösseren Belegung dieses Raumes, durch Abhaltung geselliger Zusammenkünfte und von Vorträgen zu rechnen ist, kann den Insassen des Raumes nicht zugemutet werden nach Beendigung dieser Veranstaltungen in der von Rauch und sonstigen Gerüchen geschwängerten Luft auch noch die Nacht zu verbringen. Die Forderung eines eigenen Kantinenraumes, der ausschließlich nur Wirtschaftszwecken dient, ist daher unerlässlich.

Im Januar 1933, nachdem man den Bedarf der Arbeiterkantine anerkannte, erhielt man die Erlaubnis, die in einer ehemaligen Stallung sowie zehn Wohnräumen im benachbarten Doppelhaus untergebrachten Arbeitskräfte mit Mahlzeiten und Getränken zu versorgen. Schon im August stellte die Genossenschaft den Kantinenbetrieb wieder ein, da die Räume zur Unterkunft des Arbeitsdienstes dienten. Das Lager, geleitet und versorgt vom Lagerführer Hagstolz, durfte nur von den Angehörigen des Arbeitsdienstes, damals 80 Mann, betreten werden.

Die Landwirtseheleute Centa und Hans Oppenheimer kauften 1936 um 2500 Mark die Stallgebäude. Die Plannummern wurden verschmolzen und auf Plan-No. 770 1/9 eine Wohnung eingebaut. Das Anwesen wurde als kleiner Bauernhof genutzt, dazu gehörten ein paar Kühe, Schweine und ein Pferd zur Feldarbeit.

Kapitel 4
Handel, Handwerk, Industrie, Gasthäuser

Gewerbebetriebe in Johanneskirchen – einst und jetzt

Wie in fast jedem Dorf gab es auch in Johanneskirchen Kleinhäusler die mit einem zusätzlichen Gewerbe angemeldet waren. Seit Jahrhunderten gab es einen Schmied, erwähnt erstmals 1618 im Dorf am Gleißenbachweg 14. Die Geschichte des Schlossereibetriebs am Bichlhofweg geht zurück auf das Jahr 1898, als der Wagnermeister Georg Sondermayer sich den Bauplatz kaufte und ein Wohnhaus mit Schmiedewerkstatt errichtete. Sein Sohn, der Huf- und Grobschmied Max Sondermayer, übernahm 1903 den Betrieb. Der spätere Hof »Beim Schuster« wurde 1639 vom Zimmermeister Caspar Märkl bewohnt, etwa 100 Jahre später lebte dort die Schuhmachersfamilie Schräll, die im Besitz einer so genannten Schuhmachersgerechtigkeit war. Der Schuhmacher Johann Lipp zog 1863 nach Johanneskirchen; seine Nachfahren betrieben hier bis Mitte des 20. Jahrhunderts eine Schusterei. Der Hausname »Beim Schneidermann« besagt, dass hier das Schneiderhandwerk betrieben wurde. Balthasar Eder wird erstmals 1618 als Schneider von Johanneskirchen erwähnt. Die Sölde »Beim Weber« bewohnte oder gehörte 1618 dem Hofmarksamtmann Caspar Glößl. Erst 1671 kaufte ein Weber, Hans Angermayr, den Hof. Mit der Ansiedlung der Ziegeleien meldeten einige Bauern eine Nebentätigkeit als Betreiber eines Ziegellohnfuhrwerks beim Gewerbeamt an. An der Rambaldistraße siedelte sich 1904 eine Wäscherei und ab 1929 eine Fabrik zur Herstellung von Acetylengas an. Die Baufirma Johann Mörtl machte sich schon vor 1945 in Johanneskirchen ansässig.

Spätestens nach 1945 gab es Ideen, nordwestlich des Dorfs und östlich der Bahnstrecke ein Gewerbegebiet anzusiedeln. Vorteilhaft war hier der bereits vorhandene Anschluss an die Güterbahnstrecke. Außer der Ziegelei Baur befand sich Ende der 1960er-Jahre ein Kühlhaus und das Betonwerk B. Rentsch KG an der Musenbergstraße.

Das als »Gewerbezentrum Johanneskirchen«, zusammen mit der Wohnsiedlung auf dem ehemaligen Gelände der Ziegelei Baur, vom Bauträger »Bera« errichtete Gebäude an der Musenbergstraße 30, erwarb 1977 das Berufsbildungswerk für Hörgeschädigte.

Kurzzeitig war an der Bahnstrecke/Musenbergstraße auch die Errichtung eines Containerbahnhofs im Gespräch. Beim Raumordnungsverfahren von 1980 war auch der Standort Johanneskirchen in die Planungen miteinbezogen. Gebaut wurde der Containerbahnhof dann aber von 1989 bis 1992 auf Riemer Grund.

Die Ziegeleien

Während der Gründerzeit, also in den Jahren um 1870 bis zum Ersten Weltkrieg 1914, blühte durch das große Wachstum Münchens das Ziegeleigeschäft so, dass fast jeder größere Bauer seine eigene Ziegelei errichtete. Unter Leitung eines Ziegelmeisters (auch Ziegeleiakkordant genannt) arbeiteten (meist italienische) Saisonarbeiter und Einheimische in den Ziegeleien.

Die ersten Feldziegeleien standen in Haidhausen. Nach dem Abbau der dortigen Lehmschicht wanderten diese Ziegeleien immer weiter nach Norden. Die Feldziegeleien waren von Mai bis November in Betrieb, da die Ziegelrohlinge bei Temperaturen über dem Gefrierpunkt für circa zehn Tage trocknen mussten. Das Herstellen der Rohlinge war reine Handarbeit. Der Lehm wurde abgebaut, gemischt und in den »Modeln«

geformt. Die Model waren aus Holz oder Eisen, ein geschickter Arbeiter formte in zehn Arbeitsstunden etwa 3000 Ziegel. Die Ziegel wurden auf die Trockenbretter gelegt und zum Trocken in die Trockenstadel gebracht. Gebrannt wurde direkt neben der Lehmgrube auf dem Feld, in sogenannten Feldbrandöfen.

Die ersten mechanischen Streichmaschinen formten mit einer Leistung von sechs bis acht Pferdestärken etwa 2500 Ziegel in der Stunde. Seit 1880 wurde im Ringofen gebrannt, als Brennmaterial wurde Holz, Steinkohle, Koks oder Torf verwendet. Zu Beginn des 20. Jahrhunderts ging die Aufbereitung und Formung der Ziegel maschinell vonstatten.

Überblick über die Ziegeleien in Johanneskirchen

Auf Johanneskirchner Grund befanden sich fünf Ziegeleien. Um 1900 waren circa zehn Fuhrunternehmen oder Lohnfuhrwerke aus Johanneskirchen für den Ziegeltransport angemeldet. Gezogen wurden die Fuhrwerke von Pferden oder Ochsen. Für die Anstellung und Unterbringung der Saisonarbeiter hatten die Ziegeleibesitzer seit Anfang des 20. Jahrhunderts einige Auflagen zu beachten, wie zum Beispiel den Bau von geeigneten Unterkünften.

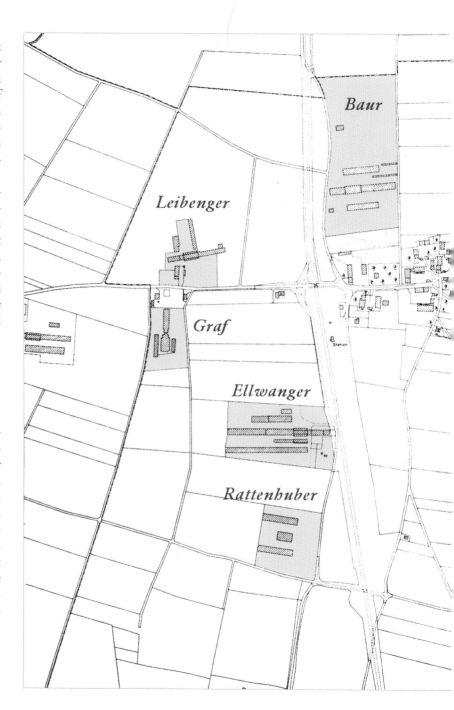

Die Johanneskirchner Ziegeleien, um 1900

Das Bezirksamt München führte in den Ziegeleien Kontrollen über die Ausführung der Bestimmungen der Gewerbeordnung durch. Hierbei ging es auch um die Arbeitszeiten für die Arbeiterinnen und die jugendlichen Arbeiter. Die Arbeitszeit für Jungen im Alter von 14 bis 16 Jahren begann um 5 Uhr in der Früh und dauerte bis 6 Uhr abends, mit drei Pausen dazwischen.

Bei einer Revision am 27. Juni 1901 in der Ziegelei von Michael Leibenger wurden folgende Gesetzwidrigkeiten und Übelstände angezeigt:

1. *In dem Verzeichnis über die vorgenommenen Sonntagsarbeiten ist auch die Arbeitsdauer der Brenner während der Nachtzeit von XII – 6 Uhr Früh und von VI – XII Nachts einzutragen. Die Freizeit der Brenner muß für den zweiten Sonntag mindestens von 6 Uhr Früh bis VI Uhr Abends dauern.*
2. *Arbeitsbücher sind beim Eintritt vom Arbeitgeber einzutragen (§111 Gewerbeordnung).*
3. *Die Arbeitsordnung ist an geeigneter, allen Arbeitern zugänglicher Stelle auszuhändigen.*
4. *Die Arbeitsordnung ist den Arbeitern zu behändigen.*
5. *Das Verzeichnis der Jugendlichen ist richtig zu stellen.*
6. *Die regelmäßige tägliche Arbeitszeit für junge Leute darf nur 11 Stunden, an den Vorabenden für Sonn- und Festtage nur 10 Stunden betragen.*

Dieser Bericht, den der königliche Fabriken- und Gewerbeinspektor schrieb, wurde an den Bürgermeister von Daglfing geschickt. Dieser sollte sich persönlich davon überzeugen, ob der Ziegeleibesitzer diese Übelstände abgestellt hat und einen Befund darüber an das Bezirksamt München senden.

Die Verpflegung der Arbeiter erfolgte zum Teil in fabrikeigenen Kantinen. So stellten zum Beispiel 1894 die Ziegeleibesitzer Gottfried Graf und Lorenz Spitzweg (Haus No. 13½), 1901 Michael Leibenger (Haus No. 20) und 1905 Joseph Ellwanger (Haus No. 21) Anträge zum Betrieb einer Kantine. Trotz Nachweises des Bierkonsums wurde dem Ziegeleibesitzer Gottfried Graf die erbetene Konzession versagt – wegen eines Eintrags im Strafregister.

Nachdem Ende der 1960er-Jahre alle Lehmvorräte in der Gegend um Johanneskirchen abgebaut waren, stellten auch die Ziegeleien ihren Betrieb ein.

Lehmabbau an der Johanneskirchner Straße in den 1960er-Jahren

Ziegelei Baur
Musenbergstraße 34

1896 kauften die Ziegeleibesitzersehegatten Anton und Klara Baur aus Denning Ackergrund in Johanneskirchen, und 1897 den »Schererhof«, Haus No. 13. 1898 errichten sie nördlich des alten »Schererhofs« eine Ziegelei, bestehend aus »Ziegelofen, Trockenstadel, Trockenraum und Heustadel«. 1900 übergab die Witwe Klara Baur die Ziegelei und das damalige Hauptanwesen Haus No. 13 mit 19.500 Mark Immobilienwert an ihren Sohn Anton. Dieser baute sich 1901 östlich des alten »Schererhofs« eine Villa, die die Hausnummer 12½ erhielt.

Zum Anwesen gehörte ein »Wohnhaus, Hofraum, Blumen- und Ziergarten«. 1913 gab es dort auch eine Almhütte und einen Springbrunnen im Garten. 1926 schloss Anton Baur mit Marie, geb. Mühlbacher, allgemeine Gütergemeinschaft. Anton Baur beschäftigte

Verkaufspreise beziehungsweise Leistungsäquivalent diverser Baumaterialien													
	1900	1901	1902	1903	1904	1905	1906	1907	1908	1909	1910	1911	1912
	ℳ	ℳ	ℳ	ℳ	ℳ	ℳ	ℳ	ℳ	ℳ	ℳ	ℳ	ℳ	ℳ
1 Doppelfuhre Sand = 2 cbm	6.80	6.80	7.—	7.—	7.—	7.—	7.—	7.40	7.40	7.40	7.40	7.50	7.50
1 Doppelfuhre Schutt = 2 cbm	2.80	2.80	2.80	2.80	3.—	3.—	3.—	3.20	3 40	3.40	3.40	3.50	3.50
1 Doppelfuhre Betonkies = 2 cbm	3.50	3.50	3.50	3.50	4.—	4.50	5.20	5.50	6.—	5.80	6.—	6.50	6.50

Arbeitslöhne der bei der Ziegelfabrikation beschäftigten Arbeiter								
Jahrgang			Jahrgang	Tagelöhne der deutschen Arbeiter		Akkordlöhne		
	ℳ			männlich	weiblich	männlich	weiblich	
1900	8.25—8.80	Akkordlöhne für je 1000 Stück gebrannte Steine an italienische Arbeiter	1900	2.80	2.00	3.50—5 50	2.40—3.00	laut Tarifverträgen
1905	8.50—9.—		1904	3.20	2 00	4.00—6.00	2.50—3.20	
1907	10.75—11.50		1906	3.50	2.20	4.50—6.50	2.80—3.40	
1909	12.00—13.00		1908	3.70	2.20	4.50—6.50	2.80—3.40	
			1910	4.20	2.50	5.00—7.25	3.00—4.00	

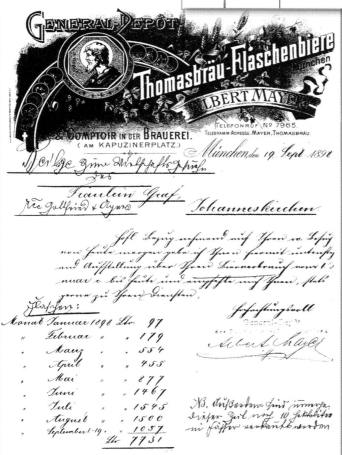

oben: Arbeitslöhne der Ziegeleiarbeiter, 1912

links: Rechnung Wirtschaft Gottfried Graf, 1898

auch einige Johanneskirchner als Hausangestellte und war im Dorf für seine große Sparsamkeit bekannt.

Wie in allen anderen Ziegeleien im Münchner Nordosten beschäftigte Anton Baur italienische, Fremdarbeiter. 1900 waren es 89. Die meisten Italiener kehrten mit Ausbruch des Ersten Weltkriegs in ihre Heimat zurück. Die Ziegeleibesitzer ließen sie aber nur sehr ungern ziehen, da die Italiener eine bessere Arbeit leisteten als ihre deutschen Kollegen. Noch 1920 durften von Regierungsseite her die Italiener auch nur verbleiben, wenn ein »unabweisbares wirtschaftliches Bedürfnis« bestand und ein Ersatz durch einheimische Arbeitskräfte nicht erfolgen konnte. Der seit 1913 in der Ziegelei Baur beschäftigte Eugen Saria war 1920 der einzige, dort noch gemeldete Fremdarbeiter; 1916 arbeiteten für Anton Baur noch sieben Italiener. In der *Münchner Post*, beklagte man sich 1920 darüber, dass in den Ziegeleibetrieben italienische Arbeiter Beschäftigung finden und den deutschen Arbeitern dadurch die Arbeitsgelegenheit genommen würde. Aufgeführt wurde, neben anderen Ziegeleien, die Ziegelei Moll in Unterföhring und die Ziegelei Baur. In den 1930er-Jahren brachte die deutsch-italienische Freundschaft dann wieder Zuwachs an italienischen Ziegelarbeitern.

Bis zu fünf Millionen Mauersteine konnten 1938 in der Baur'schen Ziegelei produziert werden. Sie waren für den Münchner Wohnungsbau dringend nötig. Doch mit Beginn des Zweiten Weltkriegs fehlten immer mehr Arbeiter, auch für die Ziegelindustrie. Im Oktober 1942 wurden in München acht Mauersteinwerke stillgelegt mit der Maßgabe, dass die frei werdenden Arbeitskräfte in der Dachziegelindustrie eingesetzt würden. Der Bedarf an Dachziegeln nahm durch die Luftangriffe auf die Städte zu, Baumaßnahmen fanden zu der Zeit nur in der Rüstungsindustrie (und am Obersalzberg) statt. Die Firmen Lorenz Haid und Lorenz Hartl in Oberföhring und Karl Ellwanger in Englschalking erhielten im Oktober 1942 die Anordnung, weitere Rohproduktionen zu unterlassen. Nur vorhandene Rohlinge durften noch gebrannt werden und die freigewordenen Arbeiter mussten sofort dem Arbeitsamt gemeldet werden. In der Ziegelei von Anton Baur, die dank »kriegsentscheidender Fertigung« noch in Betrieb war, arbeiteten Anfang Mai 1943 weiterhin 14 Italiener. Doch viele italienische Fachkräfte – die meisten arbeiteten als Brenner am Ofen – waren 1943/1944 nicht mehr nach Deutschland zurückgekehrt. Ihre Arbeit war nur schwer durch Kriegsgefangene oder sogenannte »Ostarbeiter« zu ersetzen. In den Berichten über die Wirtschaftslage im Juni 1943 rechnete man damit, dass eine ganze Anzahl Ziegelwerke zum Erliegen kommen würde. Im Februar 1943 sah man noch »mit Interesse dem Erfolg der neuen Maßnahmen zum Einsatz von älteren Männern und von Frauen entgegen«.

In den 1960er-Jahren gingen die Lehmvorräte in der Nähe der Ziegeleigebäude zur Neige. Anton Baur war gezwungen, von weiter her Lehm zu seiner Ziegelei zu transportieren. Für das Lehmausbeutungsgebiet Oberföhring, Unterföhring und Johanneskirchen lag noch 1961 ein Regierungsbeschluss vor, der die gesamten Lehmfelder als Industriezulieferungsgut sicherstellte.

rechts: Die Ziegelei Baur aus der Luft, Mitte der 1950er-Jahre
unten: Kamin und Trockenstadl gelände Ziegelei Baur, 1961

Wurde ein Grundstück einer anderen Nutzung zugeführt, sollte unter allen Umständen der Lehm vorher abtransportiert werden. Durch den Transport wurden aber die Straßenzüge, Rambaldistraße und Johanneskirchner Straße, dermaßen verschlammt, dass der Lehm zentimeterdick auf den Straßen liegen blieb. Man versprach, die Straßen sauber zu halten, damit der Lehmausbeute nichts im Wege stehen konnte. Den angelieferten Lehm schüttete man in einen Lehmsilo, der in Form einer Grube angelegt, die Ausmaße von circa 38 Meter Länge, 6 Meter Breite und 2,5 Meter Tiefe hatte.

Beim Lehmabbau fand man 1957 auf dem Gelände der Ziegelei ein Feuersteingerät und ein durchbohrtes Steinbeil aus einer steinzeitlichen Siedlungsstelle.

1957 übergab die Witwe Marie Baur die Anwesen No. 12½ und 13 an ihren Sohn Anton Baur. 1959 ließ dieser noch eine neue Trocknungsanlage – statt der bisherigen Freilufttrocknung – für die Ziegelrohlinge errichten, um seine Produktionsmenge zu erhöhen. Laut einem Schreiben im März 1961 lieferte das Ziegelwerk Baur über das Verkaufsbüro der Bayerischen Ziegel G.m.b.H seine Produkte hauptsächlich an den sozialen Wohnungsbau der Stadt München.

Die Ziegelei war bis 1964 in Betrieb.

oben: Arbeiter der Ziegelei Baur, um 1960

Mitte: Die neuen Trockenstadel der Ziegelei Baur, 1961

unten: Die Reste der Ziegelei Baur mit dem Wohnhaus für die italienischen Arbeiter, erbaut 1901 und das ehemalige Kühlhaus Musenbergstraße / Johnneskirchner Straße, Anfang der 1970er-Jahre (ganz rechts)

Ziegelei Leibenger
Haus No. 20, Bichlhofweg 8 (vorher Johanneskirchner Straße 115)

1889 baute Michael Leibenger, Bauer aus Berg am Laim, sich hier ein »Wohnhaus mit Stall und Stadel unter einem Dache, Ziegelbrennofen und 3 Trockenstadel«. Der Grundbesitz umfasste über 20 Tagwerk. Am Anfang wurden in der Ziegelei jährlich 1.200.000 Steine hergestellt; es arbeiteten durchschnittlich 47 Arbeiter in der Saison. Im April 1889 wurde das erste Gesuch von Michael Leibenger um eine Wirtschaftskonzession abgewiesen mit der Begründung, dass kein Bedürfnis besteht. Das im September gestellte Gesuch war »zu begutachten«.

Aus dem Protokoll zum Gesuch des Ziegeleibesitzers Michael Leibenger um Erteilung einer Konzession zum Kantinenbetrieb in seinem Anwesen Haus No. 20:

1. Oktober 1901
1. *[...] da gegen den Nachsuchenden Thatsachen nicht vorliegen, welche die Annahme rechtfertigen, daß er das Gewerbe zur Förderung der Völlerei, des verbotenen Spieles, der Hehlerei oder der Unsittlichkeit mißbrauchen werde,*
2. *da das zum Betriebe des Gewerbes bestimmende Lokal hinsichtlich seiner Beschaffenheit und Lage den polizeilichen Anforderungen genügt, und*
3. *da ein Bedürfnis zur Errichtung einer Kantine für die Arbeiter der Leibenger'schen Ziegelei bei der Entfernung dieses Anwesen von der nächsten Gastwirtschaft – die ungefähr 500 m beträgt – gegeben erscheint.*

1902 erhielt Michael Leibenger die Konzession. Den Betrieb übernahmen 1903 sein Sohn Josef Leibenger und seine Braut Josefa Wagner. Folgende Umbauten wurden vorgenommen: Waschhaus und Holzlege und ein Arbeiterschlafraum, später kam noch eine Werkzeugkammer und Abort sowie für die Arbeiter eine Küche, Abort und Brunnen dazu. Laut Kataster ist die Ziegelei 1929 eingerissen worden. 1943 erbte die Bauerswitwe Josefa Leibenger den Besitz zum Alleineigentum, und vermachte ihn 1960 an ihre Kinder Anna, Maria und Josef Leibenger.

Gewerbliche Nutzung des Leibenger- und Barackengeländes:
Auf einem Teil des Grundstücks wurde Ende der 1930er-Jahre ein Barackenlager für Zwangsarbeiter, die für die Reichsbahn arbeiten mussten, eingerichtet. Nach Ende des Zweiten Weltkriegs verpachtete Josef Leibenger das ehemalige Barackengelände an der Johanneskirchner Straße 119–121 mit den Ausmaßen von circa 80 Meter auf 200 Meter.

Die Firma Kuhn & Sohn stellte im November 1945 den Antrag auf Errichtung einer Knochenmühle und beantragte, eine dafür bereits von der Militärregierung zugewiesene Baracke, einen Lagerschuppen und eine Garage auf dem Gelände des ehemaligen Reichsbahnlagers aufstellen zu dürfen. Im März 1946 wurden die Pläne genehmigt, da der Betrieb einer Knochenmühle zur Herstellung von Düngemittel als notwendig erschien. Inwieweit diese Firma ihr Bauvorhaben realisierte, ist nicht bekannt, da sie schon im April 1946 nach Zusmarshausen umzog.

Über den Zustand des Geländes erfährt man aus einem Schreiben des Referats für Stadtplanung von 1946 Folgendes:

Das Grundstück liegt nach dem neuen, in Ausarbeitung befindlichen Wirtschaftsplans in der landwirtschaftlichen Nutzungsfläche. Ob hier noch einmal mit der Eröffnung eines größeren Industriegebietes, wie es früher vorgesehen war und wie es die heute in Wegfall gekommenen Reichsbahn-Planungen in diesem Raume angebahnt hätten, zu rechnen ist, erscheint sehr fraglich. Ein baldiger und allgemeiner Ausbau kommt wegen der großen noch nicht ausgeziegelten Flächen keinesfalls in Betracht.

Das Gelände des vorliegenden Baugesuches ist

heute ein Durcheinander von Bauresten und halbfertigen Hütten, dessen im Interesse des Landschaftsbildes wünschenswerte Bereinigung nur im Zuge einer neuen Verwertung denkbar ist. Die Errichtung einer Knochenmühle, die sowieso etwas abgelegen sein soll, kann daher auf diesem außerhalb des heute bebauten Gebietes liegenden Grundstückes, das Kraft-, Licht, und Wasseranschluss aufweist, vom Standpunkte der Stadtplanung aus vertreten werden. […] Die baulinienmäßig vorgesehene Verbreiterung der Straße auf 10 m ist jedoch in diesem Teil der Johanneskirchner Straße, wo es sich um eine hübsche Alle von etwa 6 m Breite auf einem etwa 3 m hohen Damm handelt, nicht durchführbar und auch nicht notwendig, da eine künftige Verkehrsstraße von Oberföhring nach Johanneskirchen weiter südlich verlaufen soll.

Als nächster Interessent meldete sich die Firma Strunz, Holzbauwerk Rehau, die in München seit 1946 ansässig war. Nach längeren Verhandlungen für die Zulassung des Bauvorhabens, nutzte sie ab 1948 die vorhandenen Fundamente für neue Baracken, Werks- und Lagerhallen. Die Firma stellte zerlegbare, transportable Holzhäuser, Hallen und Barackenbauten sowie Fenster, Türen und Treppen her, also alles das, was in der damaligen Zeit mit der herrschenden Wohnungsnot hoch begehrt war. So beantragte Heinrich Strunz im Frühjahr 1948 den Bau eines Bürogebäudes, einer Waschküche und eines Unterstellraums auf vorhandenem Fundament (dort befand sich der Luftschutzkeller). Zur Begründung gab er an:

9 Familien benötigen dringend eine Waschküche. Für Kraftwagen fehlt auf dem Werkgelände jede Unterstellmöglichkeit, bei Anfahrten zur Überwachung und Auftragsverhandlungen.

In den drei Baracken (6 Meter auf 20 Meter) lebten zu der Zeit wohl neun Familien, die Arbeiter mit ihren Angehörigen. Auf eine vorhandene betonierte

Werbe-Handzettel der Firma Struntz, 1948

Holzhaus Ecke Johanneskirchner Straße / Freischützstraße, 1996

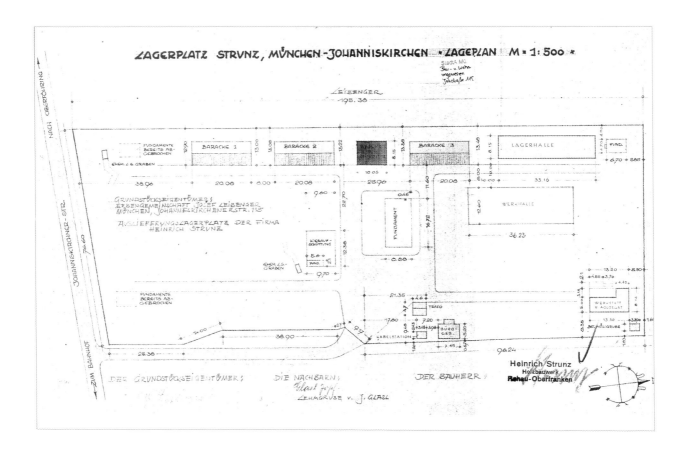

Umfassung eines Luftschutzstandes setzte man im gleichen Jahr eine neue Kabelstation und es gab sogar eine Müllgrube auf dem Gelände.

Bis Mitte der 1990er-Jahre stand an der Ecke Bichlhofweg / Freischützstraße noch ein Holzhäuschen und es waren noch Reste von Zugängen zu Luftschutzanlagen zu sehen. Von all diesen Bebauungen ist heute nichts mehr zu erkennen, die Natur hat sich das Gelände wieder zurückerobert.

Ziegeleien von Graf, Spitzweg und Weber
ehemals Johanneskirchner Straße 110

Unter Hausnummer 13½ betrieb Gottfried Graf eine Ziegelei, die er 1876 von Maria, Adelheid und Anton Kobler für 10.629 Mark gekauft hatte. In der Ziegelei wurden produziert:

1888	700 000 Steine
1891	1 000 000 Steine
1892	400 000 Steine
1897	400 000 Steine (18 Arbeiter)

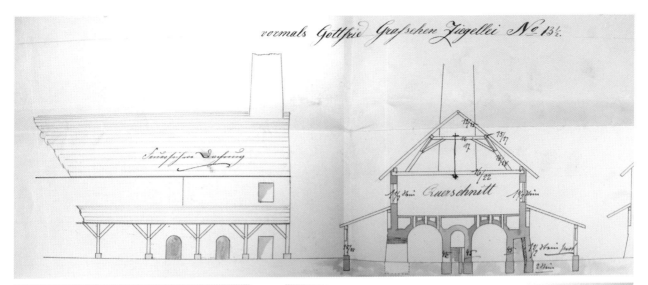
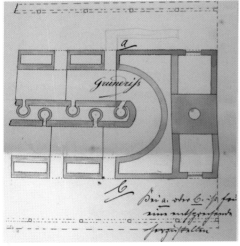
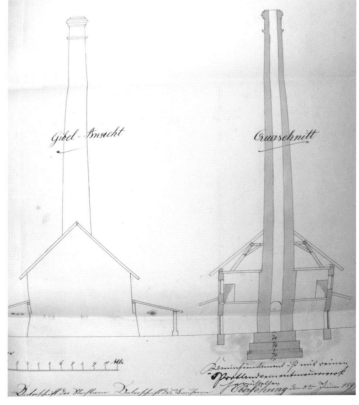

Planauszug mit Ringofen-Gebäude und Kamin,
Ziegelei Gottfried Graf, 1899

Handel, Handwerk, Industrie, Gasthäuser

In einem Verzeichnis der Neubauten⁴⁴ war 1893 auf No. 13 ½ ein Wohnhaus eingetragen. Ab 1894 stellten Gottfried Graf und später sein Sohn Albert Graf mehrere Gesuche für eine »Concession zur Wirtschaftsausübung« (Betrieb einer Kantine).

1898 wurde der Besitz geteilt in:

13 ½: Wohnhaus mit Wirtslokalitäten und Grasgarten und

13 ⅓: Trockenstadel, Ringofen und Ziegelstadel.

Besitzer von No. 13 ½ blieb Gottfried Graf, während die Ziegelei mit 3,7 Hektar Grund für 11.500 Mark an Lorenz Spitzweg und Franz Weber verkauft wurde.

Ziegelei Hausnummer 13 ⅓:

Franz Xaver Weber aus St. Emmeram bei Oberföhring und Lorenz Spitzweg stellten 1899 ein Gesuch, die baufälligen Teile der Weber'schen Ziegelei neu errichten zu dürfen, am 1. Februar 1899 wurde der Plan zur Erbauung eines Kamines und einer Ofenverlängerung eingereicht. Pläne Juni 1903: Anbau an den Trockenstadl als Unterkunft für die 32 italienischen Arbeiter. Für je fünf Schlafgäste musste ein Waschgeschirr zur Verfügung gestellt werden. Weitere Bedingungen waren: Die Höhe der Räume sollte mindestens 2,75 Meter betragen, die Wände und Decken mit einem glatten Verputz und Anstrich versehen, die Fenster zum Öffnen und eine Kochgelegenheit vorhanden sein. Die Ziegelei war bis 1904 in Betrieb.

Wohnhaus Hausnummer 13 ½:

Das Wohnhaus behielt Gottfried Graf und baute 1899 einen Stall sowie eine Remise.

1911 kaufte die Privatierswitwe Amalia Holzapfel aus München das Wohnhaus für 13.000 Mark, 1912

erwarben es als »Miteigentümer je zur Hälfte« die Gendarmeriewachtmeisterseheleute Konrad und Maria Hofmann. 1920 wurde der Landwirt Josef Geiselhart aus Johanneskirchen, für 40.000 Mark einschließlich 13.000 Mark für Bewegliches neuer Besitzer. Noch im gleichen Jahr verkaufte er das Anwesen an die Privatiersheleute Johann und Katharina Stegmüller um 58.000 Mark.

Im April 1921 wurde das Haus von Josef Buchwieser, Realitätenbesitzer in Riedelsbach, für 65.000 Mark gekauft. 1932 wurden die Geschwister Michael Lenz, Lagerhausverwalter, und Josefine Schneider, Spenglermeisterswitwe, für 15.000 RM neue Besitzer. Die Gärtnersfamilie Weißkopf aus Zamdorf kaufte 1940 das Anwesen für 40.000 RM. Die Gebäude waren in den 1960er-Jahren heruntergekommen und stark reparaturbedürftig. 1968 gab es eine Baugenehmigung für die Münchner Grund/Südgrund für Wohnbauten mit Tiefgarage. Die Stadt München erwarb dann von der Erbengemeinschaft Weisskopf den Besitz und beantragte 1971 eine Abbruchgenehmigung, nach deren Erhalt im April 1972 die Abbrucharbeiten durchgeführt wurden. Mittlerweile ist das brachliegende Grundstück zu einem Biotop geworden.

Ziegelei Ellwanger
Haus No. 21, Freischützstraße 76/78

Die Geschichte der Ziegelei Ellwanger begann 1889, als der Ökonom Michael Seeholzer die ersten Gebäude – Wohnhaus mit Stallungen und Ziegelbrennofen mit Ziegelstadel – errichtete. Das Anwesen erhielt die Hausnummer 21 in Johanneskirchen, später Flaschenträgerstraße 85. 1889 produzierte er mit seiner Ziegelei schon jährlich 800.000 Ziegelsteine. Danach wurden folgende Veränderung vorgenommen: Verlängerung der Stallung und Waschhausanbau und Errichtung von zwei Zimmern im Heuboden. 1901 tauschte Seeholzer das Anwesen (Wohnhaus mit Stall und Stadel, Ziegelofen mit angebautem Trockenstadel, zwei freistehende

---

⁴⁴ Archivmaterial: [STAM-DGLF101]

Trockenstadel, Wurzgärtchen, Hofraum mit Brunnen) mit Willibald Polacek gegen dessen Haus in der Bazeillestraße 9 in München.

1902 wurde der Besitz für 70.000 Mark, inklusive 10.000 Mark für Mobiliar, von Josef Ellwanger, Realitätenbesitzer aus München, gekauft. Ellwanger errichtete ein Arbeiterwohnhaus und ersuchte im gleichen Jahr um eine Konzession zum Kantinenbetrieb auf seinem Anwesen. Die Ziegelei betrieb er bis zu seinem Tode im Jahr 1910. Den Besitz erbten seine Frau Anna Ellwanger und die neun Kinder. Die Ziegeleigebäude wurden bald abgebrochen, nur die Trockenstadel standen noch bis 1929.

Das Wohnhaus des alten Bauernhofs stand noch bis 2008 und war vom S-Bahn-Bahnsteig gut zu sehen. Dann musste es der neu errichteten Wohnanlage des Bauträgers MÜNCHENBAU weichen.

Das 1905 erbaute Arbeiterhaus (»Italienerhaus«) stand noch bis Anfang 2011 an der Freischützstraße, entkernt und ohne Dacheindeckung, aber mit großer Werbetafel für die neue Wohnsiedlung: »1- bis 5-Zi. Wohnungen! Verkaufsstart demnächst!«

Die Ziegelei Rattenhuber
Haus No. 26, ehemals Flaschenträgerstraße 59

Haus No. 26 war die 1899 errichtete Ziegelei von Franz und Karolina Rattenhuber, wohnhaft in Englschalking. 1912 übernahmen deren Kinder Ernst und Walter Rattenhuber je zur Hälfte die Ziegelei. 1918 erhielt Ernst Rattenhuber infolge Erbteilung das Anwesen im Anschlage zu 107.000 Mark. Heute befindet sich an dieser Stelle ein Tennisplatz.

Die Alte Wiede-Fabrik / Acetylen GmbH

1929 begann Gottfried Wiede in Johanneskirchen an der Rambaldistraße eine Fabrik zur Herstellung von Acetylengas aufzubauen, das hauptsächlich zum Autogen-Schweißen[45] benötigt wird. Im ersten Bauab-

---

[45] Schweißverfahren, bei dem durch Verbrennung eines Brenngas

Das ehemalige Arbeiterwohnhaus im Oktober 2008, kurz vor dem Abbruch

Die Wiede-Fabrik in den 1950er-Jahren

Handel, Handwerk, Industrie, Gasthäuser

schnitt entstanden das Bürogebäude und Werk 1. Bis 1950 erfolgte der weitere Ausbau der Fabrik, in der bis zu 45 Menschen Arbeit fanden. Aus Koks[46] wurde Calciumcarbid (CaC2) hergestellt. Durch Hydrolyse[47] von Calciumcarbid und thermischer Zersetzung von Kohlenwasserstoffen gewann man Acetylen. Der anfallende Kalkschlamm wurde entsorgt oder zum Häuserbau genutzt. 1985 wurde die Produktion eingestellt und seit 1990 werden die ehemaligen Werksgebäude als Künstlerateliers genutzt.

Gewerbegebiet Musenbergstraße

Kühlhaus / Hotel an der Musenbergstraße 25

Eine erste Voranfrage für ein Kühlhaus der Firma Münchner Kühlhaus GmbH mit Sitz in der Zenettistraße und der zukünftigen Adresse Johanneskirchner Straße 141 ist aus dem Jahr 1962 vorhanden. Der Tekturplan, entworfen von der Firma TERRA, stammt vom 9. November 1966, die Genehmigung dafür erhielten die Bauherren und Eigentümer Georg Bruner und A. Danhuber im April 1967. Das Kühlhaus hatte eine Länge von 100 Metern; an Baukosten berechnete man für den Stahlbetonbau, eingedeckt mit einer Eternitdeckung, 1.600.000 DM an Rohbaukosten und für den Ausbau 1.260.000 DM. Zur Isolierung des »Gefrierlagerhauses« wollte man entweder Kork oder Styropor verwenden. Die Genehmigung für den Abbruch dieses Kühlhauses wurde im April 1992 erteilt.

An der Stelle des Kühlhauses entstand nach 1992 der Neubau eines »Boardinghouse« mit Restaurant, Ladengeschäften, Büros und Tiefgarage. Bauherr und Eigentümer des Hotels war die Firma Horst Haupt GmbH & Co, Immobilien-Management KG, mit Sitz in Grünwald. Das heutige »Hotel Park Inn« gehört zur »Radisson«-Kette. Es verfügt über 169 Hotelzimmer und Suiten, ein Restaurant mit Bar, Fitnessbereich mit Sauna und eine Tiefgarage.

Kühlhaus, Musenbergstraße 29–31

Das ehemalige Kühlhaus an der Musenbergstraße, 2015

Ein weiteres Kühlhaus von Georg Bruner, das heute aber nicht mehr für diesen Zweck genutzt wird, befindet sich nördlich der Hotelanlage, Musenbergstraße 25. Traurige Berühmtheit erlangte es durch den im September 2006 aufgedeckten »Gammelfleischskandal«. Erste Zeitungsberichte erschienen darüber am Freitag, dem 1. September 2006. Bei einer Kontrolle durch die Lebensmittelüberwachung des Kreisverwaltungsreferates zusammen mit dem staatlichen Veterinäramt wurden 20 Tonnen Dönerspieße und 360 Kilogramm Wild- und Geflügelfleisch sicher-

---

(Acetylen)-Sauerstoff-Gemischs die erforderliche Temperatur zum Schmelzen der zu verschweißenden Materialien (zum Beispiel Stahl) erzeugt wird.

[46] Produkt der Verkokung (= Kohleveredelung) von Braun- oder Steinkohle

[47] Aufspaltung eines Moleküls durch Reaktion mit Wasser

gestellt. Durch einen anonymen Hinweis an die Polizei kam es zur Kontrolle, bei der Fleisch mit einem abgelaufenen Haltbarkeitsdatum von über vier Jahren aufgefunden wurde. Der Betrieb wurde zwar regelmäßig kontrolliert, dennoch fand man Proben, die sich nach dem Auftauen als grünlich, muffig, ranzig, alt und ekelerregend erwiesen und Verunreinigungen durch Fremdstoffe aufzeigten. Laut Zeugenberichten wurde schon 1999 Ware umetikettiert. 16 Mitarbeiter waren zuletzt in der Firma von Georg Karl Bruner beschäftigt. Die Staatsanwaltschaft beschlagnahmte alle Firmenunterlagen der bundesweit agierenden Firma, die Catering-Unternehmen und Fleischhändler in ganz Deutschland und darüber hinaus belieferte. Herauszufinden war, inwieweit das Fleisch ein Gesundheitsrisiko darstellte und wer es gekauft hatte. Josef Wilfling, Chef der Münchner Mordkommission, leitete die achtköpfige Kripo-Sonderkommission »Kühlhaus«. Bei anschließenden Kontrollen in Münchner Lokalen stellte man Fleischlieferungen von Bruner sicher. Die Firma verkaufte nicht nur in großen Mengen Fleisch, sondern diente auch für andere Unternehmen als Zwischenlager. Wie üblich wurde berichtet, dass für die Verbraucher keine Gefahr bestanden habe. Dennoch wurde die Forderung nach einem Verbraucherinformationsgesetz laut. Behörden, und Politiker, verantwortlich war Verbraucherminister Werner Schnappauf, stritten sich darum, wer nun die Schuld an diesem Gammelfleischskandal hätte. Am 6. September 2006 beging Georg Bruner, da er sich in einer ausweglosen Situation befand, Selbstmord. Aus den sichergestellten Unterlagen stellten die Fahnder fest, dass eine Insolvenz der Firma bevorstand. Weit mehr als 60 Tonnen verdorbenes Fleisch, davon 40 Tonnen Entenfleisch, sowie 43 Tonnen Gefriergemüse fand man in den Kühlräumen. Laut Zeitungsberichten vom Oktober 2006 waren es etwa 1300 Tonnen Lebensmittel die schließlich durch die Stadt München, da sich die Erben weigerten die Kosten von circa 400.000 Euro zu übernehmen, entsorgt werden mussten.

Das Gebäude wird heute durch eine Schreinerwerkstätte und eine Marketingfirma genutzt.

Fährt man die Musenbergstraße weiter Richtung Norden, so kommt man noch zu einer Holz-Großhandelsfirma, einer Gerüstbau-Firma, einer Auto-Hobbywerkstätte und einem Busdepot für den Münchner Linienverkehr.

Digital Equipment

Um 1982 zogen die Mitarbeiter des US-Computer-Konzerns Digital Equipment nach Johanneskirchen in die neue Hauptverwaltung. Das Bürogebäude bezeichnete der Marketing-Direktor 1998 als das »modernste Business Center Europas«. Es verfügte damals über ein flexibles Bürosystem, die 180 Beschäftigten besaßen keine festen Arbeitsplätze, sondern »gehen mit Laptop dort ins Netz, wo gerade eine Stelle frei ist, um die vorhandene Infrastruktur effizienter zu nutzen«. Die Universitäten München und Tübingen waren an der Gestaltung dieser mobilen Arbeitsplätze beteiligt. Ein »Customer Information Center« informierte die Kunden über die neuesten Entwicklungen der Digitaltechnik.

Schon ab 1990 ging es der Firma wirtschaftlich nicht mehr so gut. 1993 lag der Umsatz von Digital noch bei 1,86 Milliarden DM, 1997 nur noch bei 1,5 Milliarden DM. Erster Stellenabbau erfolgte (1992: 650 in Johanneskirchen, 300 in Feldkirchen und 50 im Gewerbegebiet Moosfeld) und weitere Personalreduzierungen zogen der Verkauf des Unternehmens an den texanischen Computerriesen Compaq nach sich. Compaq kündigte 1998 an, weltweit 17000 Stellen zu streichen, davon 15000 bei Digital. Von den circa 1000 Arbeitsplätzen der Digital Equipment GmbH am Standort München war jeder zweite gefährdet. Im September 1998 protestierten die Digital-Mitarbeiter mehrmals vor der Hauptverwaltung in Johanneskirchen gegen den drohenden Stellenabbau. 2001 beschäftigte der Computerhersteller Compaq in München noch 1800 Mitarbeiter, davon 1100 in Dornach (Zentrale von Compaq-Deutschland), 350 in Johanneskirchen und

Das Gebäude von Digital Equipment, 2008 …

… und während des Abrisses im Januar 2015

350 in Feldkirchen. In jenem Jahr fusionierte die Firma mit Hewlett-Packard (HP). Nach dieser Fusion rechnete man mit der völligen Aufgabe des Münchner Standortes.

Seit Ende 2014 wurde das seit langem leerstehende Bürogebäude an der Johanneskirchner Straße abgerissen, um einer neuen Wohnsiedlung Platz zu machen.

Abbruch des Bürogebäudes der Firma Digital Equipment, Januar 2015

Wertstoffhof an der Savitsstraße 79

Der elfte, rund vier Millionen Mark teure, Wertstoffhof Münchens öffnete im August 1998 in Johanneskirchen seine Tore. Über 30 verschiedene Wertstoffarten, Sperrmüll und Sondermüll können an der Savitsstraße von Montag bis Samstag zu den jeweiligen Öffnungszeiten gebührenfrei abgegeben werden. Aus einer Trödelhalle konnte sich damals noch Jeder mit alten Möbeln, Lampen und anderen Kleinteilen, wie Büchern kostenlos versorgen. Bei der Einweihungsfeier am 7. August war neben dem Kommunalreferenten und Vertretern des Baureferrats auch Stefan Winghart vom Bayerischen Landesamt für Denkmalpflege vertreten. Die bei den Vorarbeiten zum Bau des Wertstoffhofes gefunden Ausgrabungsstücke aus der Agilolfingerzeit präsentierte man an diesem Tag der Öffentlichkeit. Mit der Untersuchung des 6700 Quadratmeter großem Geländes war zwei Jahre zuvor begonnen worden. Dass sich dort eine größere Siedlung befand, wusste man spätestens seit den Ausgrabungen 1983 auf dem südlich der Stegmühlstraße gelegenen Gelände. Nach einem Bericht im Fernsehen über die Grabungen von 1996 erhielt die Ausgrabungsstätte unerwünschten Besuch von »Hobby-Archäologen«. Große Schätze konnten nicht mehr gefunden werden, doch gaben die Befunde den Archäologen nähere Auskünfte über die dortigen Grubenhäuser einer bäuerlichen Gesellschaft. Die Grubenhäuser gehörten zu den einfachsten Gebäuden einer bajuwarischen Siedlung. Diese überdachten Erdkeller waren circa 80 Zentimeter tief in den Boden eingegraben. Sie dienten zur Lagerung der Vorräte oder als Arbeitskeller in denen gewebt und Stoffe hergestellt wurden. Mehrere 100 Menschen lebten hier zwischen dem späten 5. und 8. Jahrhundert.

Gaststätten in Johanneskirchen

Vom »Alten Wirt« zur »Dicken Sophie«
Johanneskirchner Straße 146

Die Gastwirtschaft »Zur Dicken Sophie« in Johanneskirchen, mit der heutigen Adresse Johanneskirchner Straße 146, besaß früher den alten Hausnamen »Beim Eckart«. Über das Vorhandensein einer Gaststätte im Dorf Johanneskirchen erfährt man erstmals durch einen Briefwechsel des »Fürstlichen Pfleg- und Landgerichts Wolfratshausen« mit dem damaligen Hofmarksbesitzer von Johanneskirchen, Baron Mayer. Am 27. Oktober 1786 schrieb der Vertreter des Pfleg- und Landgerichts Wolfratshausen Folgendes:

Es ist disorts die Anzeige geschehen, dass der jenseitige Söldner und Schuhmacher bei seiner vorhabenden Verehelichung die Hochzeit bei dem Wirt zu Oberföhring der Hochfürstlichen Freisingschen Grafschaft Ismaning welche als ausländisch betrachtet wird, zu halten gedenkt. Wider dieses unerlaubte Verfahren muß man hiesigen Gerichtseits umso mehr Einwendungen machen, als schon lange unter schwerer Geldstraf verboten ist, das kein inländischer Untertan im Freisinglichen eine Hochzeit halten darf; wohl aber ist jedem erlaubt, solche bei einem inländischen berechtigten Tafernwirt, wo ihm gefällig, zu halten.

Die Bewohner von Johanneskirchen mussten also mindestens bis nach Bogenhausen gehen, um in der dortigen Wirtschaft feiern zu können. Man erfährt zudem nebenbei, dass der Viehhirte Unterberger von Johanneskirchen, der das Gemeindehaus bewohnte, schon seit über 25 Jahren braunes Bier zum Nachteil der umliegenden »berechtigten« Wirte ausschenkte. Bis zur Klärung, ob dieser das überhaupt durfte, wurde dem Hirten jegliches Bierausschenken bis auf weiteres verboten. Irgendwann erhielt der Hirte wohl die nötige Konzession, da die Bierwirtschaft später im Gewerbekataster auf das Gemeindehaus eingetragen war und somit als Eigentum der Ortsgemeinde betrachtet wurde. Diese Bierschenke verblieb bis 1864 im Besitz der Familie Unterberger. Zuletzt war sie schon seit über 39 Jahren von der Witwe Theres Unterberger gepachtet, obwohl sie nie um eine Bewilligung ersucht hatte. Nach ihrem Tod wurde diese »Wirtschaftgerechtsame« (heute entspricht das einer Konzession) durch die Ortsgemeinde versteigert. Den Hüterssohn Joseph Unterberger wollte man die Wirtschaft auf alle Fälle nicht weiterführen lassen, allein schon wegen der heruntergekommenen Gebäude und der zwielichtigen Gäste – Arbeiter und junge Leute die sich dort aufhielten. Es gab mehrere Interessenten im Dorf, die diese Gerechtsame gerne haben wollten. Bei der Versteigerung am 29. August 1864 setzte man ein Anfangsgebot von 500 Gulden an. Die Bauerneheleute Georg und Magdalena Schmid waren die Meistbietenden und erhielten die Gerechtsame für 2210 Gulden. Diese übertrugen sie auf ihr Haus, den »Eckarthof«. Magdalena Schmid beantragte danach eine Tafernwirtschaftskonzession, um auch warme Speisen verkaufen zu dürfen. Doch die Gemeindeverwaltung war ihr nicht gut gesonnen und lehnte das Gesuch mit der Begründung ab, dass es nicht würdig wäre, an eine Weibsperson eine derartige Konzession zu verleihen. So versuchte es ihr Mann Georg Schmid. Doch der Besitzer des »Schererhofs«, Mathias Kobler, bemühte sich 1865 ebenfalls um den Erwerb einer Tafernwirtschaftskonzession. Nach einem Beschluss der Gemeindeverwaltung im Juli 1865 hätte man Kobler, wenn ein Bedürfnis vom Bezirksamt München als wirklich nötig anerkannt werden würde, den Vorzug für die Vergabe der Tafernwirtschaftskonzession gegeben. Nach jahrelangen Streitigkeiten mit den anderen Bewohnern von Johanneskirchen und der Gemeindeverwaltung gab Magdalena Schmid auf und verkaufte die Wirtschaft 1871 an Maria Wagner, Braumeistersgattin aus München, für 17.200 Gulden. Die Familie Wagner hatte unter dem Namen »Alte Wirtschaft«, später dann »Alter Wirt« die Gastwirtschaft angemeldet. 1880 kam es zur Zwangsversteigerung, bei der für das Meistgebot von 21.000 Mark die Schwägerin Maria Wagner, Bierbrauers-, nun Privatierswitwe, den Zuschlag bekam. Seit 1885 gehörte auch eine Kegelbahn zur Wirtschaft. 1891 bat der Sohn Michael Wagner um Erlaubnis »zur Errichtung einer Marketenderei im Daglfinger Moose während der Entwässerungsarbeiten dortselbst«. Dies wurde abgelehnt, da bereits eine solche Einrichtung bestand. 1892 übernahm die Gastwirtstochter Maria Wagner das Anwesen. Von ihr erhielt 1895 der Bruder Michael Wagner für 29.571 Mark den Gesamtbesitz mit der Wirtschaftsgerechtsame. Damals wurde auf das Wohnhaus und die Stallung noch ein Stockwerk aufgebaut. 1899 heiratete Michael Wagner Walburga Empfenzeder aus Johanneskirchen. Schon zu Beginn des 20. Jahrhunderts führte zwischendurch immer

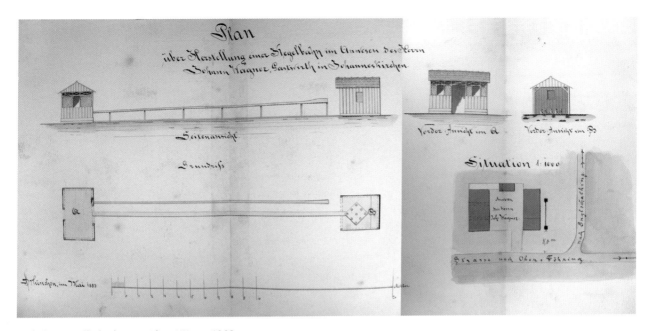

Plan der Kegelbahn beim »Alten Wirt«, 1883

mal wieder ein Pächter die Gastwirtschaft. 1928 erbte der Witwer Michael Wagner den Besitz zum Alleineigentum. 1930 errichtete die »Zimmerstutzengesellschaft Johanneskirchen«, vertreten durch Heinrich Ulmann, im Nebenzimmer ihres Vereinslokals »Zum alten Wirt« einen Schießstand. In den Wintermonaten, jeweils an den Samstagen, wurde auf eine Scheibe – und zwar aus dem Gastzimmer, da das Nebenzimmer zu kurz war – geschossen. Um die übrigen Gäste zu schützen, wurde im Gastzimmer eine Bretterwand aufgestellt. 1931 erfolgte die Übergabe an die Tochter Walburga Gruber und ihren Ehemann Johann Gruber, im Wert von 32.000 RM. Bis Mitte der 1950er-Jahre betrieb die Familie die Gaststätte selbst, danach ein Pächter. Nachdem der »Alte Wirt« als Treffpunkt der Johanneskirchner Bewohner »ausgedient« hatte, wurde er in das »In«-Lokal »Zur Dicken Sophie« umgewandelt.

Der »Poschwirt« in der Zahnbrechersiedlung
Hoyerweg 11

Noch heute kann man auf dem Grundstück Hoyerweg 9a die alten Kastanienbäume und die frühere Tanzfläche der ehemaligen Wirtschaft in der Zahnbrechersiedlung erkennen. In den Planungen der Siedlung von 1933 war auch der Bau eines Cafés am Rondell und einer Wirtschaft zwischen erstem und zweitem Bauabschnitt enthalten. Die Wirtschaft, an der Apenrader Straße geplant, wurde nicht realisiert. Der Metzger Hans Posch, der vorher die Kantine des Arbeitsdienstes an der Rambaldistraße betreut hatte, erhielt als erster Besitzer – daher auch der Name »Poschwirt« – im Januar 1934 die nötige Schankkonzession für die Wirtschaft am Hoyerweg 11. Am 15. Februar 1934 wurde der »Poschwirt« eröffnet. Trotz des hohen Grundwassers richtete Posch 1936 im Keller eine Kegelbahn ein. Die Genehmigung für die Kegelbahn sollte eigentlich nur in Verbindung mit einer Toilettenanlage im Keller erfolgen. Die Benutzung der Kegelbahn war, wegen des hohen Grundwassers auch nur in den seltensten Fällen möglich. Zudem eröffnete im gleichen Gebäude, wohl nach dem Abzug der Leute vom Arbeitsdienst, die dort einquartiert waren, eine Bäckerei. Laut Akten ging der Bierverbrauch zurück, da Posch bei einem Teil der Siedler nicht besonders beliebt war und die Gaststätte nur in den Abendstunden aufgesucht wurde.

Am 15. Januar 1940 erhielt Katharina Gruber eine vorläufige Erlaubnis zum Betrieb der »Poschwirtschaft«. Da aber gegen Katharina Gruber und ihren Ehemann Franz Gruber mehrere Strafverfahren im Gange waren, wurde ihnen das Gewerbe wieder entzogen. Hans Posch hatte seinen Besitz an den Münchner Bäcker Franz Hörner verkauft. Dieser erwarb die Wirtschaft als Geldanlage und um sie seinem Neffen Hermann Hörner, ebenfalls Bäcker, als Lebensgrundlage zur Verfügung zu stellen. Die Wirtschaft stand dann aber unter Zwangsverwaltung der Spaten-Franziskaner-Leistbräu A.G., denn Franz Hörner kaufte das Anwesen wohl aufgrund »unwahrer Angaben« weit über Wert. Nach einer Entscheidung der Preisprüfungsstelle hätte Posch das Anwesen zurücknehmen müssen. Da dieser aber nicht in der Lage war, den bezahlten Kaufpreis zurückzubezahlen, konnte der Kauf nicht mehr rückgängig gemacht werden.

Inzwischen wurde die Wirtschaft an Heinrich Hovenbitzer verpachtet. Mit ihm hatte Franz Hörner, anhand mündlicher Versprechungen, eine Vereinbarung geschlossen, damit die Wirtschaft weiterhin geöffnet blieb, bis sein Neffe Hermann aus dem Heeresdienst entlassen werden würde. Franz Hörner verschickte am 8. Oktober 1940 einen Brief an den Münchner Oberbürgermeister, das Gewerbeamt und dem Stadtbezirksinspektor, um die notwendige Erlaubnis für seinen Neffen zur Ausübung der Gastwirtschaft zu erhalten. In diesem Gesuch schrieb er unter anderem:

Die Siedlung Johanneskirchen zählt 114 Heimstätten, mit einigen kleinen Handwerkerstellen. Die Bewohner sind nicht sehr mit Glücksgütern belastet, andernfalls würden sie nicht im Ismaninger Moos fernab von jeder besseren Verkehrsgelegenheit gesiedelt haben. Dem Tage über gehen dieselben ihrer Verdienstgelegenheit in München nach. Und wollen sich des Abends doch noch etwas restaurieren, und in Zusammenhalt damit, dass die Siedlung keine andere Gaststätte hat und die Gastwirtschaft in Alt-Johanneskirchen circa 2½ km unterhalb und Daglfing 3 km oberhalb liegt, ist das Bedürfnis für Johanneskirchen in vollem Umfange gegeben […] Die dortige Siedlung muß als arm, bez. notleidend angesehen werden. Diese unzureichende Bevölkerungszahl, dürfte kaum in der Lage sein, einen Wirt der Leistungsbefähigt ist, zu ernähren. […] Man muss sogar die Frage aufwerfen, ob es nicht genügt und richtiger ist, wenn dort blos Flaschenbier verabfolgt wird, denn dazu ist höchstens eine bis 2 mittelmäßige Frauensperson notwendig. Die Wirtschaft vollständig zu schließen, wird um desswillen nicht angängig sein, weil erstens nicht einzusehen ist, warum dort nicht Flaschenbier verkauft werden darf und ob es zu verantworten ist, dass man überall im Deutschen Reiche Bier trinkt während die Siedler in Johanneskirchen nur zum Trinken von Ismaninger Mooswasser verurteilt werden sollen.

Am 13. Februar 1941 erhielt dann Hermann Hörner unter gewissen Auflagen die Erlaubnis zur Fortführung der Gaststätte. Nach mehreren Kontrollen durch den Stadtbezirksinspektor wurde am 18. April 1942 Folgendes zu Protokoll gegeben:

[…] dass in der Küche Wäsche gebügelt wurde, um den Herd Strümpfe zum Trocknen aufgehängt waren und die Küche teilweise als Büro eingerichtet war. In der Schenke befanden sich noch am Nachmittag die ungereinigten Biergläser vom Tage vorher, Stocherrohr und Bierauslaufhahn waren nicht gereinigt und am Eiskasten festgeklebt. Im Bierkeller wurde anscheinend Holz gemacht und die Rückstände in eine Ecke gekehrt. Im Nebenzimmer, das sich in einem äußerst unreinlichen Zustand befand, wurde ein Bett und ein Diwan ange-

troffen. Die vorhandenen Betten, Kleider und Schuhe ließen darauf schließen, dass das Nebenzimmer zu Schlafzwecken verwendet wurde. Mit Schreiben vom 7.7.41 habe ich Hörner ernstlich verwarnt und darauf aufmerksam gemacht, dass er im Wiederholungsfalle strengstes Vorgehen zu gewärtigen hat. […]
Meine neuerliche Kontrolle am 17.4.42 ergab, dass die bisherigen Verwarnungen und Belehrungen nicht gefruchtet haben. Der Zustand der Wirtschaftsräume war ähnlich wie am 19.11.41. In der Küche befanden sich in der Stellage, die der Aufbewahrung des Geschirres dient, wiederum Speisereste aller Art, Schuhe und verschiedene sonstige Gegenstände, die mit der Wirtschaftsführung nichts zu tun haben, u.a. sanitäre Artikel. Ferner hingen in der Küche Kleider und ein Mantel, auf einem Kasten stand ein Rasierpinsel zum Trocknen. Im Gastzimmer befanden sich am Nachmittag noch ungereinigte Biergläser vom Vortag. Im Nebenzimmer stand ein Motorrad und verschiedenes Werkzeug, das darauf schließen lässt, dass das Fahrzeug im Nebenzimmer instandgesetzt wurde.
Die bei der gestrigen Kontrolle anwesende Braut des Hörner, die sich in anderen Umständen befindet, redet sich auf ihren Zustand hinaus, dass sie infolgedessen sich nicht so um den Wirtschaftsbetrieb kümmern könne wie es notwendig sei. Dieser Einwand kann aber nicht anerkannt werden, da die Unreinlichkeit und Unordentlichkeit im Betrieb bereits im Juli v.J. festgestellt werden musste. Im Interesse der Allgemeinheit können solche Zustände in einem Wirtschaftsbetrieb unter keinen Umständen geduldet werden. Ich beantrage Hörner gebührenpflichtig mit 20.- RM ernstlich zu verwarnen […].

Da Hermann Hörner 1942 wieder zur Wehrmacht einberufen wurde, übernahm seine 21-jährige Braut Rosa Riegler die Wirtschaft. Doch sie war mit dem Gesetz in Konflikt geraten und man verweigerte ihr die notwendige Konzession. Das Arbeitsamt wollte daraufhin Rosa Riegler zum anderweitigen Arbeitseinsatz verpflichten, da sie aber ihr vier Monate altes Kind noch stillte, kam man davon wieder ab. Zudem stellte man im April 1942 fest, da die Preisbehörde den Kauf ja nicht genehmigt hatte, dass Hörner eigentlich nicht rechtswirksamer Besitzer des Anwesens war und somit der Pachtvertrag mit dem Neffen als ungültig angesehen werden musste. Am 23. November 1942, mit einer Regierungsentschließung, wurde die Beschwerde von Hermann Hörner über die nichtgenehmigte Übertragung der Konzession an seine Braut abgelehnt. Begründet wurde das Urteil unter anderem:

[…] dass Riegler nicht die Gewähr dafür bietet, dass sie als Stellvertreterin des Erlaubnisinhabers den Betrieb ordnungsgemäß und den gesetzlichen und polizeilichen Anordnungen entsprechend führt. War sie auch bei Verübung des Betrugs kaum 18 jährig, so hat sie es doch trotz ihrer Jugend verstanden, eine erst infolge des Krieges gebotene Gelegenheit gleich für sich und ihren Liebhaber auf Kosten der Allgemeinheit auszunützen, und dabei, wie ebenfalls im Gerichtsurteil festgehalten ist, eine Hartnäckigkeit und Unverfrorenheit bewiesen, die nichts mehr mit Naivität zu tun hat. Hält man damit aber auch noch zusammen, dass die Riegler, trotzdem sie heute kaum 21 jährig ist, schon 2 Kinder von verschiedenen Männern geboren hat und sich auch noch mit anderen Mannspersonen eingelassen zu haben scheint, und zieht zu dem schließlich noch die unsaubere und unordentliche Wirtschaftsführung in Betracht […].

Hermann Hörner hatte inzwischen unerlaubterweise die Wohnung zur Wirtschaft und ein Zimmer an seine Verlobte im Obergeschoss untervermietet und für sich neben den Gastraum ein Schlafzimmer eingerichtet. Die Wirtschaftsküche benutze er als Bad. Am 2. Dezember 1942 entzog man ihm wegen ungeordneter Lebensführung und Lebenshaltung die Konzession, die Gaststätte sollte bis zum Dezember 1942 geschlossen werden.

Der »Poschwirt«, seit 1944 im Besitz eines Herrn Beutler, öffnete im Oktober 1945 wieder. Hermann Hörner und Rosa Riegler heirateten im April 1943, sie hatten zwei Kinder. Eine Lizenz zum Betrieb einer

Gastwirtschaft erhielt Hermann Hörner dann im März 1946. Im gleichen Jahr reichte er die Scheidungsklage ein. Wie er in einem Brief vom Oktober 1946 erläuterte, hatte sich seine Frau inzwischen als eine Person entpuppt, für die es offenbar keine Gesetze der Moral und der Sittlichkeit gab. Er beantragte deshalb beim Gewerbeamt die Überprüfung der persönlichen Zuverlässigkeit seiner Ehefrau, damit ihr der Aufenthalt bis zum Abschluss des Scheidungsverfahrens im Betrieb untersagt werden könne. Daraufhin sollten durch das zuständige Polizeirevier die Verhältnisse im »Poschwirt« untersucht werden, auch in Hinblick auf die Zurücknahme der Schankerlaubnis für Hörner. Ein Schreiben vom Januar 1947 der Siedler-Genossenschaft München-Johanneskirchen gibt aus deren Sicht Folgendes bekannt:

[…] *Schon seit der Übernahme und ganz besonders seit der Wiedereröffnung nach dem Zusammenbruch hat der derzeitige Pächter Herr Hörner die Wirtschaft in solcher Weise vernachlässigt und geführt, dass es einem anständigen Menschen unmöglich wurde, diese zu besuchen. Obwohl die Wirtschaft eine Öffentliche ist, liegt es im Belieben des Pächters, wann diese offen oder nicht offen ist. Nur an den Samstagen und Sonntagen ab 7 Uhr ist die Wirtschaft für Tanz geöffnet; die Tanzunterhaltungen ziehen uns recht zweifelhafte Elemente der weiteren Umgebung in die Siedlung. Herr Hörner hat in der getränkearmen Zeit seine Getränkelieferungen fast ausschließlich bei den Tanzunterhaltungen verschenkt, sodass besonders in der wärmeren Jahreszeit die Siedlung tage- und wochenlang ohne Getränke war. Dass bei der Geschäftsführung des Pächters die einfachsten Regeln der Reinlichkeit außer acht gelassen werden, ist nicht weiter verwunderlich. Mittag oder Abendessen, nicht einmal irgendeinen Imbiss kann man erhalten.*
Als verantwortliche Organe der Siedlergenossenschaft haben wir die Pflicht, das Augenmerk des Gewerbeamtes auf die unhaltbaren moralischen Zustände in der Ehe des Pächters Hörner hinzuweisen. Die Ehefrau hat seit der Verehelichung 3 Kindern das Leben gegeben, von denen ein jedes von einem anderen Manne ist (diese Angaben macht ihr Ehemann). […] Der Ehemann unterhält in der ehelichen Wohnung ein Verhältnis mit einer anderen Frau. Das zerrüttete Familienleben hat ganz unwürdige Szenen im Gefolge, die zu häufigen Schlägereien und Raufereien der Eheleute in aller Öffentlichkeit ausarten. […]

Im März 1947 wurde festgestellt: »Die Eheleute haben noch ein gemeinsames Schlafzimmer und verprügeln sich von Zeit zu Zeit.«

Um seine Schankerlaubnis weiterhin zu besitzen, hatte Hermann Hörner im April 1947 dem Gewerbeamt eine Unterschriftenliste vorgelegt, die für seinen Verbleib sorgen sollte. Wie das Gewerbeamt feststellte, stammten die Unterschriften zum größten Teil vom minderjährigen Tanzpublikum, dem sogenannten Gschwerl, wohnhaft in den nahegelegenen Baracken. Das zugeteilte Kontingent an Bier verkaufte Hörner größtenteils am Samstag bei den Tanzveranstaltungen und Theateraufführungen, sodass die Siedler tagsüber kein Bier erhielten. Hörner war inzwischen von seiner Frau geschieden. Im September 1947 wurde ein »Erlaubnisentziehungsverfahren« eingeleitet. Einige Behauptungen gegen die Familie Hörner erwiesen sich als grundlos. Hörner heiratete wieder und verließ die Siedlung Johanneskirchen. Das Verfahren der Erlaubniszurücknahme wurde damit eingestellt.

Im Oktober 1949 kaufte der Metzger Leyerseder den Poschwirt und meldete sich 1950 mit einer Gastwirtschaft und Metzgerei beim Gewerbeamt an. 1953 verpachtete der Besitzer die Wirtschaft bestehend aus: Gastzimmer mit Schänke, Nebenzimmer, Herren- und Damenabort, Küche, Speise, Metzgerladen, Wurstküche mit Selche und Wurstkessel, Fleischkühlraum, Bierkeller, Kohlenkeller, zwei Lagerkeller, eine Kegelbahn, eine Garage und Garten.

1957 fand das Isargaufest im Garten des »Poschwirts« statt. Von 70 Vereinen waren 3000 Trachtler gekommen. Zu den Ehrengästen gehörten Prinz

Konstantin und Prinzessin Hella von Bayern und der Stadtpfarrer Jakob von St. Emmeram, Englschalking. Der »Poschwirt« war noch bis 1977 in Betrieb.

Erinnerungen von Wolfgang Schwänzl an den »Poschwirt«:

Kurz nach dem Krieg wurden durch den Wirt Herrn Hörner mit tatkräftiger Unterstützung der damaligen Siedlungsjugend, Tanzabende eingeführt. Bald war eine »6-Mann-Kapelle« zusammengestellt, der unter anderem auch Vater Karl Hanß und seine Söhne Karl und Hugo, Herr Neumayer, der ein hervorragender Geiger war und Fräulein Kiroff angehörten. Diese Kapelle war in der Lage ohne Noten, viele bekannte Tanzmelodien und auch die damals modernsten, deutschen und amerikanischen Schlager zu spielen. Unsere Siedlungs-Interpreten fanden mit ihrer Musik einen solchen Anklang, dass sie bald dreimal wöchentlich aufspielen mussten. Neben den tanzfreudigen Siedlern kamen auch Gäste aus Denning, Ismaning, Riem und sogar von der Stadt. Diese Gäste mussten meist mit dem Fahrrad kommen, denn Autos gab es kaum und der Bus fuhr nicht zur Nachtzeit. Zum Trinken gab es statt Bier nur Käswasser, auch Molke genannt und zum Essen überhaupt nichts, aber das tat dem Vergnügen keinen Abbruch. Später hat die Wirtsfamilie Leyerseder die Tanzabende fortgeführt und im Garten eine betonierte Tanzfläche bauen lassen. (Man kann sie heute noch sehen.) Während der Faschingszeit gab es neben dem Keglerfasching ein Tanzvergnügen nach dem andern, die letzten Faschingstage bis 2.00 Uhr früh und länger. Nur am Faschingsdienstag war um 24.00 Uhr Schluss. Aber der damit verbundene Lärm, während der Nacht, führte zu manchen Zwistigkeiten in der Nachbarschaft. Ab 1948 nahmen die Veranstaltungen langsam aber stetig ab, denn die Leute wollten wieder sparen, um die lange vermissten Konsumgüter kaufen zu können. Nur an Sylvester und im Fasching wurde noch ausgiebig gefeiert. Nachdem die Lebensmittelmarken weggefallen waren, konnte man beim Wirt auch gut essen.

oben: Trachtlerinnen beim Isargaufest, »Poschwirt«, 1957

unten: Die Ehrengäste Prinz Konstantin und Prinzessin Hella von Bayern und der Stadtpfarrer Jakob von St. Emmeram (v.r.n.l.), »Poschwirt«, 1957

Handel, Handwerk, Industrie, Gasthäuser

Kapitel 5
Johanneskirchner Infrastruktur

Straßen

Die alte Johanneskirchner Straße

Der heutige Bichlhofweg (benannt seit 1982 nach einem Hof in Oberföhring) zeugt mit seinem Kopfsteinpflaster von der früheren Ortsverbindung zwischen Oberföhring und Johanneskirchen. Im Sommer 2004 wurde die Fahrbahn von der Freischützstraße bis zur Kindertagesstätte neu hergestellt. Mit Unterstützung des Bezirksausschusses blieb ein Teil des historischen Pflasterbelags im Bereich des Grünzuges erhalten.

Im 19. Jahrhundert waren die meisten Verbindungswege innerhalb der Gemeinde Daglfing, zu der auch Johanneskirchen gehörte, mittels Kies befestigt. Diese Straßen hielten der zunehmenden Belastung durch die Ziegelfuhrwerke nicht mehr stand. Als erste Straße pflasterte man die Ortsverbindung von Johanneskirchen nach Oberföhring auf einer Gesamtlänge von 1572 Meter mit Kopfsteinpflaster; 526 Meter befanden sich davon im Gemeindebezirk Daglfing. Die Wegstrecke auf Oberföhringer Grund war bis 1895 fertiggestellt, über die Kostenaufteilung der restlichen Strecke wurde bis 1897 verhandelt. Die Gesamtkosten von 29.000 Mark sollten durch Zuschüsse des Bezirks, der Gemeinde Daglfing, der Ortsgemeinde Johanneskirchen und durch die Ziegeleibesitzer in Johanneskirchen getragen werden. Wichtig war, dass die Ziegeleibesitzer auch für den laufenden Unterhalt der Ortsverbindung aufkamen.

Nach 1909, mit der Inbetriebnahme der Bahnstrecke nach Ismaning, änderte sich die Situation auf dem Verbindungsweg. Nun nahm der Verkehr von Oberföhring nach Johanneskirchen zum Bahnhof zu und die Johanneskirchner Ortsbewohner beziehungsweise Ziegeleibesitzer wollten für die Instandhaltung der inzwischen schadhaft gewordenen Straße nicht mehr aufkommen. 1911 bestimmte das Bezirksamt, dass je ein Siebtel der Wegeherstellungs- und Unterhaltungskosten von der Ortsgemeinde Johanneskirchen, der Gemeinde Oberföhring und von fünf Ziegeleibesitzern zu tragen seien. Bis zum Jahre 1919 war die Straße von Oberföhring (seit 1913 eingemeindet) zum Bahnhof Johanneskirchen so reparaturbedürftig, dass eine Umpflasterung nötig wurde. Der Bahnhof diente nun den Unternehmen und Firmen im Stadtbezirk Oberföhring als Verlade- und Entladebahnhof, diese transportierten ihre Erzeugnisse, teils schwerste Lasten, auch schon mit Lastautomobilen. Laut Gesetz war die jeweilige politische Gemeinde für die Unterhaltung ihrer Wege zuständig. Die Übernahme der Straße als Bezirksstraße, sodass der Bezirk die Kosten anstelle der Gemeinde Daglfing übernehmen musste, scheiterte, da sie statt der vorschriftsmäßigen Breite von 11 Meter nur 5,5 Meter breit war. Sowohl der Stadtrat von München als auch das Bezirksamt erklärten sich 1921 aber bereit, einmalig 1000 Mark für die Umpflasterung sowie für den Unterhalt von 1920 bis 1924 jeweils 1000 Mark zu zahlen. Ab 1925 vergab der Stadtrat von München keinen Zuschuss mehr mit der Begründung:

Bezüglich des derzeitigen Verkehrs wird bemerkt, dass die Johanneskirchner Straße ihre frühere Bedeutung verloren hat. […] Wir sind bereit, Ihrer Gemeinde zur Abfindung aller etwaigen Ansprüche aus unserer früheren Zusage den Betrag von 75,– RM zu überweisen, wenn Sie erklären, dass danach alle weiteren Aufwendungen der Stadt in diesem Zusammenhang in Wegfall kommen.

Die Bahnunterführung der Johanneskirchner Straße – nur einseitig gepflastert, um 1920

Die Nordost-Verbindung und Johanneskirchner Spange

Im August 1999 berichteten die Zeitungen, dass München um den Bau einer Nordost-Verbindung, die den Föhringer Ring mit der Messestadt Riem erschließen soll, nicht herumkommen würde. Diese vierspurige Staatsstraße (St 2088) sollte unter weiträumiger Umfahrung von Wohngebieten eine Entlastung für den Mittleren Ring und die Töginger Straße (A 94) darstellen. Man rechnete mit 20.000 Fahrzeugen pro Tag, die mit Lärm und Abgasen das hauptsächlich landwirtschaftlich genutzte Naherholungsgebiet »Nordost-Park« belasten würden. Im Auftrag der betroffenen Gemeinden erstellte der Planungsverband »Äußerer Wirtschaftsraum München« ein Grundlagenpapier für das zukünftige Erholungsgebiet »Landschaftspark München Johanneskirchen Aschheim Unterföhring«. Zu den sogenannten Erlebnispunkten wie Römerstraße, Bahndamm und Hüllgraben wollte man mit neuen Wegen die Erholungssuchenden locken. Auch eine Seenplatte mit einem größeren See als Bade- und Surferparadies wurde in Betracht gezogen.

Zum Raumordnungsverfahren für den Bau der Entlastungsstraße stellte die Regierung von Oberbayern Anfang 1996 verschiedene Wahltrassen vor. Die Wahltrasse 1, die sogenannte Bahndammtrasse, galt als Favorit, da sie positiv auf die Belange der Verkehrserschließung und der gewerblichen Wirtschaft wirken sollte. Der Widerstand der Umlandgemeinden Unterföhring und Aschheim verzögerte das Projekt immer wieder. Nach jahrelanger Diskussion

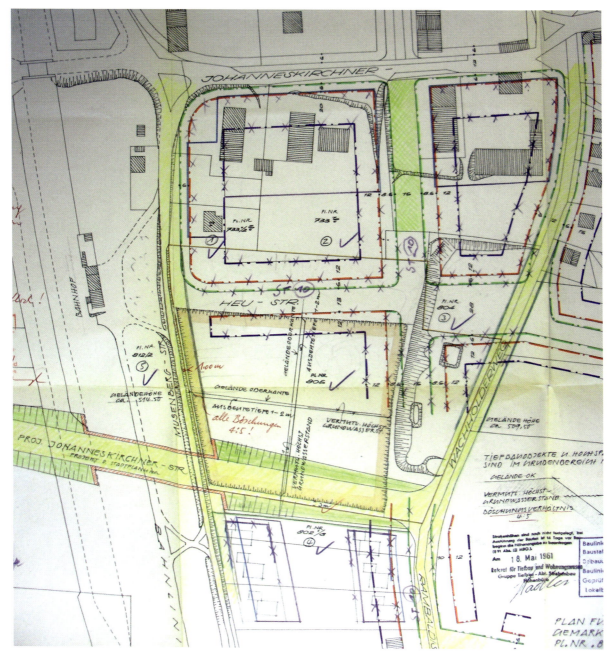

Plan der Verlängerung der Johanneskirchner Straße, 1961

Bus der Linie 90 im Depot in Ismaning, um 1965

um den optimalen Verlauf der neuen Straße machte im Januar 2003 die Trasse 1 das Rennen. Einwände gab es vom Stadtbezirk Bogenhausen, einer örtlichen Initiative und von der Partei Die Grünen aus dem Bayerischen Landtag. Miteinbezogen in den Planungen war der Abzweiger »Johanneskirchner Spange«, eine Verbindungstraße von der Johanneskirchner Straße über die S-Bahnstrecke, durch den Grünzug zwischen Dorf und Gartenstadt und weiter zum Bahndamm. Die »Johanneskirchner Spange« wurde 2003 als momentan nicht nötig auf Eis gelegt, da die Anbindung als schwierig angesehen wurde, und im Februar 2006 endgültig aufgegeben. 2005 waren sich die Lokalpolitiker von Bogenhausen einig und lehnten die geplante Nordost-Verbindung ab. Laut Pressemitteilung vom Februar 2011 erhielt die Nordosttangente die Dringlichkeitsstufe 2, sie wird wohl nicht vor 2025 in Angriff genommen werden.

Auf dem Plan von 1961 (siehe Abbildung S. 146) ist eine »zukünftige« Weiterführung der Johanneskirchner Straße nach der Kreuzung mit der Freischützstraße schon eingezeichnet.

Nahverkehr

Busverbindungen

Das Jahr 1930 gilt als das Geburtsjahr des städtischen Münchner Autobusnetzes. Mit kleinen rotbraunen Postomnibussen fuhren die ersten Linien, darunter die Linie »B« von Bogenhausen nach St. Emmeram entlang der Oberföhringer Straße. Zur gleichen Zeit verband eine private Omnibuslinie Daglfing mit dem Herkomerplatz. Anfangs wurde sie ab dem Bahnübergang in Daglfing über die Bromberger, Posener und Hohensalzaer Straße geleitet, wo beim »Großen Wirt« (heute »Gasthaus zur Marienburg«) eine Haltestelle eingerichtet war. Von dort fuhren die Busse über die Marienburger und Insterburger Straße zur Ostpreußenstraße. Ab 1936 verkehrten die Busse dann alle zwei Stunden bis zum Westerlandanger. Die Konzession für diese Auftragslinie ging nach dem Zweiten Weltkrieg vom Unternehmer Behr an die Firma Schranner über. Die 6,8 Kilometer lange Omnibus-Zubringerlinie Herkomerplatz–Englschalking–Denning–Daglfing–Siedlung-Johanneskirchen erhielt 1948 die Bezeichnung »N«. 1961 wurde die Buslinie, die ihre eigenen Tarife hatte, umbenannt in »O 90«. Die Bezeichnung »O«

für Omnibus« fiel ab April 1962 weg. Die Fahrt mit dem Omnibus-Zubringer bis zum Herkomerplatz kostete 1961 30 Pfennig, für die Weiterfahrt in die Stadt musste man dann nochmals 30 Pfennig bezahlen, woran die Johanneskirchner natürlich keinen Gefallen hatten.

1968 richtete man zur Erschließung der neuen Siedlung Fideliopark die Linie 86 von Steinhausen ein. Im Januar 1971 vereinigte man die Linien 87 und 90: Die neue Linie 87 fuhr vom Fritz-Meyer-Weg über St. Emmeram, Herkomerplatz, Daglfing zum Westerlandanger.

Die Bahnstrecke Ostbahnhof – Ismaning

Erbaut wurde die Strecke der Lokalbahn München–Ismaning mit Abzweigung Johanneskirchen–Schwabing zwischen 1893 und 1909. Von den Einheimischen wurden die damals beim Streckenbau eingesetzten Gastarbeiter als »Baraber« bezeichnet.

Durch Beschluss vom 11. März 1903 wurde von der Gemeinde Daglfing eine Beteiligung an den Grunderwerbskosten auf Gemeindegebiet für die Ringbahn abgelehnt. Nach weiteren Verhandlungen mit der königlich bayerischen Staatseisenbahnverwaltung über die Aufbringung der Grunderwerbskosten wurde am 13. Februar 1906 Folgendes zu Protokoll gegeben:

Von 10 geladenen Ausschußmitgliedern sind 7 erschienen, mit allen Stimmen wurde beschlossen:

1. *Die Landgemeinde Daglfing geht mit der kgl. bayer. Staatseisenbahnverwaltung einen Vertrag ein, wonach der kgl. Staatseisenbahnverwaltung die Durchführung der Grunderwerbung hinsichtlich der Lokalbahn München Ost – Ismaning mit Abzweigung Johanneskirchen – Schwabing innerhalb der Steuergemeinde Daglfing auf Kosten der Gemeinde Daglfing übertragen wird und von der Gemeinde zur Sicherstellung der der Gemeinde Daglfing obliegenden Leistungen an die kgl. Eisenbahnzentralkasse in München 100.000 Mark abgeführt werden.*

2. *Die Gemeinde Daglfing tritt hinsichtlich der ihr obliegenden Leistungen auch für den eventuellen Mehraufwand innerhalb ihres Gemeindebezirkes ein.*

3. *Der an die kgl. Eisenbahnzentralkasse in München abgeführende Betrag von 100.000 Mark*

Der Bahnhof Johanneskirchen in den 1960er-Jahren

wird durch ein Anlehen aufgebracht, welches bei der Bayerischen Hypotheken- und Wechselbank in München aufzunehmen ist, die Heimzahlung hat durch entsprechend zu erhöhende Gemeindeumlagen, weiters aus den örtlichen Besitzveränderungsabgaben und aus den Erübrigungen des Bieraufschlages in 55½ Jahren annuitätsweise so zu geschehen, daß 4 % für Verzinsung und 1 % für Tilgung aufgewendet werden.

4. *Zur Erhebung des Anlehensbetrages von 100.000 Mark bei der Bayerischen Hypotheken- und Wechselbank in München wird dem Bürgermeister der Gemeinde Daglfing, Herrn Ziegeleibesitzer Flaschenträger in Englschalking, der Gemeindekassier, Herr Ziegeleibesitzer Joseph Kern in Denning bevollmächtigt.*

5. *Dem Kommissär der kgl. Staatseisenbahnverwaltung wird bei Durchführung der Grunderwerbung in der Gemeinde Daglfing eine Kommission der Gemeinde Daglfing beigegeben, und werden in diese Kommission abgeordnet: Bürgermeister Flaschenträger, Beigeordneter Widmann, Gemeindekassier Kern und Bevollmächtigter Joseph Glasl Johanneskirchen.*

Am 5. Juni 1909 war es so weit. Schulkinder begrüßten den Eröffnungszug nach Ismaning an folgenden Stationen: Zamdorf (Haltepunkt 1959 stillgelegt), Daglfing, Johanneskirchen, Unterföhring und Ismaning. Daneben gab es noch Haltepunkte in Englschalking (ab 1910) und am Föhringer Kanal (1972 stillgelegt) sowie einen ab 1949 am Rangierbahnhof Ost (heute Leuchtenbergring).

1910 wurde ein weiteres Anlehen von 30.000 Mark aufgenommen, mit vier Grundbesitzern aus der Gemeinde Daglfing gab es wegen der Entschädigungen noch Rechtsstreitigkeiten. In der Schlussabrechnung im Februar 1917 wurde als Ausgaben für den Grunderwerb 133.239 Mark 46 Pfennig angegeben. Auch Johanneskirchen mussten Grund abtreten und wurden 1907 ausbezahlt: Haus No. 1 (Glasl), Haus No. 8 (Wagner), Haus No. 12 (Kreuzmair) und Haus No. 16 (Lipp).

Die Eisenbahnlinie diente vornehmlich zum Transport von Gütern, zum Beispiel wurde Torf aus Ismaning zu den Ziegeleien der Umgebung geliefert. Im März 1914 erklärte sich die Gemeinde Daglfing dazu bereit, einen Jahresbeitrag von 25 Mark für den Beitritt zum Verband für die Einführung des Personenverkehrs auf der Münchner Ringbahn zu zahlen. Die Linie ist seit dem 21. Oktober 1927 elektrifiziert und für 45 Jahre übernahm die Elektro-Triebwagengarnitur ET85 den Personenverkehr. Von 1972 bis 1973 wurde der Personenverkehr zwischen München-Ost und Ismaning auf Busse umgestellt, danach war die Strecke Teil der S-Bahn-Linie S3, Nannhofen–Ismaning.

Im Mai 1992 konnte in 20-minütiger Taktfolge der Betrieb der S-Bahn zum Flughafen im Erdinger Moos aufgenommen werden. In Ismaning und später auch in Unterföhring wurden die Bahnhöfe unter die Erde verlegt und die Gleise im Ortsbereich teilweise in einem Graben geführt.

In Johanneskirchen wurde das alte Bahnhofsgebäude Ende der 1980er-Jahre abgerissen.

Der Nordring

Eine eingleisige Güterbahn, ausgehend von der Landshuter Eisenbahnstrecke bei Moosach über Milbertshofen nach Schwabing bestand seit 1901. 1909 wurde diese Verbindung nach Osten verlängert und es kam zum Anschluss des Nordrings an die zeitgleich gebaute Lokalbahn Ostbahnhof–Ismaning. Auf dieser Güterbahnstrecke auch einen Personenverkehr einzurichten war schon immer mal wieder im Gespräch. Die ältesten Anträge stammen aus dem Jahre 1913 durch den »Verband für Einführung des Personenverkehrs auf der Münchner Ringbahn«, dazu gehörten auch die Gemeinden Daglfing, Unterföhring und Freimann.

Seit Inbetriebnahme des Rangierbahnhofs München-Nord im September 1991 fließt der gesamte Güterverkehr Münchens in Richtung Salzburg und Italien über den Nordring und mitten durch Johanneskirchen in Richtung Trudering zur Rosenheimer Strecke.

Damit die Strecke Johanneskirchen – Zamdorf den zunehmenden Güterverkehr sowie den S-Bahnverkehr bewältigen kann, gibt es schon seit langem Planungen der Bahn für einen viergleisigen Ausbau. Doch die Proteste der Anlieger verhinderten den weiteren Ausbau. Die »Bürgerinitiative für Lärmschutz – Bahntunnel von Zamdorf nach Johanneskirchen« kämpft seit Jahrzehnten für eine Untertunnelung der Strecke, doch die Finanzierung eines kilometerlangen viergleisigen Tunnels erscheint unmöglich.

Der alte Bahndamm
Der alte Bahndamm ist der Rest eines gigantischen, politisch motivierten Bauvorhabens der Reichsbahn in München, dessen Planungen auf das Jahr 1935 zurückgehen. Der Bahndamm sollte den Eisenbahn-Nordring in Richtung Rosenheim verlängern. Aus der Grube, aus der damals der Kies für den bis zu 5 Meter hohen Damm entnommen wurde, entstand der heutige Heimstettner See.

Am 1. Januar 1941 wurde die eingleisige Strecke (Betriebslänge 7,7 Kilometer) von der Abzweigung Nordost (zwischen Freimann und Johanneskirchen) nach Feldkirchen dem Betrieb übergeben. Das Gleis Nordost–Feldkirchen kreuzte die Bahnlinie Johanneskirchen–Ismaning fast rechtwinklig, was nach Ansicht von Eisenbahnspezialisten bei Streckengleisen in Deutschland nur selten vorkommt. Da es von dieser Strecke kein Foto, keinen Fahrplan und keinen sonstigen Nachweis für Zugverkehr gibt, gehört sie wohl zu den kurzlebigsten Strecken der deutschen Eisenbahngeschichte. Auf einem Luftbild von 1945 sind noch abgestellte Personenwagen erkennbar, im Laufe des Jahres 1949 wurde dann der Abschnitt Abzweigung Nordost–Feldkirchen wegen des damaligen Bedarfs an Oberbaustoffen abgebaut.

Der München Airport Express – Zukunftsmusik
Die Pläne für das Planfeststellungsverfahren zum Transrapid, einer schnelleren Verbindung zum neuen Flughafen Franz-Josef-Strauß im Erdinger Moos, konnten von den Münchner Bürgern im April 2006 eingesehen werden. Jeder, dessen Belange durch die geplante Magnetschwebebahn München Hauptbahnhof–Flughafen berührt waren, konnte seine Einwendungen bis zum 9. Juni 2006 erheben. Die Stadt München ließ zur gleichen Zeit von Verkehrsexperten untersuchen, wie mit öffentlichen Verkehrsmitteln die Anbindung zum Flughafen verbessert werden könnte. Die Idee einer Express-S-Bahn, auch MünchenAirportEXpress (MAEX) genannt, entstand. Der MAEX sollte auf der Trasse der S8 vom Hauptbahnhof zum Flughafen fahren. Bedingung war der viergleisige Ausbau des Streckenabschnitts zwischen Daglfing und Johanneskirchen und die Verlegung in einen Tunnel. Der MAEX sollte nicht nur einen Vorteil für die lärmgeplagten Einwohner entlang der Bahntrasse bringen, sondern für den Münchner Nordosten neue städtebauliche Entwicklungsmöglichkeiten eröffnen. Um die S-Bahn-Gleise von den Gleisen der Güterstrecke zu trennen wurde 2005 eine neue »Ausbauvariante« vorgeschlagen. Eine 800 Meter lange und bis zu 8,50 Meter hohe Brücke sollte südlich der Daglfinger Straße gebaut werden, um damit die Möglichkeit zu schaffen, dass die Güterzüge die S-Bahngleise kreuzen. Dies sollte nach dem Bau der zweiten S-Bahn-Stammstrecke auch einen Zehn-Minuten-Takt für die S8 ermöglichen. Kein halbes Jahr später kam man aber zu dem Ergebnis: Für die S8 lässt man es beim derzeitigen Fahrplan und ein Ausbau der Gleise wäre somit nicht notwendig. Solange die Finanzierung einer zweiten S-Bahn-Stammstrecke nicht gelöst wird, ist auch der weitere Ausbau der S8-Strecke blockiert. Laut Zeitungsberichten von 2008 hätte die Express-S-Bahn dieses Jahr (2015) fertig sein sollen.

Kapitel 6
Im Moos

Das Erdinger Moos

Das größte Moor Bayerns mit 240 Quadratkilometer oder mehr als 70.000 Tagwerk erstreckte sich von der Daglfinger Rennbahn bis kurz vor Moosburg und zwischen der Isar und der Hügelkette westlich von Erding. Die weiten, nassen und sauren Wiesen mit ihren langen harten Riedgräsern und Schilf waren von zahlreichen nach Norden fließenden Rinnsalen durchzogen. Nur am Rand siedelten sich die Menschen an. Im Jahr 1319 gehörte der ganze »Yserrain« bis zum Priel bei Bogenhausen als Grafschaft Ismaning zum Hochstift Freising. Durch das Moos, von Daglfing über Johanneskirchen, der Goldach entlang in Richtung Freising lag die Grenze zwischen dem Herzogtum Bayern und dem Fürstentum Freising. Der Hüllgraben, in den das Wasser des Hachinger Baches fließt, war der Grenzgraben.

Benutzt wurde das Moos- und Sumpfgelände als Jagdgebiet für die »hohen Herren«. Die Bauern trieben ihr Vieh auf die begehbaren Wiesen des Moosrandes und holten sich Streu für den Winter von den Sauerwiesen. Ein Gemeindehirte beaufsichtigte den Sommer über das Vieh des ganzen Dorfs. Dass es in Johanneskirchen eine »Melkstatt« für die im Moos weidenden Kühe gab, ist nur aus Erzählungen bekannt, der Flurname »Melkstatt« weist auf so einen Platz hin. Durch künstliche Düngung seit Mitte des 19. Jahrhunderts gelang es, einzelne Randgebiete für den Ackerbau zu gewinnen. In der zweiten Hälfte des 19. Jahrhunderts ging man in Ismaning daran, in größerem Stile Torf als Brennmaterial für Brauereien und Ziegeleien abzubauen.

Familie im Moosgrund, um 1950

Die Entwässerung des Erdinger Mooses

Bereits im 18. Jahrhundert wurden von den Landesherren Versuche unternommen, das Moos urbar zu machen. Die erste Arbeit bei der Moorkultivierung war das Ziehen von Entwässerungsgräben. Zu einem ersten Treffen der Grundbesitzer der Gemeinden Daglfing, Dornach und Unterföhring zwecks Entwässerung der Mooswiesen lud das Bezirksamt München I am 16. März 1891 ein. 19.000 Tagwerk sollten durch das Ziehen von Entwässerungsgräben trocken gelegt und kultiviert werden. August Graf, Ziegelmeister von Zamdorf, erfuhr von der geplanten Moorentwässerung und stellte Ende März 1891 einen Antrag bei der Gemeinde Daglfing zur Errichtung einer Bierhütte (einer Marketenderei) auf seinem Grundstück im Moos. In einem Protokoll wurde ausgeführt:

[…] hat er bereits das Gebäude schon in Holzkonstruktion in seiner Behausung zu Zamdorf. Auch zur Beherbergung von ungefähr 50 Arbeitern hat er die nötigen Strohsäcke und die dazugehörenden wollenen Decken. Gewiß wird er bestrebt sein den Arbeitern durch gute Kost wie Getränke das zu bieten, was den durch harte Arbeit ermüdeten Beschäftigten nötig erscheint. Der vielen Heuarbeiter wegen, die jetzt genötigt waren, das von zuhause mitgenommene tagsüber warm gewordene Bier zu trinken und der vielen Eisfuhrwerke wegen wäre es schon längst angezeigt gewesen, dass das Daglfinger Moos des Besitzes einer Wirtschaft benötigt hätte.

Nachdem sein Antrag abgelehnt wurde, legte August Graf durch einen Advokat Beschwerde beim Bezirksamt ein. Mit neuen Argumenten wie dass

»der Ort, an welchem die Gastwirtschaft errichtet werden soll in Mitten von Jagdgründen liegt, welche von Jagdgesellschaften welche den höchsten Kreisen angehören gepachtet sind«

und

[…] besteht aus guten Wiesen, auf welchen im Sommer wegen des Mähens, im Winter wegen der Düngung zahlreiche landwirtschaftliche Arbeiter beschäftigt seien, und auch von Spaziergängern (Touristen) werde die Gegend schon wegen der dort beginnenden Römerstraße vielfach besucht.«

versuchte er die Behörden von einer Wirtschaft mit Fremdenbeherbergung zu überzeugen. Die Bauern bzw. der Gemeinderat sprachen sich dagegen aus, da dadurch die Knechte leicht zum »Blaumontagmachen« geführt werden könnten und die Arbeit nicht geschieht. Außerdem empfand man eine Fremdenbeherbergung im Moose als höchst zweideutiger Natur, da sie die besten Elemente nicht aufsuchen würden, sondern als Schlupfwinkel von Gesindel, das die Nähe der Stadt sucht, dienen würde. Auch mit Spaziergängern und Touristen rechnete man nicht, höchstens mit solchen, die zum Stehlen der Forellen oder zum Schlingenlegen ausgehen würden. In einem endgültigen Bescheid der königlichen Regierung von Oberbayern vom 3. Juli 1893 wies man die Beschwerde von August Graf ab. Der Bauplan für seine Wirtschaft wäre ihm sowieso nicht genehmigt worden, da keine Toiletten vorhanden gewesen wären und für eine Fremdenbeherbergung mindestens zwei Zimmer heizbar sein müssten.

Mit den Entwässerungsarbeiten konnte erst 1893 begonnen werden, da sich 1891 noch zwei oder drei Beteiligte aus Johanneskirchen weigerten, dem Unternehmen beizutreten. Mit Speisen und Getränken wurden die Arbeiter von den Gebrüdern Bernlochner, den Unternehmern für die Entwässerungsarbeiten, versorgt. Die Gemeinden Daglfing, Dornach und Unterföhring schlossen sich am 5. November 1908 zu einer »Genossenschaft zur Entwässerung von Mooswiesen« mit Sitz in Daglfing zusammen[48]. In der Satzung ging es hauptsächlich um die Regulierung der bestehenden Gräben und Bäche im Moos und die Herstellung weiterer Entwässerungsgräben, von Rohrdurchlässen und Überfallwehren. Der Wasserverband »Genossenschaft zur Entwässerung von Mooswiesen in den Gemeinden Daglfing, Dornach und Unterföhring – Hüllgrabengenossenschaft-Nord« wurde 1999 aufgelöst.

Die Vermessungspyramide

Zur Herstellung eines guten Kartenmaterials sowie zur Erfassung des Grundbesitzes (Katastrierung) und somit gerechteren Verteilung der Grundsteuern, überzog man ab 1801 das Gebiet mit einem Netz von unsichtbaren Dreiecken. Wichtig war die genaue Länge einer Grundlinie oder Basis. Nur in einem siedlungsleeren Gebiet, wie dem Erdinger Moos, konnte man die Länge der Grundlinie genau bestimmen.

---

48 Archivmaterial: [STAM-DGLF095]

Die Basispyramide, 1960er-Jahre

Diese Linie, die in ihrer rückwärtigen Verlängerung den nördlichen Turm der Frauenkirche schneidet, wurde von Oberföhring bis Aufkirchen bei Erding (22 Kilometer) mit 5 Meter langen Latten abgemessen.

Sie bildet die Grundlage für die topografische Aufnahme des damaligen Isarkreises und weiter für ganz Bayern. Die bayerische Landvermessung kostete 43,5 Millionen Mark und erforderte einen Zeitraum von 40 Jahren. 20.000 Katasterpläne (heute Flurkarten) entstanden in den Jahren 1808 bis 1854. Die 5 Meter hohe massive Steinpyramide (Vermessungspyramide) nordwestlich von Johanneskirchen mit der Aufschrift »Anfang der zwischen München und Aufkirchen gemessenen Grundlinie« erinnert an die von französischen Offizieren mit bayerischen Soldaten vorgenommenen Messungen.

Der Abfanggraben

Eine gründliche Trockenlegung des südlichen Mooses erfolgte zusammen mit dem zweiten Bauabschnitt des Mittleren Isarkanals von 1924 bis 1929 und dem Anlegen des Abfanggrabens. Den dadurch gewonnenen Kies gebrauchte man für die Anlage des Ismaninger Speichersees. Der 9 Kilometer lange Abfanggraben ist an seinem Westende circa 56 Meter breit und 10 Meter tief. Das Wasser des Hüllgrabens fließt in den Abfanggraben, dieser wiederum wird beim Landshamer Speichersee-Damm an den Vorfluter herangeführt und dann weiter zum Bachsammlerkraftwerk in Finsing. Damit dem neu gewonnenen Kulturland nicht zu viel Grundwasser entzogen wird, hat man bei allen Brücken über den Abfanggraben Stauvorrichtungen eingebaut. Dadurch kann der Wasserspiegel nach Bedarf eingestellt werden.

Mit dem Bau des Abfanggrabens wurde die Firma Philipp Holzmann beauftragt. Sie hatte zuvor am Kraftwerk von Kochel mitgearbeitet, und brachte die Arbeiter aus dieser Gegend mit. Die Arbeiter wohnten mit ihren

Staubecken am Westende des Abfanggrabens östlich von Johanneskirchen, 1997

Sogenannter Schieber am Auslauf des Staubeckens, 1997

Frauen und Kindern – es waren ungefähr 20 Familien – in Holzbaracken in der Nähe des Abfanggrabens.

In Finsing fing man mit dem Ausheben des Kanals an und arbeitete sich dann in Richtung Johanneskirchen weiter. Das Abfangbecken sollte weiter westlich gelegen ausgebaggert werden, doch wurde das verhindert. Im Juni 1926 stellte die Firma Holzmann ein Ersuchen an die Gemeinde Daglfing, eine Gleisstrecke für eine Kleinbahn vom Johanneskirchner Bahnhof bis zur Baustelle im Moos zu errichten. Die Kleinbahn diente zur Beförderung von Maschinen, Werkzeugen, Baustoffen und dergleichen und wohl auch für die Arbeiter. Dem Antrag wurde zugestimmt, unter den Bedingungen, dass der Verkehr nicht behindert, die Wege wieder repariert und für entstandene Flurschäden aufgekommen werden würde. Außerdem sollten die in der Gemeinde ansässigen Arbeitslosen beim Bau mit beschäftigt werden.

Der Hüllgraben

Zwischen dem Ortskern von Daglfing und dem Olympia-Reitstadion fließt der Hüllgraben nach Norden. Hier in der Gegend, am südlichen Rand des Erdinger Mooses, tritt die Grundwasser führende Schicht an die Oberfläche. Vor 100 Jahren verzweigte der Hüllgraben sich östlich der Siedlung Johanneskirchen, gab sein Wasser an den Dornach-Bach und den Mühlgraben ab, die beide westlich von Aschheim in den Föhringer Bach mündeten, der nordöstlich weiter durch das Erdinger Moos zum Seebach floss, der bei Ismaning in die Isar mündete. Weiter östlich, entlang der heutigen Kleingartenanlage nördlich der Salzstraße, lag der Dornacher Grenzgraben, der sein Wasser ebenfalls an den Föhringer Bach abgab. Er wurde – ebenso wie der Hüllgraben – als Grenzgraben gezogen, um die ewigen Grenzstreitereien zwischen dem Herzogtum

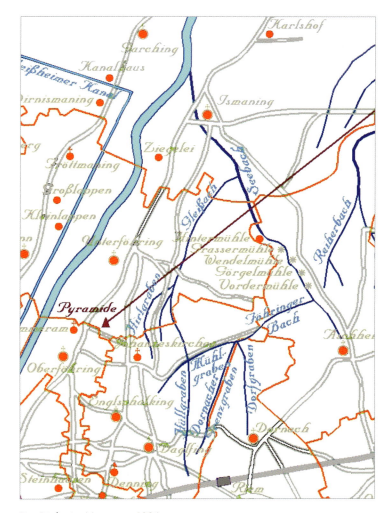

Die Bäche im Moos, um 1896

Der Hüllgraben führt seit 1933 auch Wasser des Hachinger Baches mit. Früher versickerte der bei Deisenhofen entspringende Hachinger Bach bei Perlach. Um 1910 baute man in Berg am Laim, nördlich des Michaelibades, eine Versickerungsanlage. Da in niederschlagsreichen Jahren die Wiesen entlang des Baches immer wieder überflutet wurden, baute man Anfang der 1930er-Jahre eine Betonrohrleitung unter den Bahnanlagen in Berg am Laim hindurch nach Norden zum Hüllgraben. Ein Anfang für die Renaturierung des Hüllgrabens wurde östlich von Daglfing und südlich des Dornacher Wegs gemacht.

Naturpark statt Mülldeponie

Im Johanneskirchner Moos, auf Münchner Grund nördlich des Bahndammes, ist eine Fläche von 360 Hektar für einen geplanten »Nordostpark« reserviert. Ende der 1980er-Jahre war dieses Gelände für eine neue Mülldeponie im Gespräch. Dank der stark rückläufigen Abfallmenge und dem Kampf der Bürger in einer Bürgerinitiative »Nordostpark statt Mülldeponie Johanneskirchen« erübrigte sich der Mülldeponiestandort Johanneskirchen. Der Stadtratsbeschluss vom 10. Mai 1989 über das Johanneskirchner Moos wurde am 18. Dezember 2000 geändert und die Landeshauptstadt München erließ eine neue Verordnung. Als Landschaftsbestandteil wurde der Bahndamm mit einer Fläche von über 8 Hektar als geschützt erklärt und erhielt die Bezeichnung »Bahndamm im Moosgrund«. Zweck war es, den für den Bestand und die Entwicklung der Pflanzen- und Tierwelt notwendigen Lebensraum zu bewahren und die Artenvielfalt zu erhalten. 2014 wurde das Gebiet rund um den Abfanggraben bei Aschheim

Bayern und dem Fürstbistum Freising, zu dem Daglfing und Johanneskirchen gehörten, aus der Welt zu schaffen. Beidseits des Hüllgrabens lag Viehweideland, unterbrochen von wildreichen Auen. Dieses Moor- und Sumpfland war auch ein begehrtes Jagdgebiet für den Adel. Im 30-jährigen Krieg wurden hier sogar Wölfe gejagt.

bis zum Lebermoosweg und der Straße Im Moosgrund im Rahmen des sogenannten Unterschutzstellungsverfahrens als neues Landschaftsschutzgebiet unter den Namen »Moosgrund« ausgewiesen.

Die Münchner Krautgärten

1999 wurde der erste Münchner »Krautgarten« durch einen Johanneskirchner Bauern für interessierte Anwohner ermöglicht. Verpachtet wurden von Ende April/Anfang Mai bis Mitte November 40 oder 80 Quadratmeter große Parzellen, auf denen teilweise schon verschiedene Gemüsearten angepflanzt waren. Weitere Salat- und Gemüsepflanzen erhielt man am Übergabetag zum Selbstbepflanzen der noch unbebauten Fläche. Mit Schwengelpumpen konnte Grundwasser zum Bewässern der Felder gefördert werden. Gießkannen und in den ersten Jahren auch Gartengeräte standen den sogenannten Krautgärtnern zur Verfügung. Bis 2012 befanden sich die Johanneskirchner Gemüsegärten an der Aaröstraße, danach übernahm ein anderer Anbieter weiter östlich im Moos das Krautgarten-Projekt.

»Opflanzt is« – erste Arbeiten in der Krautgartenanlage an der Aaröstraße, hinten rechts die Häuser am Mirabellenweg, 2012

Kapitel 7
Neue Wohnbauten, Siedlungen und Grünanlagen

Rund um die Kirche St. Johann Baptist

Wohnanlage am Wildrosenweg:
Im Oktober 1931 ersteigerte der katholische Begräbnisverein München den Johanneskirchner »Birnbaumhof«, um auf dem Gelände nordöstlich der Kirche St. Johann Baptist auf 5540 Quadratmetern Wohnhäuser zu errichten. Der Bau von acht Eigenheimen mit Grundstücksgrößen von 570 bis 830 Quadratmetern kam aber nicht zur Ausführung. Stattdessen diente das Gelände nach dem Abbruch des Bauernhofs den Lastfuhrunternehmern Spratter und Emmer als Lagerplatz. Das Baugesuch von Emmer aus dem Jahr 1948 für einen Einstellschuppen – wohl eher eine Kraftfahrzeug-Einstellhalle – wurde vom Münchner Stadtrat abgewiesen. Doch in Hinblick auf die Zeitverhältnisse stellte man ihm in Aussicht, das Bauwerk stets widerruflich befristet zu belassen. Im August 1951 wurde Emmer dann von der Lokalbaukommission aufgefordert, den Einstellschuppen zu beseitigen. Es ist anzunehmen, dass diesem Abbruchbescheid nicht Folge geleistet wurde, da 1974 der Einstellschuppen noch Bestand hatte. 1962 wurde von der Lokalbaukommission bemängelt, dass ein auf dem Grundstück befindliches Gartenhaus ohne Genehmigung von einem Ehepaar bewohnt würde. Als sanitäre Einrichtungen war eine Wasserzapfstelle im Vorbau mit Sickerdohle, ein freistehender Trockenabort und eine Abwasserentleerung auf dem Komposthaufen vorhanden. Diese Unterkunft wurde daraufhin als ungeeignet erklärt und für Wohnzwecke gesperrt. Die Baufirma von Anton Tosolini bekam 1973 ebenso Schwierigkeiten mit der Lokalbaukommission, da sie zwei Holzbaracken auf dem Gelände aufstellte, um dort ihre Fremdarbeiter wohnen zu lassen. Acht Personen bewohnten eine Baracke von 6 x 10 Meter, bestehend aus drei Räumen. Als Waschgelegenheit diente ein Bauwagen mit Dusche und Waschbecken und es gab zwei Trockenaborte. Die Abfälle lagerte man in Pappkartons im Freien. Eine Beseitigung der langjährig genutzten Baracken wurde im September 1974 angeordnet und zwei Jahre später ausgeführt.

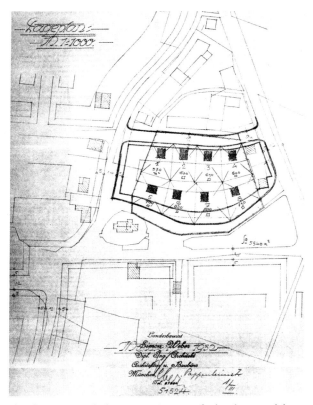

Plan für eine Neubebauung in Steinwurfnähe der mittelalterlichen Kirche St. Johann Baptist, 1932

Die heutigen, zur Vermietung erstellten Reihenhäuser, zwei Fünfspänner und vier Vierspänner, konnten 2002 bezogen werden.

Durch diese Wohnanlage auf der Angerfläche nordöstlich der Kirche wurde das »malerische Ortsbild von Johanneskirchen empfindlich gestört«. Das jedenfalls stellte das Bayerische Landesamt für Denkmalpflege 2008 bei der Nachqualifizierung und Überprüfung seiner über 30 Jahre alten Denkmalliste fest. Von 20 Münchner Dorfkernen, die wie Johanneskirchen unter Ensembleschutz standen, wollte das Denkmalamt 14 streichen und fünf verkleinern, lediglich Pipping sollte wie bisher in der Liste verbleiben. Für den Vertreter des Denkmalamtes stellten diese Neubauten »einen massiven Eingriff« in den alten Dorfkern dar. Neben den Lokalpolitikern, die gegen den Verlust der Ensemble-Eigenschaften protestierten, verstand man auch bei der Stadt die Haltung des Landesamtes für Denkmalpflege nicht. Dem Referat für Stadtplanung und Bauordnung war es nämlich nicht erklärlich, wieso die baulichen Entwicklungen, die unter Beteiligung des Landesamtes stattgefunden haben, nun zum Verlust des Ensembleschutzes führen sollten. Bei einer Streichung hätte die Stadt München keine Möglichkeit mehr, im Sinne des Denkmalschutzes bei Bauvorhaben einzugreifen.

Doch nicht nur die Bebauung am Anger wurde bemängelt, auch zwei Johanneskirchner Höfe wollte man von der Denkmalliste streichen. Das Bauernhaus, Johanneskirchner Straße 154, da dieses erst 1939 gebaut wurde, und den ältesten Hof, Johanneskirchner Straße 163, wegen moderner Überformung. 2010 führte der Landesdenkmalrat mehrere Lokaltermine zu den umstrittenen Dörfern durch. Die Entscheidungen für Oberföhring, Daglfing und Englschalking waren bis Jahresbeginn 2011 gefallen, für Johanneskirchen kämpfte man weiterhin für den Erhalt des Ensembleschutzes. In der alten Denkmalliste hieß es doch noch: »Die lockere Gruppierung von Kirche und Bauernhöfen ergibt ein malerisches Dorfbild, das noch unverwechselbare Züge trägt.«

Auch ein denkmalgeschütztes Gebäude ist vor einem Abbruch nicht sicher, wünschenswert wäre der Beibehalt des Grundsatzes: es darf nicht höher als die Kirche gebaut werden.

Gleißenbachstraße 14:
Nach dem Abbruch des schon heruntergekommenen, unbewohnbaren Wohngebäudes Ende 2007 entstand ein »Wohnensemble« bestehend aus vier Einzelhäusern mit Zwei- bis Vierzimmerwohnungen und einer Wohnfläche zwischen 65 und 120 Quadratmetern und 25 Tiefgaragenplätzen. 2009 waren die Wohnungen durch den Bauträger NovoInvest GmbH & Co KG fertiggestellt.

Johanneskirchner Straße 150–150d:
Das Gelände zwischen Bauernhof und Wirtschaft wurde, nach vorherigen archäologischen Untersuchungen, mit zwei Wohnhausriegeln bebaut.

Johanneskirchner Straße 160–162:
Bei einer Sprechstunde mit dem Landesamt für Denkmalpflege am 7. Dezember 1977 über das Anwesen Johanneskirchner Straße 160 wurde Folgendes notiert:

Das die gültige Baulinie erheblich überschreitende alte Bauernhaus, bislang auch als solches noch genutzt, soll in sehr schlechtem Zustand sein. Man sei an einer Erhaltung an sich interessiert, bezweifle jedoch, ob dies möglich und wirtschaftlich vertretbar sei. Man bevorzuge den Neubau eines Wohngebäudes in Form und Gestaltung dem Bestand angepasst. Ferner ist im Erdgeschoss ein kleines Lebensmittelgeschäft geplant. Man kam zu dem Ergebnis: Eine gemeinsame Begehung wurde vereinbart, hierbei sollen die Möglichkeiten, Methoden und der finanzielle Aufwand einer Restaurierung beurteilt werden. Eine weitgehende innere Veränderung, der Einbau von Wohnungen und eines kleinen Ladens im Wirtschaftsteil sind bei einer dem Bautyp entsprechenden Gestaltung durchaus möglich.

Haus Im Moosgrund 5, um 1950

Vorweg ist zu klären, ob die Vorstellung einer Verbreiterung der Johanneskirchner Straße, die offenbar Anlass der Zurückverlegung der Baulinie gewesen sein dürfte, noch aktuell ist.

Vor dem Dachstuhlbrand 1980 gab es wohl schon Baupläne für einen Neubau mit den Hausnummern Johanneskirchner Straße 160–162. Das heutige Anwesen und die Eigenheime am Haferweg entstanden im gleichen Zeitraum, nach 1980.

Häuser am Wacholderweg:
Die drei Wohnhäuser Wacholderweg 8, 10 und 12 sind in den letzten zehn Jahren durch Neubauten ersetzt worden.

Als letztes wurde 2014 das Gebäude Wacholderweg 12, in dem sich früher ein Milchgeschäft befand, abgebrochen.

Das Gelände am Wacholderweg 20, des ehemaligen »Preßenhofs« (siehe Kapitel »Häusergeschichten«, S. 79), der am 21. Mai 2006 vollständig abgebrannt war, wird nach langem Hin und Her, nach dem Abbruch der Ruine seit 2013/2014 mit mehreren Doppelhäusern bebaut.

Siedlungen und Häuser im Moos

Ab 1920 wurden die ersten Kleinhäuser im Moos von Johanneskirchen errichtet. Zu diesem Zeitpunkt waren die Bauvorschriften noch nicht so streng, sodass sich niemand um diese Schwarzbauten kümmerte.

Neue Wohnbauten, Siedlungen und Grünanlagen

Alle Häuser im Moos erhielten mit der Eingemeindung 1930 die Straßenbezeichnung »Im Moosgrund«. Für einige dieser Anwesen änderte sich die Straßenbezeichnung, als 1935 die Apenrader Straße benannt wurde, die von der Zahnbrechersiedlung bis weit ins Moos hinaus führt. Die Straßenbezeichnung »Am Hierlbach« wurde 1954 dann den Anwesen, die in der Nähe dieses Baches lagen, gegeben.

Die Häuser mit der Straßenbezeichnung »Im Moosgrund«

»Im Moosgrund« ist die Adresse für die Häuser, die sich heute an der Straße von Johanneskirchen nach Aschheim, nördlich des alten Bahndamms befinden.

Das Haus Im Moosgrund 5 wurde aus dem Material eines im Zweiten Weltkrieg von Bomben zerstörten Hauses in Denning hier neu aufgebaut.

Unter der Hausnummer 6 befindet sich das Betriebsgelände der Firma Becker, Garten- und Landschaftsbau.

Neben der Firma »Rent a Plant« am Lebermoosweg hat noch eine weitere Firma ihren Sitz im Moosgrund und dann gibt es noch zwei Wohnhäuser und den Bauernhof am Abbfanggraben.

Ein Kleinhaus mit der alten Hausnummer 61 und ein Holzschuppen als Behelfsheim mit der Adresse Im Moosgrund 13 konnte man ebenfalls antreffen. Das Behelfsheim wurde ohne Genehmigung errichtet und sollte nach einer Kontrolle 1952 wieder abgebrochen werden, da es nicht den Erfordernissen der Gesundheitspflege entsprach. Doch ließ man es in Anbetracht der schlechten wirtschaftlichen Verhältnisse und stets widerruflich auf ein weiteres Jahr bestehen. Erst im Mai 1967 wurde das Behelfsheim beseitigt.

Die Siedlung »Am Hierlbach«

Die Siedlung »Am Hierlbach« entstand in den Jahren 1937/38 und 1945/46, aus Gründen der damaligen Wohnungsnot in der Stadt München. Die Bewohner waren zum größten Teil Selbstversorger, sie hielten sich Kühe, Geißen, Gänse und Hühner. Was fehlte, zum Beispiel Bier, konnte man sich in der örtlichen Krämerei kaufen. Die Siedlung wurde von Seiten der Behörden stillschweigend geduldet. In einer Versammlung des Stadtrates 1967 sprach man sich für den Abbruch aller ungenehmigten Siedlungen im Münchner Stadtgebiet aus. Die Siedlung »Am Hierlbach« bestand damals aus 17 Häusern mit 80 Bewohnern. Die Siedler schlossen sich zu einer Interessengemeinschaft zusammen, um sich für den Erhalt ihrer Häuser auszusprechen. Der größte Mangel lag auf dem hygienischen Sektor; die Bewohner machten der Stadt das Angebot, sich an den

Haus Am Hierlbach 1, um 1950

Kosten für den Anschluss an das städtische Wasserleitungsnetz mit 100.000 Mark zu beteiligen.

Die Landwirtseheleute Vogl kauften sich 1933 um 1968 Goldmark 1,659 Hektar Grund im Moos. Der Bau eines Bauernhofs, bestehend aus Wohnhaus, Stall und Stadel wurde für das Jahr 1936 im Kataster eingetragen. Damals befand sich im Hausgang noch eine Wasserpumpe für die Wasserversorgung von Mensch und Tier, Petroleumlampen sorgten für die Beleuchtung. Die Häuser »Am Hierlbach« erhielten erst 1961 Stromanschluss und ab 1971 wurden Wasserleitungen verlegt.

Zur Siedlung »Am Hierlbach« gehören heute 34 Anwesen, die inzwischen an das Münchner Kanalnetz angeschlossen sind. Eine Bekanntmachung aus dem Jahr 2000 gab die Änderung des Flächennutzungsplans für die immer noch ungenehmigte Siedlung bekannt. Es sollte ein Bebauungsplan mit Grünordnung aufgestellt, die bestehende Wohnnutzung legalisiert und neue Wohnbauflächen ausgewiesen werden. Eine Neubebauung innerhalb der vorgesehenen Bauräume sollte aber nur möglich sein, wenn sichergestellt sei, dass der Altbestand beseitigt würde.

Die Häuser an der Glücksburger Straße

Wie am Hierlbach entstanden am nördlichen Ende der Glücksburger Straße nach dem Zweiten Weltkrieg aus Gartenhäuschen ungenehmigte feste Bauten. Sechs Parteien auf drei Grundstücken bewohnten die Schwarzbauten, die von der Stadt Adresse, Strom und auch einen Wasseranschluss erhielten, aber keinen Kanalanschluss. Die Bewohner waren nur geduldet und bekamen Anfang der 1990er-Jahre von der Stadt einen Absiedlungsbescheid, da ihre Behausungen auf einem zukünftigen Grüngürtel lagen. Nach einem Ortstermin an der Glücksburger Straße durch das Bayerische Verwaltungsgericht wurde die Klage der Bewohner gegen die Abrissverfügung der Stadt im Februar 1996 abgewiesen. Die CSU-Stadträte setzten sich damals für die Häuschenbesitzer ein und gaben den SPD-Politikern die Schuld. Die Schwarzbauten wurden so zum Wahlkampfthema für das Jahr 1996. Die Kläger nahmen das Urteil nicht an und gingen in die nächste Instanz, in Hoffnung auf den im März neu gewählten Stadtrat, denn die CSU wollte sich für die nachträgliche Legalisierung der Häuser einsetzen. Nach 40-jähriger Duldung sollte doch »Gnade vor Recht« ergehen. Die Bewohner erhielten aber lediglich ein lebenslanges Wohnrecht. Heute lebt noch eine Bewohnerin in ihrem Schwarzbau. 2014 wurde ein Teil des inzwischen stark verwilderten Geländes gerodet.

Die wilden Siedler an der Salzstraße

Ab 1920 wurden die ersten Kleinhäuser im Moos bei Johanneskirchen und Daglfing errichtet. Den Grund kauften oder pachteten die Siedler von den umliegenden Bauern beziehungsweise Grundstücksbesitzern. Ein Teil dieser Siedler arbeitete seit 1924 am Bau des Abfanggrabens bei der »Mittleren Isar AG«. Die Arbeiter wohnten mit ihren Frauen und Kindern – es waren ungefähr 20 Familien – in Holzbaracken in der Nähe des Abfanggrabens. Im Juli 1928 stellte die Gemeinde Daglfing erstmals einen Antrag an das Innenministerium, dass die Baracken mit Beendigung der Arbeiten geräumt würden, damit diese Arbeiterfamilien der Gemeinde nicht zur Last fielen. Einige der Familien blieben aber. Im Wanderbuch der *Münchner Neuesten Nachrichten* über das Gebiet der »Mittleren Isar« von 1924 wurden die dortigen Bewohner so beschrieben:

Wer den derben vierschrötigen Bauerngestalten begegnet, den Lehmpatschern in schweren Stiefeln, den verschlossenen scheuen Möslern und den aufgeweckten Bauerngesichtern auf der Schotterebene, die bereits der Verkehr mit der nahen Stadt abgeschliffen hat, weiß, wie der Boden, das Klima, die harte Arbeit hier draußen, das Leben in der Dorfgemeinschaft oder auf der Öd die Menschen formt und ihnen verschiedene charakteristische Eigentümlichkeiten aufprägt. […] Wer möchte es glauben, daß es hier draußen im Moor noch Urformen menschlicher Siedlungsweisen gibt, daß hier zu Einsiedlern gewordene Mösler noch troglodytenhaft[49] in unwirtlichen, kaum etlichen Fuß hohen Hütten hausen, nur wenige Stunden von der raffiniertesten Wohnkultur der Großstadt entfernt?

Die Daglfinger »Liesensiedlung« erstreckte sich parallel zur östlichen Stadtgrenze von Süden nach Norden, beginnend bei der Trainingsbahn von Riem beziehungsweise beim Dornacher Weg über die Salzstraße und den heutigen Bahndamm hinweg in Richtung Abfanggraben. Im Januar 1936 zählte man 64 Bauwerke. Oft bewohnte eine Familie mit bis zu sieben Kindern ein Blockhaus bestehend aus einem Raum, der gleichzeitig als Küche, Wohn- und Schlafraum diente. Viele Bewohner hielten sich Nutztiere, wie Schweine, Ziegen und Hühner und betrieben Gemüse- und Obstanbau.

Hatte das hohe Grundwasser im Moos für die Siedler den Vorteil, immer an Wasser heranzukommen, so versuchten diese es aber gleichzeitig mit ihrem Abwasser. Darum hätten die Bewohner aus gesundheitlichen und baupolizeilichen Gründen niemals eine Genehmigung für ihre Bauten erhalten. Bei einer Besichtigung am 7. Januar 1936 stellte man deshalb fest: »Es käme einer Belohnung für die Übertretung gesetzlicher Vorschriften gleich, wollte man ihnen Ersatzanwesen bauen.«

Der NSDAP-Funktionär Christian Weber benötigte den Grund, auf dem 14 Häuser standen, heute südlich der Salzstraße gelegen, für den Rennverein Riem als Trainingsbahn. Eines der betroffenen Grundstücke war das von Thomas Hienle, Dornacher Weg 32. Der 54-jährige Hienle kam 1927 mit Frau und sieben Kindern von Tölz nach Daglfing. Er besaß, bevor er sich im Moos eine Unterkunft baute, ein Anwesen an der Bromberger Straße. Sein gemauertes Haus mit etwa 50 Quadratmeter Wohnfläche und einem Schätzwert von 1400 RM bewohnte er mit Frau und zwei Kindern. Hienle, der für einen Stundenlohn von 65 Pfennig bei der Konservenfabrik Eckart arbeitete, gab an,

Aus: Völkischer Beobachter, 9. März 1936

dass er, da er schon einmal versteigert wurde, nicht weg wolle. Nur für eine Abfindung von 5000 RM und einen neuen Bauplatz würde er das Grundstück räumen. Die Hienles gehörten wahrscheinlich zu den »glücklichen Umsiedlern«, die 1938 vom Gauheimstättenamt der DAF[50] ein Ersatzheim in Trudering oder Ismaning erhielten. Einige Moossiedler, die »Sozialfälle«, fanden entweder in den Baracken an der Savitsstraße oder in einer anderen Notwohnung eine neue Unterkunft. Bis 1939 waren die Behausungen im Moos zum größten Teil geräumt.

Die Zahnbrechersiedlung
Zur Geschichte der Reichskleinsiedlungen

Die Folgen der Weltwirtschaftskrise hatten in Deutschland 1931 ihre stärksten Auswirkungen. Es gab sieben Millionen Arbeitslose. In den damaligen Notverordnungen des Reichspräsidenten ging es auch um vorstädtische Kleinsiedlungen und Bereitstellung von Kleingärten für Erwerbslose. Ziel war die Arbeitsbeschaffung, die Kleinsiedlung war dabei Mittel zum Zweck. Beim Bau von Kleinhäusern wurden verschiedene Stempel-, Gebühren- und Steuerbefreiungen gewährt und billige Darlehen zur Verfügung gestellt. Die Kleinhäuser waren möglichst einfach zu gestalten, als eingeschossiges Einfamilienhaus mit ausbaufähigem Dach oder als Doppelhaus. Die ersten Reichskleinsiedlungen nach den Richtlinien der Notverordnung vom 6. Oktober 1931 wurden in München in Zamdorf, Am Perlacher Forst und in Freimann gebaut und ab Herbst 1932 bezogen.

Die Bestimmungen zur Förderung von Kleinhaussiedlungen wurden 1933 nach der Machtübernahme Hitlers vorerst nicht gravierend geändert. Erst ab Herbst 1933 gab es eingreifende Maßnahmen, bezogen auf die Siedlungspolitik und den Wohnungsbau. 1934 wurden ein Reichssiedlungskommissariat und ein Reichsheimstättenamt eingerichtet, der Siedlungsbau unterlag der Kontrolle des Reiches. Josef Platen beschrieb »die neue Zeit im Siedlungswesen«, bezogen auf die Mustersiedlung Ramersdorf. Über die Aufgaben der Frau im neuen Siedlungshaus schrieb er:

Siedeln heißt also: sich bescheiden. In der Gartenarbeit wird die häusliche Hauptaufgabe des Mannes liegen, die Frau soll hier die Früchte, den Kopfsalat, die Erbsen, Bohnen und Möhrchen und die Blumen ernten. Das ist, wenn sie dafür Verständnis hat – und das haben die meisten Frauen – ihr größter Anteil an der Siedlerfreude. Das eigene Ei von eigenen Hühnern dazu. Aber siedeln heißt auch bescheiden sein im Wohnraum. Und hier beginnt im Siedlungswesen das eigentliche Reich der Frau. Der Baumeister der neuen Zeit hat sich um den Grundriß des neuen Siedlungshauses geplagt. Hier spricht schon viel Erfahrung mit. Aber an einem kommt er nie vorbei: der Grundriß entscheidet in seinem Umfang über die Gestehungskosten des Hauses. Deshalb heißt es hier wiederum bescheiden sein, wenn man billig wohnen will. Also verhältnismäßig wenige, kleine und niedrige Räume. Die vornehmste Aufgabe der Frau des Siedlers aber ist es, aus den Räumen ein Heim zu schaffen. Die Zeiten sind ja glücklicherweise vorbei, in denen die stilkitschig geschnitzten Möbel so breit und so hoch waren, daß sie Löcher in die Decke stießen.

Das eigentliche Reich der Frau im Hause ist die Küche. Sie wird in Zeiten vereinfachter Lebensgestaltung unseres Volkes oft zur Wohnküche. Diese Entwicklung mußte sie vor allem in Siedlungsbezirken nehmen, in denen die Raumfrage zur Daseinsfrage der Bewohner wurde.

Das Beiwerk fällt weg, die klare Sachlichkeit kommt – oft bis zur Nüchternheit – zur Geltung, auch in der Ausstattung der Küche und in der Beschränkung des Hausgeräts. Die Maschine soll der Hausfrau helfen, aber sie soll sie nicht beherrschen. Nun darf gerade das

---

50 DAF = Deutsche Arbeitsfront, Einheitsverband der Arbeitnehmer und Arbeitgeber in der NS-Zeit

Reich der Frau nicht durch Nüchternheit entseelt werden. Dagegen sträubt sich schon der Schönheitssinn des weiblichen Geschlechts. Frauen haben immer verstanden, den Dingen des täglichen Gebrauchs Farbe und Freudigkeit zu verleihen. So etwas kann ja auch mit den billigen Mitteln erreicht werden, die einem Siedlungshause entsprechen.

mandates zog er sich aus der Politik zurück. Im August des Jahres 1932 wurde von ihm die »Siedlergenossenschaft München-Johanneskirchen eGmbH« ins Register eingetragen.

Es sollten Doppelhäuser mit einer Wohnfläche von 70 Quadratmetern gebaut werden. Im Erdgeschoss be-

Dr. Dr. Franz Xaver Zahnbrecher

Grundsteinlegung zur Zahnbrechersiedlung am 1. Mai 1933

Die Anfänge der Zahnbrechersiedlung

Münchner Zeitungen berichteten im September 1932 über den Bau einer Siedlung mit 120 Einfamilienhäusern in Johanneskirchen. Dr. Dr. Franz Xaver Zahnbrecher hatte die Idee, eine Siedlung zu errichten, in Verbindung mit der Gründung einer »Ein- und Verkaufsgenossenschaft«, deren erster Vorstand er wurde.

Zahnbrecher wohnte seit dem Jahre 1932 in Johanneskirchen, Rambaldistraße 68, heute Wacholderweg 14. Seit 1922 war er Landtagsabgeordneter der damaligen Bayerischen Volkspartei. Nach Ablauf seines Landtags-

fand sich eine Wohnküche mit 10 Quadratmetern, ein Wohnzimmer mit 14 Quadratmetern, ein Schlafzimmer mit 12 Quadratmetern und ein Abort. Im Dachgeschoss war ein Raum mit 24 Quadratmetern, eine Kammer und ein Speicher vorgesehen. Im Keller befanden sich Werkstätte, Obstkeller und Waschküche mit verzinkter Badewanne. Zu jeder Doppelhaushälfte gehörte ein Grundstück mit 1100 bis 1200 Quadratmetern, der Preis für Haus und Grund sollte 3630 Mark betragen.

Jeder Siedler war gezwungen, Mitglied der »Ein- und Verkaufsgenossenschaft« zu werden. Die Genossenschaft wollte Siedlerbedarf günstig einkaufen und Gartenerzeugnisse verkaufen, außerdem wurden Strom

Neue Siedlung Johanneskirchen
Feierliche Grundsteinlegung

Johanneskirchen feierte am Montag, dem Tag der nationalen Arbeit, die Grundsteinlegung der neuen Siedlung, die unter der Mitarbeit des Freiwilligen Arbeitsdienstes errichtet wird.

Nach einem Gottesdienst in der historisch interessanten Dorfkirche versammelten sich die Teilnehmer zum Abmarsch nach dem Festgelände. Unter den Klängen der S.A.-Musikkapelle des Sturmes 32/2, der Beteiligung der Freiwilligen Feuerwehren von Johanneskirchen, Englschalking und Daglfing, der Kolonne des Freiwilligen Arbeitsdienstes sowie der Siedler und Siedlerersatzleute traf der Festzug gegen 10 Uhr am Ort der Grundsteinlegung ein. Dekan Attenberger, der auch den Festgottesdienst gehalten hatte, sprach hier über die geschichtliche Bedeutung der Grundsteinlegung und des Ortes Johanneskirchen (der weit älter sei als München). Die Urkunde der Grundsteinlegung wurde hierauf von dem verdienstvollen Leiter der Siedlung, Dr. Zahnbrecher, dem Vertreter des Aufsichtsrates, Posch, übergeben, der sie unter die Kapsel legte. Die Einmauerung wurde durch Baumeister Schlecht vorgenommen.

Ergreifende Worte sprach der Pate der neuen Siedlung, Landtagsabgeordneter Bauer. Unter den Klängen des Deutschland-Liedes, des Niederländischen Dankgebetes und des Horst-Wessel-Liedes wurden die Flaggen der nationalen Erhebung gehißt.

Der kirchlichen Feier schloß sich eine weltliche an, die in der Kantine des Freiwilligen Arbeitsdienstes stattfand.

Zeitungsartikel zur Grundsteinlegung der Zahnbrechersiedlung, 1933

- Beim Bau 20 Wochen ohne Bezahlung mitzuarbeiten. Für 1 Mark täglich konnte man sich aus der Kantine verpflegen lassen. Die Siedler wurden je nach Können »verwendet«, mussten sich aber grundsätzlich zu jeder Arbeit bereit halten, auch zu einfachen Arbeiten mit Schaufel und Pickel.

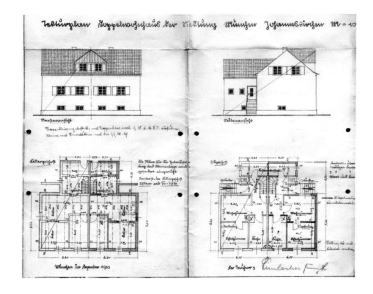

Plan eines Siedlungshauses der Zahnbrechersiedlung

und Wasser über sie bezogen. Mit Erlaubnis der Genossenschaft konnte man ein Geschäft in der Siedlung eröffnen. Bereits vergeben waren die Wirtschaft, die Metzgerei, die Bäckerei, die Krämerei, der Milchladen, ein Weiß- und Kurzwarengeschäft, ein Friseurladen, ein Geschäft für elektrischen und Radio-Bedarf. Ein Flaschenbiergeschäft durfte nicht geführt werden wegen der Konkurrenz zum Wirt.

Mit dem Kauf eines Hauses war man verpflichtet, sich noch an weitere Bedingungen zu halten. Zum Beispiel:

- Grundsätzlich musste jeder Siedler sofort 630 Mark bar einzahlen.
- Für die Arbeit und Aufgaben der Genossenschaft sollte jeder Siedler im Monat 2 Mark bezahlen.
- Jeder Siedler verpflichtete sich, in der Siedlung seine politische Überzeugung durch Aufziehen von Fahnen möglichst unter Schonung der Überzeugung der Gegner zu betonen, damit in der Siedlung Friede und Harmonie herrschten.
- Streitigkeiten von Siedlern untereinander und mit der Genossenschaft wurden unter Ausschluss aller Anwälte entschieden.

Neue Wohnbauten, Siedlungen und Grünanlagen

Aufmarsch des Freiwilligen Arbeitsdienstes in der Johanneskirchner Straße / Ecke Gleißenbachstraße, 1933

Die Siedlung wurde in vier Baugruppen unterteilt, die Baugruppen I und II mit 120 Häusern sollten bis Mitte Mai / Juni 1933 fertig gestellt werden, die Baugruppen III und IV bis August / November 1933.

Der notarielle Grundstückskauf für die erste Siedlung, Baugruppen I und II, erfolgte im September 1933. Es wurden 16,784 Hektar von Anton und Maria Baur aus Johanneskirchen für 23.500 RM gekauft, die Parzellen wurden um 330 RM an die Siedler weitergegeben.

Für den Freiwilligen Arbeitsdienst, der beim Bau eingesetzt wurde, errichtete man im Dorf Unterkünfte. Als Lohn erhielten die Arbeiter vom Freiwilligen Arbeitsdienst, um die 140 Mann, am Tag 30 Pfennig auf die Hand sowie freie Unterkunft und Verpflegung. Ab Oktober 1933 wurden junge Leute vom Arbeitsdienst-Pflichtjahr eingesetzt.

Schwierigkeiten beim Bau der Häuser

Wegen des hohen Grundwasserstandes wollte die Stadt München den Bau der Siedlung zuerst nicht genehmigen. Dank des Einsatzes von Dr. Dr. Zahnbrecher wurde im Dezember 1932 die Baugenehmigung erteilt. Im Juni 1933 gab die Genossenschaftsleitung bekannt, dass der Grund für die zweite Siedlung zur Verfügung stehen würde, doch diese Siedlung wurde nicht mehr gebaut. Schon jetzt stellte sich heraus, dass der Kaufpreis viel zu niedrig angesetzt worden war. Die Hebefeier der Gastwirtschaft fand am 24. Juni 1933 statt, bis Ende des Jahres sollten alle Häuser unter Dach gebracht werden. Nach Fertigstellung der Innenarbeiten wurde als Einzugstermin März 1934 angegeben, der Hauspreis hatte sich inzwischen auf 4200 RM erhöht.

Im November 1933 gab Dr. Dr. Zahnbrecher an die Siedler ein Rundschreiben heraus, in dem er zu Gerüchten und Beschuldigungen seitens der Siedler Stellung nahm. Es wurde behauptet, dass die Bücher beschlagnahmt wurden, er 30.000 RM unterschlagen hätte und vor 14 Tagen verhaftet wurde. Die Beamten des städtischen Revisionsamtes nahmen zwar die Bücher zur Prüfung ins Rathaus mit, doch er hat sich nichts zu Schulden kommen lassen. Bei 16stündiger Arbeitszeit würde er nur ein Gehalt von 180 RM im Monat erhalten.

Für den 10. Dezember 1933 berief er eine Versammlung der Siedler ein. Zu dieser Versammlung kam es nicht mehr, Dr. Dr. Zahnbrecher wurde inhaftiert und nach Stadelheim gebracht; im August 1934 ließ man ihn wieder frei.

Nach der Inhaftierung von Dr. Dr. Zahnbrecher wurde vom Staatskommissar für Siedlungswesen ein neuer Vorstand und Aufsichtsrat ernannt. Eine außerordentliche Generalversammlung fand am 28. Januar 1934 im Hackerbräuhaus in der Sendlinger Straße statt.

Ausschnitt aus dem Bericht eines damaligen Zeitzeugen:

[...] die Generalversammlung hat von 10 Uhr bis ½ 5 Uhr gedauert. Eigentliche Beschlüsse, Neubesetzung des Vorstandes und Aufsichtsrats wurden vertagt. Die Versammlung war im großen und ganzen ein sensationeller Rechenschaftsbericht. Fast alle Siedler waren anwesend oder durch andere vertreten. Über den äußeren Eindruck der Versammlung ist zu sagen, daß er einer nationalsozialistischen Kundgebung sehr ähnlich sah, ich hatte wieder Gelegenheit die Versammlungstechnik und die überlegene Menschenführung der Nationalsozialisten zu bewundern. Die Diskussion wurde in geschickter Weise immer wieder hinausgezögert, sodaß am Schluss nur wenig Zeit blieb. Es meldeten sich auch nur Parteimitglieder und zwar solche frühesten Datums.

Menschlich am sympathischsten und sachlich am klarsten hat Architekt Vollmann gesprochen. Glänzend waren die Ausführungen des Staatskommissars, der wie ein hervorragender Advokat, auf der einen Seite die Schamlosigkeit des Dr. Zahnbrecher geißelte, auf der anderen Seite vollstes Verständnis für die Siedler an den Tag legte und sie beglückwünschte, daß sie kraft des energischen Eingreifens von nationalsozialistischen Organen noch mit einem blauen Auge davongekommen seien.

Dr. Zahnbrecher hat auf Rechnung der Genossenschaft für sich und seine Kinder ein Bauerngut, ein Milchgeschäft, ein Haus usw. gekauft, hat bei Verträgen mit Lieferanten sich 10 % Provision ausbedungen usw. usw. Es mutet alles wie ein schlechter Kriminalroman an. Wenigstens hat er seine Machenschaften nur teilweise zu Ende führen können, sodaß der Fehlbetrag »bloß« 40.000 M ausmacht.

Mein Gesamteindruck ist folgender: Bei der heutigen Lage der Dinge wird die Fertigstellung der Siedlung bestimmt korrekt vor sich gehen. Architekt Vollmann hat feierlich versprochen, daß bis Mai die ganze Siedlung fertig ist. Die Sache ist auch so, daß die überwältigende Mehrheit der Siedler bedingungslos dem zustimmen wird, was die nationalsozialistischen Organe vorschlagen. Ein Widerstand des Einzelnen ist ohne Aussicht auf irgend einen Erfolg.

Im Laufe des Jahres 1934 stellten sich weitere Schwierigkeiten ein, denn Nachrichten über die wachsende Zunahme des Defizits wurden bekannt. Unter der kommissarischen Genossenschaftsleitung sollte eine Erhöhung des Hauspreises auf 5400 RM durchgesetzt werden. Im August 1934 wurde von der Generalversammlung ein neuer Vorstand gewählt, der bisherige

oben: Die Zahnbrechersiedlung, kurz nach der Fertigstellung 1934

links: Zwei Erstsiedlerinnen der Zahnbrechersiedlung, 1989

Geschäftsführer Kagerer wurde entlassen und Drechsler musste als Erster Vorsitzender zurücktreten. Mit den Mitteln der Überredung, der Drohung und der Einschüchterung wurden die Siedler bearbeitet, einem neuen Hauspreis von 6100 RM zuzustimmen, um einen Konkurs der Genossenschaft zu verhindern.

Eine von der Treuhandstelle für »Kleinwohnungen in Bayern GmbH« durchgeführte Revision ergab, dass unter der »Ära Drechsler-Kagerer« der Fehlbetrag auf 360.000 RM gestiegen war. Danach errechnete sich ein neuer Kaufpreis von 7800 RM. Um den Konkurs der Genossenschaft abzuwenden, wurden Sanierungsverhandlungen mit der Stadt München und dem Staatsministerium für Wirtschaft begonnen. Die Geschäftsleute und die Gläubiger (die Einzahler für die zweite Siedlung) sollten auf 40 % ihrer Forderungen verzichten und ein weiteres Darlehen sollte zur Verfügung gestellt werden. Damit die Sanierung zustande kommen konnte, mussten die Siedler für den Vergleich und somit auch für den neuen Kaufpreis von 6100 RM zuzüglich des verbilligten Reichsbaudarlehens zustimmen.

Am 13. August 1935 fand der Vergleichstermin vor dem Vergleichsgericht München statt, mit positivem Ausgang. Doch es befanden sich noch circa 25 Siedler in Opposition. Durch einen Brief der Partei wurden sie auf die Folgen ihrer Weigerung aufmerksam gemacht. In diesem Brief stand unter anderem:

Ich möchte die Gegner des Vergleiches fragen, ob sie als deutsche Volksgenossen diese Verantwortung auf sich nehmen wollen, denn das »Nein« sagen bedeutet nichts anderes als seinen Mitmenschen einen Schaden zuzufügen, sie haben auch hieraus die Konsquenzen zu ziehen, denn Möglichkeiten sind verschieden gegeben. Die Gegner des Vergleiches der 1. Siedler können veranlasst werden, ihr Haus zu räumen und den 2. Siedlern zur Verfügung zu stellen. Das Gesetz gibt ohne weiteres der Vorstandschaft die Handhabe dazu. […] Alle die guten Willens sind werden ersucht, sich zu überlegen, was im Falle eines Konkurses für Nachwehen erscheinen und welche Verantwortung sie dabei als Volksgenossen auf sich nehmen.

Die Vergleichsgegner hätten gestern Abend in der Poschwirtschaft sowohl als auch heute im Vergleichstermin Gelegenheit gehabt, sich selbst vom berufenen Munde aus unterrichten zu lassen über das oben geschilderte.

Dieses Rundschreiben ergeht an alle Vergleichsgegner mit dem Ersuchen die Zustimmung zum Vergleich zu erteilen. Der Unterfertigte kommt morgen Früh in der Zeit zwischen 8 und 9 Uhr persönlich zur Entgegennahme der eventuellen Zusage.

Im September 1935 schrieben die »aufmüpfigen« Siedler einen Brief an den Reichsminister und Stellvertreter des Führers, Rudolf Hess, um ihre Sachlage genau zu erklären. Am 9. März 1936 erkannten die 21 »Neinsager« letztendlich in einem Schreiben den endgültigen Hauspreis unter gewissen Voraussetzungen an.

Die Siedlung nach der Fertigstellung

Die ersten Häuser wurden im Winter 1933/34 bezogen. Richtig fertig waren die Häuser in den meisten Fällen nicht, auch stand der letztgültige Preis noch nicht fest. An Läden befanden sich in der Siedlung das Kolonialwarengeschäft Merwald, ein Milchladen, eine Bäckerei und ein Schreibwarengeschäft. Es gab einen Schuster, einen Schneider und einen Arzt. Der »Poschwirt« besaß eine Kegelbahn und ein Musikpodium, hier fanden Theaterstücke einer Laienbühne und Faschingsbälle statt.

Zu kämpfen hatten die Siedler mit dem hohen Grundwasserstand. So beschloss man im Juli 1933, nachdem die Baugruben unter Wasser standen, die Häuser nicht so tief zu bauen. 1935 wurde von der Stadt München die Herstellung von Entwässerungsgräben zur Absenkung des Grundwassers verlangt. Trotzdem kam es öfters vor, dass Wasser in die Keller lief. Dazu diese Geschichte:

Das Wasser hatte schon die dritte Kellerstufe erreicht. Unsere Huberin musste dringend in die Stadt und als sie heim kam, fiel ihr ihre Bruthenne ein, die im Keller auf ihren Eiern saß. Schnell das ganze Gewand herunter und nackend ins kalte Wasser, um das arme Vieh zu retten. Da läutete es an der Haustüre. Sie mit der Bruthenne und ihrem Nest hinauf. Der Weber Fritz war draussen und war sehr erstaunt über die nackte Frau und sagte: »Ja, mei Huaberin, wie schaugst denn Du aus, aber Dein Hut hättst scho a no runter tun könna.

In der Eile war sie mit Hut ins Wasser gestiegen.

1946 wurde die Ein- und Verkaufsgenossenschaft in einen eingetragenen Verein umgewandelt. Der heutige Verein nennt sich »Interessengemeinschaft der Siedlung München-Johanneskirchen e.V.«.

Der Weiher am Westerlandanger wurde im Winter zum Eishockeyspielen genutzt. Bereits 1952 wollte man ihn zuschütten. Aber erst als im August 1954 zwei Buben, acht und neun Jahre alt, die nicht schwimmen konnten, beim Spielen mit ihrem Floß im fast zwei Meter tiefen Weiher ertranken, wurde er zugeschüttet.

Die Gartenstadt Johanneskirchen

Die in den Jahren 1932/33 von Dr. Dr. Franz Xaver Zahnbrecher geplante zweite Siedlung wurde mit dem Bau der Gartenstadt Johanneskirchen in den Jahren 1983 bis 1985 – wenn auch in anderer Form als seinerzeit geplant – verwirklicht. In den 1930er-Jahren waren auf der von der Katholischen Kirche zum Kauf angebotenen Pfarrwiese weitere 100 bis 120 Häuser vorgesehen. Für den ersten und zweiten Bauabschnitt der neuen Gartenstadt-Siedlung stellte die Katholische Pfarrpfründestiftung Oberföhring diesen 16 Hektar großen Grund dann als langfristiges Erbbaurecht zur Verfügung. Vergeben wurden die preisgünstigen Reihenhäuser und Eigentumswohnungen nach den Vorschriften des neuen Wohnraumbeschaffungsprogramms der Stadt München. Die Grundsteinlegung nahm der damalige Oberbürgermeister von München, Erich Kiesl, am 30. April 1983 vor.

Die Reste der alten Gärtnerei Ecke Stegmühlstraße/Josef-Thalhamer-Str. (im Bau) – heute steht hier der Kindergarten St. Johannes, 1984

Grundsteinlegung für die Gartenstadt Johanneskirchen, in der Mitte der damalige Münchner Oberbürgermeister Erich Kiesl, 30. April 1983

Der erste Bauabschnitt mit 379 Wohneinheiten – Reihen- und Doppelhäuser sowie Eigentums- und Mietwohnungen – war 1984 bezugsfertig.

Der zweite Bauabschnitt bestand aus 114 Wohneinheiten und dem Einkaufszentrum mit zwei Arztpraxen, die Fertigstellung war für Mitte bis Ende 1985 geplant.

Der dringend benötigte Kindergarten wurde im Herbst 1985 eröffnet.

Der dritte und letzte Bauabschnitt umfasste 22 Reihenhäuser und einen Wohnblock mit Mietwohnungen, bezogen wurden die Häuser 1986. Der Grund für diese Reihenhäuser wurde nicht mehr im Erbbaurecht vergeben, sondern musste als Eigentum erworben werden.

Wohnanlagen in Johanneskirchen

1957 lebten in München über eine Million Einwohner. Die Wohnungsnot verringerte sich seit Kriegsende nur langsam. 1956 gab es noch einen Fehlbestand von etwa 60.000 Wohnungen. Das »Zweite Wohnungsbaugesetz«, das 1956 gültig wurde, legte einen größeren Wert auf die Eigentumsbildung und sah für die Wohnungen einen höheren Standard an Größe und Ausstattung vor. Im gleichen Jahr löste man das Wiederaufbaureferat auf und die Schutträumung fand sein Ende nachdem 9 Millionen Kubikmeter Schutt beseitigt worden waren. Im Hasenbergl, in Fürstenried, in Neuperlach und im Stadtbezirk Bogenhausen (Parkstadt Bogenhausen, Wohnanlage Oberföhring, Fideliopark, Cosimapark, Parkstadt Arabellapark) entstanden die ersten »Trabantenstädte«. Aber nicht nur die Einwohnerzahl stieg an, auch der Verkehr nahm stetig zu. Kam 1950 noch ein PKW auf 42 Einwohner so stieg bis 1960 die Anzahl der Autos auf 1 PKW pro 13 Einwohner. Auch die monatlichen Rohmieten für Sozialwohnungen stiegen von 1961 von 3,00 DM pro Quadratmeter bis 1968 auf 3,50 DM, die Rohmieten für freifinanzierte Wohnungen stiegen im gleichen Zeitraum von 3,50 DM auf 5,50 DM pro Quadratmeter. Die erste größere Wohnanlage auf Johanneskirchner Grund entstand in den Jahren 1965 bis 1968 an der Freischütz-, Silvana- und Preziosastraße.

Die Großsiedlung an der Freischützstraße

Wohnblock an der Preziosastraße 33–41, 2015

Die Siedlung besteht aus circa 1800 Wohneinheiten und wurde überwiegend öffentlich gefördert. Zudem entstanden 683 Autostellplätze, davon 302 in drei Tiefgaragen und 381 im Freien sowie ein Ladenzentrum. Der städtebauliche Gesamtentwurf lag in Händen des Architekten Gordon Ludwig; Planungs- und Bauträger waren Südgrund, Münchner Grund und GWG. Es entstanden Zeilenbauten, Punkt- und Scheibenhäuser in konventioneller, Fertig- und Allbetonbauweise mit vier bis zu 19 Geschossen. Die damals geplante Volksschule war 1969 noch auf Johanneskirchner Grund, östlich der Schlosserei Sondermayer, am Bichlhofweg vorgesehen, wurde aber dort nicht realisiert. Die Johanneskirchner Kinder besuchen seit 1972 die Grundschule an der Regina-Ullmann-Straße; sie liegt schon auf Oberföhringer Grund.

In den Häusern Freischützstraße 102 bis 108, errichtet 1967 bis 1968, wohnten in München stationierte Bundeswehrangehörige mit ihren Familien. Dabei waren die viergeschossigen Häuser Freischützstraße 102 und 108 den Offiziersgraden vorbehalten. 1984 wurden die Wohnungen an Privatpersonen verkauft, wobei die bisherigen Mieter ein Vorkaufsrecht erhielten.

Für das Haus Preziosastraße 18–26 erhielt Dipl. Ing. Ernst Barth 1969 den Ehrenpreis für den Sozialen Wohnungsbau (Bauherr war Heimag München, Gemeinnützige Heimstätten AG, 9 Stockwerke, Drei- und Vierzimmerwohnungen). Nach den Plänen des Architekturbüros Ernst Barth wurde auch die Wohnanlage Cosimapark in den Jahren 1962 bis 1969 geplant und gebaut. Gordon Ludwig arbeitete auch für die Neue Heimat am Projekt Fideliopark mit.

Die GWG und ihre Architekten:
1918 wurde die »Gemeinnützige Wohnstätten Gesellschaft München mbH« (1936 in »Gemeinnützige Wohnstätten- und Siedlungsgesellschaft« umbenannt) gegründet. Die GWG ist als städtische Siedlungsgesellschaft zum Zwecke einer »organischen Zusammenfassung aller derjenigen Kreise, die am Bau von Wohnungen interessiert sind« entstanden. 1923/24 stellte die GWG nach dem Totalverlust ihrer Stammeinlagen durch die Inflation ihren Geschäftsbetrieb ein. Im Oktober 1935 erfolgte die Wiederbelebung der städtischen Wohnungsbaugesellschaft GWG. Ab den 1950er-Jahren baute die GWG nicht nur in eigener Bauherrschaft. Private Bauherren ließen ihr Eigenheim als sogenannten Betreuungsbau von der GWG errichten. Die Planungen für die GWG übernahmen die Architekten Ernst Hürlimann (Bauteil 2a, Block 7 und Bauteil 1b, 1967) und das Architektenduo Johann Christoph Ottow und Helmut von Werz (Bauteil 2b, 1968). Die GWG errichtete die 216 Miet- und 443 Eigentumswohnungen an der Freischütz-, Silvana- und Preziosastraße.

Ernst Hürlimann (1921–2001) studierte an der Blocherer Schule in München Innenarchitektur und Kommunikationsdesign. Im Architekturbüro von Franz Ruf leistete er ein Praktikum ab. Neben seiner Tätigkeit als Archirekt wurde er als Karikaturist berühmt. Zu Sigi Sommers Lokalkolumne »Blasius, der Spaziergänger« in der *Abendzeitung* erschienen seine Illustrationen. Für seine Figur des Blasius wurde er 1970 mit dem Schwabinger Kunstpreis ausgezeichnet. Außerdem erhielt er für sein Lebenswerk den Bayerischen Verdienstorden und die Medaille »München leuchtet«. Hürlimann war auch für die »Neue Heimat« (Hasenbergl und Fideliopark) tätig. Er ist auf dem Friedhof bei St. Georg in Bogenhausen begraben.

Helmut von Werz (1912–1990) gründete 1946 sein Architektenbüro. Er war Mitglied der Deutschen Akademie für Städtebau und Landesplanung, der Deutschen Delegation der UIA (Union Internationale des Architectes), des Comité de Liaison in der EG, des Landesplanungsbeirates und des Landesdenkmalrates. 1952 trat Johann Christoph Ottow als Partner in das Architekturbüro ein. Helmut von Werz entwarf die Volksschule an der St.-Anna-Straße und in Zusammenarbeit mit Johann Christoph Ottow 1958/59 die Volksschule an der Oberföhringer Straße 224.

Johann Christoph Ottow (1922–2012) erhielt 1969 den Förderpreis der Stadt München für Architektur. Von 1973 bis 1990 hatte er als ordentlicher Professor den Lehrstuhl für Grundlagen des Entwerfens und Krankenhausbau inne. Er gehörte zum Team, das unter Leitung von Franz Ruf die Parkstadt plante, als auch zum Team für den Bau der Wohnsiedlung Am Hasenbergl. Baubeginn dieser Siedlung war 1960, verwirklicht von der »Neuen Heimat Bayern«. Die Münchner Architekten Ernst Maria Lang, Fritz Vocke, Helmut von Werz und Johann Christian Ottow übernahmen die städtebauliche Planung.

Wohnanlage Johanneskirchner Straße – Musenbergstraße – Nußstraße

Auf dem Gelände des ehemaligen »Schererhofs« und der Villa von Anton Baur entstand ab 1971 an der Johanneskirchner Straße 143, der Musenbergstraße 28–28b und der Nußstraße 3–7 eine Wohnanlage, bestehend aus fünf Wohnblöcken mit jeweils drei Stockwerken und ein mehrstöckiger Gewerberiegel (Musenbergstraße 32). Die erste Abbruchgenehmigung der noch in Besitz von Anton Baur befindlichen Gebäude wurde im Oktober 1967 eingereicht, ein Bauantrag folgte im November 1967. Zu der Zeit wohnten im Haus Johanneskirchner Straße 145 noch Arbeiter, die in der Ziegelei beschäftigt gewesen waren. Ein weiterer Antrag auf Abbruch der zwei Wohnhäuser und drei Schuppen erfolgte 1970 durch die BERA-Wohnungsbau-GmbH. Alle noch bewohnten Gebäude sollten bis zum 31.12.1970 geräumt werden. Doch im schlecht ausgebauten Stallgebäude hausten bis September 1971 noch zwei Mieter in zwei Aufenthaltsräumen, einer Küche und einem primitiven Bad. Bis zum Jahreswechsel 1971/1972 waren alle alten Bauwerke verschwunden. Das Landesamt für Denkmalpflege legte keinen Einspruch gegen den Abbruchantrag ein, da die Objekte bereits stark verändert und verbaut waren. Die Bauleitung übernahm die Firma Koch Universalbau; geplant waren 260 Eigentumswohnungen (Ein- bis Fünfzimmerwohnungen) mit Tiefgaragen, ein Ladenzentrum mit Café, ein Schwimmbad mit Sauna und eine Tankstelle. Die Planung führten die Architekten R. & G. Lehmann aus, den Verkauf beziehungsweise die Vermietung der Wohnungen übernahm die Rohrer und Sohn, Immobilien-Treuhand KG.

Die Wohnanlage konnte 1972 bezogen werden. Eine Besonderheit ist der noch heute genutzte Swimmingpool im Innenhof.

Baugebiete an der Freischützstraße

Wohn- und Geschäftsgebäude Freischützstraße 92–100, Johanneskirchner Straße 132–138:
Die Firma Münchner Grund GmbH, Baubetreuung

oben: Der »Schererhof« um 1965 ...

unten: ... und kurz vor dem Abbruch 1970 mit der Ankündigung der geplanten neuen Wohnanlage

Neue Wohnbauten, Siedlungen und Grünanlagen 173

und Verwaltung Co.KG beantragte 1975, ein Jahr nach dem Erwerb des Geländes Johanneskirchner Straße 138, den Abbruch der bestehenden Wohnhausruine mit Stallanbau und der Scheunenruine. Die Gebäude wurden bis Mitte 1974 noch notdürftig genutzt, danach dienten sie, trotz der Verbotsschilder, Kindern als Spielplatz. Die Landeshauptstadt München forderte mit Verfügung vom 9. April 1975 den Besitzer zur sofortigen Beseitigung der Ruinen auf. Bebaut wurde das 1870 Quadratmeter große Gelände nach 1980.

Die Kindertagesstätte »Joki Kinderbetreuung« im Haus gegenüber der S-Bahn gibt es seit 2013.

Ende des Jahres 2014, nachdem das Ladengeschäft zur Freischützstraße hin schon seit einigen Jahren leer stand, begannen im gesamten Erdgeschoss des südlichen Gebäudetrakts größere Umbaumaßnahmen, um Platz für einen neuen Supermarkt zu schaffen. Einige Geschäfte zogen innerhalb des Gebäudekomplexes um, die Pizzeria »Casa Mia« musste ihren Standort weiter nach Süden, auf das Gelände des Tennisclubs Ecke Freischütz-/Stegmühlstraße, verlegen.

Die Ruine des ehemaligen Wohnhauses Kaspar Lipps kurz vor dem Abriss im März 1975

Wohnanlage »Wohnpark Freischütz«, Freischützstraße 82–90:
Der »Wohnpark Freischütz« umfasst fünf Häuser zu je fünf Geschossen im ersten Bauabschnitt und drei Häuser im zweiten Bauabschnitt. Baubeginn des ersten Bauabschnittes mit insgesamt 101 Zwei- bis Vierzimmerwohnungen war 1983. Bezogen konnten die Wohnungen (Bauherr war Wohnbau Strauß), im Juni 1984 und der zweite Bauabschnitt Ende 1984.

Wohnanlage Freischützstraße 70–78
Ein erster Bebauungsplan mit Grünordnung für das Gelände der ehemaligen Ziegelei Ellwanger in Johanneskirchen wurde im Mai 2003 aufgestellt. Zur der Zeit stand noch das Wohnhaus für die Arbeiter aus dem Jahre 1905, der zu einem Mehrfamilienwohnhaus umgebaute ehemalige Bauernhof (Freischützstraße 76), und einige Nebengebäude. Zudem befand sich auf dem Grund ein »Autotandler«. Über die Planungen für das Gebiet unterrichtete man im September 2005 die Bürgerinnen und Bürger der umliegenden Häuser. Im Planungsgebiet sollte entsprechend des Flächennutzungsplans ein allgemeines Wohngebiet entstehen. In den beiden nördlichen Bauräumen waren Geschosswohnungsbauten mit 240 Wohnungen vorgesehen, der südliche Teil für die Unterbringung von Läden (Lebensmitteldiscounter). Um den Bedarf an sozialen Infrastruktureinrichtungen zu decken, war noch ein erdgeschossiger Kindergarten mit zwei Gruppen geplant. Zur öffentlichen Erörterung durch das Baureferat in der Grundschule an der Regina-Ullmann-Straße kamen etwa 70 interessierte Zuhörer. Im Gegensatz zu den alten Plänen von 1979, die eine Bebauung mit niedrigen Wohnblocks, Doppel- und Reihenhäusern vorsahen, wurden nun lange, fünf bis sechs Etagen hohe Riegel errichtet. In der Begründung dazu hieß es: »Die heutigen Lärmschutzrichtlinien ließen eine Bebauung nach den alten Plänen nicht mehr zu.« Der Bebauungsplan von 1979 wurde nicht ausgeführt, da sich der Besitzer weigerte, seine Zustimmung zu

Blick auf den Bahnhof, rechts hinten die Gebäude auf dem Gelände der ehemaligen Ziegelei Ellwanger, um 1972

den Regeln der sozial gerechten Bodennutzung (»Sobon«) zu geben. So hätte er sich vertraglich verpflichten müssen, die städtebaulichen Folgekosten etwa für nötig werdende Grünanlagen oder Kindergärten zu übernehmen. Da dies aber nicht geschah, ruhte das Planungsverfahren und ein Autohändler konnte weiterhin das Gelände für seine »Schrottautos« nutzen, obwohl die Autoverkaufsplätze nicht genehmigt waren. Schon seit 1990 ärgerten sich die Anwohner über den illegalen Gebrauchtwagenhändler, doch erst 2002 musste er das Grundstück räumen.

Der Verkauf der Eigentumswohnungen startete im September 2008 durch die Münchenbau. Insgesamt 20.300 Quadratmeter Geschossfläche durften auf dem 23.140 Quadratmeter großen Areal verwirklicht werden. Baubeginn der Wohnanlage war 2009, bezogen werden konnten die ersten Wohnungen 2012. Die Eineinhalb- bis Fünfzimmerwohnungen lagen bei einem Quadratmeterpreis pro Wohnfläche von 2600 bis 3000 Euro.

Die Grimmeisensiedlung
Ein Teil der Grimmeisensiedlung, an der Freischützstraße / Johanneskirchener Straße / Cosimastraße, liegt auf Johanneskirchner Grund. Dieser wurde in den Jahren 1988–1991 bebaut. Die Häuser an der Cosimastraße errichtete man 1988–2000. Beide Baugebiete, mit überwiegend fünfgeschossigen Gebäuden, die begrünte Höfe einschließen, verfügen zusammen über 2300 Wohneinheiten, 17 Tiefgaragen, zwei Ladengruppen, einen Kindergarten und eine Realschule.

2014 wurde für die Grünfläche zwischen den beiden Siedlungen am Salzsenderweg ein neues Projekt »der Stadtklimapark« vorgestellt. Für das 5 Hektar große Gelände, auf dem vormals eine Bezirkssportanlage geplant war, erarbeiteten Landschaftsarchitekten ein Klimagutachten. Der Park soll in Zukunft durch veränderte Gestaltung und Bepflanzung nach ökologischen Gesichtspunkten an die möglichen Folgen des Klimawandels angepasst werden. Auch an heißen Sommer-

Neue Wohnbauten, Siedlungen und Grünanlagen

tagen, durch eine optimale Durchlüftung, soll es hier noch angenehm kühl sein. 2016 will man mit der Umgestaltung und den Neubepflanzungen beginnen. Mit einbezogen wird ein Wäldchen, nun offizielle Biotop-Entwicklungsfläche, die von Naturschützern angelegt wurde. Der Radsportverein »Tretlager« hat seit 2012 am Salzsenderweg ein neues Übungsgelände gefunden. Auf einer eingezäunten Fläche von 5600 Quadratmeter entstand eine »Dirtbike-Strecke«, deren Parcours mit Spezialrädern und Schutzausrüstung von den Vereinsmitgliedern befahren wird.

Baugebiet Freischützstraße und Preziosastraße
Seit dem Tod des letzten Besitzers des Anwesens Bichlhofweg 8 waren die noch vorhandenen Gebäude dem Verfall preisgegeben. In den Jahren 1997 bis 2001 entstand auf dem Gelände der ehemaligen Ziegelei Leibenger die Wohnanlage der Architekten Steidle + Partner mit dem wohlklingenden Titel: »Wohnen am Naturpark« in »Bogenhausen-Ost«. Gebaut wurden 468 Wohneinheiten, ausschließlich Eigentumswohnungen und eine für alle Häuser durchgehende Tiefgarage mit 468 Stellplätzen. Bauträger der Anlage mit den fünf bis neun Geschosse hohen Gebäuden war die Bauhaus München GmbH & Co. KG. Bei der Wohnanlage versuchte man den Widerspruch von »Wohnen im Grünen« und »Wohnen in der Stadt« aufzuheben. Der Architekt verband unterschiedliche Gebäudetypen, den klassischen Zeilenbau mit turmartigen Scheibenhäusern. In fünf Bauabschnitten entstanden acht Zeilenhäuser und sechs Scheibenhäuser mit Wohnungs-

Die Häuser Preziosastraße 15 (Hochhaus) und 15a–17a, 2015, vom Bichlhofweg aus gesehen

größen von ein bis vier Zimmern. Das Farbkonzept des Berliner Künstlers Erich Wiesner brachte durch die Mischung von Pastell- und kräftigen Farbtönen Vielfalt und Lebendigkeit in die dicht bebaute Siedlung, in der jedes Turmhaus mit einer anderen Farbe gestrichen wurde. Die Eigentumswohnungen konnte man für einen Quadratmeterpreis ab 5.000 DM erwerben.

Der Architekt Professor Otto Steidle (1943–2004) absolvierte 1965 die Staatsbauschule in München und studierte bis 1969 an der Kunstakademie. Sein erstes Büro hieß bis 1969 Muhr + Steidle, danach gründete er gemeinsam mit Doris und Ralph Thut das Architektenbüro Steidle + Partner. Mit dem Bau der Wohnanlage Genter Straße in Schwabing erhielten sie 1972 erstmals Bekanntheit. Nach den Häusern in Johanneskirchen gewann Otto Steidle 2001 einen Wettbewerb für eine neue Wohnanlage in der chinesischen Hauptstadt Peking.

Der Kindergarten am Bichlhofweg 8, ein erdgeschossiger Pavillon, wurde auf dem Gelände des ehemaligen Bauernhauses der Familie Leibenger 2002 errichtet.

Das Grüne Band Ost statt Tangente 5 Ost

München gehört zu den am stärksten versiegelten Großstädten Deutschlands. Die rasante Bautätigkeit nach 1945 hat zu einem starken Flächenverbrauch geführt. Der Ausbau der Grünflächen konnte damit nicht Schritt halten. Mehr als 56 % der Stadtfläche ist überbaut, auf einen Quadratkilometer kommen 4300 Einwohner. Die zunehmende Versiegelung der Stadt stört das ökologische Gleichgewicht, die erhitzte und verschmutzte Großstadtluft kann nicht mehr genügend ausgetauscht werden. Für einen ungehinderten Luftaustausch mit dem Umland werden daher zusammenhängende Grünzüge benötigt. Ein Glücksfall für den Münchner Nordosten war deshalb die Fläche der ehemals geplanten Tangente 5/Ost, die seit den 1950er-Jahren für den Straßenausbau frei gehalten worden war und sich auf rund neun Kilometern von Perlach bis zum Föhringer Ring erstreckte. Ob aufgrund besserer Einsicht oder aus Geldmangel – die Tangente Ost wurde nie realisiert und 1975 im Stadtentwicklungsplan durch die Idee eines überörtlichen Grünzugs ersetzt.

In der *Süddeutschen Zeitung* vom 28. Februar 1984 hieß es dazu:

Bebauungsplan Nr. 1458, Englschalkinger Straße nördlich, Ortlindestraße südlich:
 Im Rahmen der Fortschreibung des Generalverkehrsplanes 1963 hat der Stadtrat am 27.7.1977 entschieden, dass die Tangente 5 Ost unter anderem zwischen Englschalkinger Straße und Stadtgrenze für die Verkehrsabwicklung nicht mehr erforderlich ist und dass die freiwerdenden Flächen zum Teil einer baulichen Nutzung zuzuführen sowie als öffentliche Grünanlage herzustellen sind.

1985 wurde der erste, in den Flächennutzungsplan integrierte Landschaftsplan für den Innenstadtbereich aufgestellt. Das »Konzept der 14 Grünzüge«, entwickelt in den 1990er-Jahren, treibt den Ausbau eines grünen Netzwerkes durch das Stadtgebiet voran. Die 14 geplanten Grünzüge mit einer Gesamtlänge von rund 70 Kilometer sorgen für eine zusätzliche Durchlüftung und dadurch für eine Verbesserung des Stadtklimas. Das »Grüne Band Ost« verfügt mit seinen Ost–West gerichteten Grünflächen, darunter dem Ostpark, Teilen des Denninger Angers, der Grünfläche am Ökologischen Bildungszentrum, dem Rienziplatz und den Spiel- und Sportplätzen über 140 Hektar Grund. Es ist der dritte Grünzug, der die gesamte Stadt von Nord nach Süd durchquert. Die Grünfläche am Isabella-Braun-Weg wurde als letzte der Querverbindungen noch neu gestaltet.

Im November 2005 stellte die Stadt München den Bauantrag »Freiflächengestaltung« für die Weiterführung des Grünzuges »Grünes Band Ost« zwischen Johanneskirchner Straße, Bichlhofweg und Isabella-

Neue Wohnbauten, Siedlungen und Grünanlagen 177

Braun-Weg. Vorgesehen waren laut Baugenehmigungsverfahren vom September 2007 ein Bolzplatz, ein »Klassenzimmer im Freien« mit Jugendtreff, eine »Streetballanlage«, ein Tischtennisplatz südlich des Bichlhofweges bei der Festwiese, und ein Gerätespielplatz für Klein- und Schulkinder, ein Rodelhügel und ein Naturerfahrungsbereich nördlich des Bichlhofweges. Nach dem das Baugenehmigungsverfahren abgeschlossen war, die Bauaufsichtsbehörde behielt sich Ergänzungen und Änderung vor, um bei Störungen durch den Betrieb der Anlagen ein einvernehmliches Nebeneinander von der Wohnbebauung und den Freizeiteinrichtungen für Jugendliche zu gewährleisten, kam es zur Klage gegen die Baugenehmigung. Das Bayerische Verwaltungsgericht München gab der Klage im Januar 2009 Recht, da die Stadt das Thema Lärmbelästigung nicht genügend berücksichtigt hatte und entzog die Baugenehmigung, da eine Würdigung der Anwohnerinteressen nicht angemessen erfolgt war. 2011 konnte auf dem 3,4 Hektar großen Gelände mit den Arbeiten für die neue Parkanlage begonnen werden. 1,2 Millionen Euro gab die Stadt aus, verwirklicht wurden der Rodelhügel, eine Streuobstwiese, der Naturerfahrungsraum, der Spielplatz am Bichlhofweg und die Aufarbeitung der Festwiese.

Wohnprojekt »Johannis-Garten«, Bichlhofweg/Freischützstraße

Ab 2009 errichtete die Firma Baywobau fünf sogenannte Stadtvillen mit insgesamt 88 frei finanzierten Eigentumswohnungen auf dem Gelände zwischen dem leerstehenden Bürogebäude der früheren Firma Digital Equipment und dem Bichlhofweg. Die Gartenhöfe bepflanzte man mit verschiedenen Johannisbeersträuchern, darum wohl auch der Name »Johannis-Garten«. Jede der viergeschossigen Stadtvillen verfügt über 15 bis 18 Wohnungen mit zwei bis vier Zimmern. Die Preise lagen bei 3400 Euro bis 3700 Euro pro Quadratmeter Wohnfläche.

Baugebiet Freischützstraße / Johanneskirchner Straße

Nach dem Abriss des 1982 errichteten Bürokomplexes der früheren Firma Digital Equipment, der voraussichtlich im Frühjahr 2015 beendet sein wird, soll durch die Firma Baywobau als Bauherr bis zur geplanten Fertigstellung 2017 das Wohnprojekt »Atrio« entstehen. Der Name »Atrio« bezieht sich auf die umschlossenen Innenhöfe im Norden/Westen und die kleinen mit Mauern umgebenen Gärten, die zur Johanneskirchner Straße liegen. Das westlichste Gebäude soll vier Geschosse, das östlichste acht Geschosse, die beiden dazwischen liegenden Häuser fünf und sechs Etagen haben. Erste Zeitungsanzeigen seit Oktober 2014 kündigten den Verkauf von Eigentumswohnungen mit zwei bis fünf Zimmern an. Geworben wurde mit offenen Wohnbereichen und attraktiven, geschützten Freibereichen wie Terrasse mit Garten, Atrium, Loggia oder Balkon. Die Quadratmeterpreise pro Wohnfläche sollten zwischen 5200 bis 6500 Euro liegen. 148 Eigentumswohnungen und 77 geförderte Mietwohnungen für Bewohner von 60 Jahren an sollen auf dem 14.000 Quadratmeter großen Gelände entstehen. Die barrierefreien Wohnungen mit ebenerdigen Duschen, Türschwellen und stufenlosen Zugängen am Eingang und zu den Tiefgaragen befinden sich in zwei Häusern. Mit geplant sind zwei Läden und eine Kindertagesstätte.

Das Schulzentrum an der Musenbergstraße 32

1952 begann man mit dem Aufbau einer berufsbildenden Einrichtung für Gehörlose in einem Haus an der Haydnstraße in München. Der Bezirk Oberbayern übernahm 1958 die Trägerschaft dieser Berufsfachschule. Seit 1972 spricht man vom Berufsbildungswerk München für Hör- und Sprachgeschädigte. 1977 zog das Berufsbildungswerk nach Johanneskirchen, an die Musenbergstraße. 230 junge Leute erhielten 1979 in den Lehrwerkstätten ihre Ausbildung in den Berufsfeldern Metall, Holz und Textil sowie Leder und Fototechnik. Rund 20 Millionen Mark investierte der Bezirk Oberbayern in die Einrichtung und in die damalige Bauruine, bestehend aus vier Gebäudeblöcken. Die Lehrkräfte waren damals noch »Taubstummenlehrer«, die eine handwerkliche Ausbildung absolviert hatten.

Derzeit werden dort 27 verschiedene Berufe in folgenden Bereichen ausgebildet: in der Agrarwirtschaft, Ernährung und Hauswirtschaft, in der Farbtechnik, Raumgestaltung und Holztechnik, Friseur, Orthopädieschuhmacher, Gestalter für visuelles Marketing und Berufe in der Drucktechnik, Metalltechnik, Textiltechnik und Verwaltung.

Nördlich vom Berufsbildungswerk entstand ab 1986 das Schulzentrum für Hör- und Sprachbehinderte, Musenbergstraße 32. Auf dem Gelände »Unsere kleine Stadt« befindet sich die Sprachenheilschule, die Schwerhörigenschule, eine Schwimm- und Sporthalle, ein Verwaltungsgebäude sowie therapeutische und schulvorbereitende Einrichtungen und Wohnheime. Der Münchner Architekt Utz-Peter Strehle und sein Team erhielten 1980 den ersten Preis bei dem öffentlich ausgeschriebenen Wettbewerb. Zum Schuljahresbeginn 1989 konnten die beiden Schulen ihren Unterricht aufnehmen. 28 Millionen DM betrugen die Gesamtkosten für das Schulzentrum. In der Zeitschrift »Bauwelt«, Jahrgang 1990, Heft 23, findet sich folgende Beschreibung der Anlage:

Die Landschaft aus roten Foliendächern läßt eher an einen Zirkus denken, der seine Zelte auf der Festwiese aufgeschlagen hat. Die zahlreichen Einzelgebäude, in die der Komplex aufgelöst ist, wirken fröhlich und ausgelassen. Diese Architektur schenkt jenen, denen doch das Selbstverständliche unendlich schwerfällt, eine Umgebung, die Leichtigkeit und Anmut suggeriert und so entspannend wirkt.

Gegründet wurde die Schule zur Sprachförderung mit 13 Schülern unter der Leitung der Schwerhörigenschule an der Blumenstraße 61 im Schuljahr 1955/1956. Anni Braun wurde 1963 zur ersten Rektorin der nun eigenständigen Sprachheilschule mit insgesamt 133 Schülern ernannt. Nach ihr wurde die Schule 1997 in »Anni-Braun-Schule« umbenannt.

Das Schulzentrum 1991 und seine Ausbildungsplätze:
Berufsbildungswerk mit Sonderschule, 230 Ausbildungsplätze
Schule für Schwerhörige, 200 Ausbildungsplätze
Schulvorbereitende Einrichtung, 32 Ausbildungsplätze
Sprachheilhauptschule, 145 Ausbildungsplätze
Heimbereich, 72 Plätze
Tagesstätte, 48 Plätze

Ein Erweiterungsbau des Schulzentrums wurde 2006 durch den Einspruch der Witwe des Architekten Strehle mittels Baustopp zunächst verhindert. Das Landgericht München I gab am 14. September 2006 dem Eilantrag der Witwe statt, die das Lebenswerk ihres Mannes verteidigen wollte. Sie vertrat die Meinung, dass der beabsichtigte Neubau überall stehen könnte, nur eben nicht auf dem Gelände der Musenbergschule, da er auf die dortige Umgebung keine Rücksicht nehmen würde. Der Baustopp für die geplante Erweiterung wurde trotz Urheberrechtschutz im September 2007 durch das Oberlandesgericht in der zweiten Instanz mit der Begründung aufgehoben, dass der Architekten-Witwe kein Anspruch zustehe, die Bebauung zu untersagen. Im Vertrag mit dem Bezirk von Oberbayern war vereinbart worden, dass der Bauherr auch das fertige Werk »nutzen und ändern« dürfe.

Beim Architektenwettbewerb für die neue Schule für Sprachförderung erhielten zwei Architekten, der Aachener Frank Hausmann und der Münchner Reinhard Bauer, jeweils den zweiten Platz. Der favorisierte Entwurf von Reinhard Bauer musste noch an die Wünsche des Bauherrn angepasst werden. Die Grundsteinlegung der neuen Anni-Braun-Schule erfolgte im Juli 2009. 2,5 Millionen Euro sollte der Neubau kosten, der im Schuljahr 2011 / 12 bezogen werden konnte.

Die Anni-Braun-Schule an der Musenbergstraße 32, 2015

Zum Schluss:
Blick in die Zukunft

Das Gebiet östlich von Johanneskirchen bot und bietet noch viel Freiraum für zukünftige Bebauungsphantasien. 2001 wurde das private Vorhaben eines Johanneskirchner Grundstücksbesitzer vom Planungsausschuss des Münchner Stadtrates abgelehnt. Dieser wollte das Gelände beim Golfplatz, nördlich der Stegmühlstraße und südlich der Kardinal-Wendel-Straße, mit einen Wohnblock mit 140 Mietwohnungen bebauen. Das Grundstück war zu der Zeit im Flächennutzungsplan als »Allgemeine Grünfläche« ausgewiesen. Schon seit 1994 plante beziehungsweise hoffte der Grundstückseigentümer mit einer Änderung des Flächennutzungsplans. So ließ er schon durch ein Architektenbüro eine städtebauliche Studie anfertigen und ein Verkehrsgutachten ausarbeiten. Unter der Überschrift »Lokalpolitiker kämpfen um den Johanneskirchner Dorfcharakter« war 2005 ein weiteres Bauvorhaben im Gespräch. Es ging um ein Neubauvorhaben mit sieben Häusern auf dem verwinkelten Grundstück Musenbergstraße/Johanneskirchner Straße/Wacholderweg. Der Bogenhausener Bezirksausschuss verweigerte auch hier seine Zustimmung, da der dörfliche Charakter von Johanneskirchen erhalten bleiben sollte. Zudem lag das Grundstück im Grünzug und es lag auch kein Bebauungsplan vor.

Die Siedlungsentwicklung östlich der Bahntrasse war schon immer davon abhängig gemacht worden, dass die Querung der Bahnstrecke für den Güterverkehr und die S-Bahn geklärt ist. Den unmittelbaren Anliegern wäre es am liebsten, wenn die Gleise in einen Tunnel oder einen Trog tiefergelegt werden. Bislang konnte aber über die Finanzierung dieses Projekts zwischen Bahn, staatlichen und städtischen Instanzen keine Einigung erzielt werden. Östlich der Bahn soll erst gebaut werden, wenn die verkehrliche Erschlie-

ßung geklärt ist. Waren sich die Münchner Politiker jahrzehntelang uneins über die weitere Siedlungstätigkeit im Münchner Nordosten, so steht der zukünftigen »Riesengroßsiedlung« im Nordosten Münchens bald nichts mehr im Wege. Spätestens seit 2014 wird dieses »Langfristprojekt« den Bewohnern des Stadtteils Bogenhausen vorgestellt und es wird versucht, es ihnen »schmackhaft« zu machen. 600 Hektar Land locken die Begehrlichkeiten der Stadtplaner. Immerhin legt man auf eine Bürgerbeteiligung Wert, und so werden immer wieder Informationsveranstaltungen abgehalten, um über das »Wohnen in der Zukunft« zu diskutieren.

Es bleibt abzuwarten, ob man auch in ein paar Jahren Johanneskirchen noch als Dorf in der Stadt erkennt.

Anhang

Abbildungsnachweis:

Bayerisches Hauptstaatsarchiv: S. 75
Berg, Gina: S . 76, 170
Stadtarchiv München: S. 108, 109, 130, 139, 146, 174
Thienel, Hanspeter: S. 180, 181
Vermessungsamt München: S. 63

Alle Zechnungen stammen von Karin Bernst, die Grafiken von Thomas Bernst

Alle übrigen Abbildungen stammen aus Privatarchiven und wurden dankenswerterweise der Autorin zur Verfügung gestellt.

Quellen

Der Bayerische Landbote, Jahrgang 1938, München 1938
Der große Ploetz. Die Daten-Enzyklopädie der Weltgeschichte, Freiburg i. Breisgau 1998.
Meyers Großes Konversationslexikon, 1906
Münchner Franziskanische Dokumente: Dokumente ältester Münchner Familiengeschichte 1290–1620, München 1954.
Münchner Jahrbuch, München 1903.
Münchner Jahrbuch, München 1905.
Münchner Stadtanzeiger Nr. 29, 21. Juli 1967, München 1967.
Münchner Tagblatt, Jahrgang 1838, München 1838.

Literaturverzeichnis

Altmann, Lothar: Kunstführer Nr. 1182 (München-Johanneskirchen), München/Zürich 1980.
Attenberger, Ludwig / Mühlegger: Chronik der Pfarrei Oberföhring 1938–1950, unveröffentlicht.
Bayerisches Landesamt für Denkmalpflege (Hg.): Jahrbuch der Bayerischen Denkmalpflege, Band 27, München 1968/69.
Bayerisches Landesamt für Denkmalpflege (Hg.): Jahrbuch der Bayerischen Denkmalpflege, Band 28, München 1970/71.
Bayer. Landesamt für Denkmalpflege (Hg.): Jahrbuch der Bayerischen Denkmalpflege, Band 42, München 1993.
Bibra, Marina, Freiin von: Wandmalereien in Oberbayern 1320–1570, München 1970.
Generaldirektion der staatlichen Archive Bayerns (Hg.): Recht, Verfassung und Verwaltung in Bayern 1505–1946, Neustadt an der Aisch 1981.
Habel, Heinrich / Himen, Helga (Hg.): Denkmäler in Bayern, Band 1, München 1985.
Henn, Ursula: Die Mustersiedlung Ramersdorf in München, München 1987.
Heusler, Andreas: Ausländereinsatz. Zwangsarbeit für die Münchner Kriegswirtschaft 1939–1945, München 1996.
Hiereth, Sebastian: Die Bildung der Gemeinden im Isarkreis, in: Oberbayerisches Archiv, Band 77, München 1952.
Ders.: Die Bayerische Gerichts- und Verwaltungsorganisation, in: Historischer Atlas von Bayern, Teil Altbayern, München 1950.
Holzfurtner, Ludwig: Das Landgericht Wolfratshausen, in: Historischer Atlas von Bayern, Teil Altbayern, Heft 13, München 1993.
Interessengemeinschaft der Siedlung München-Johanneskirchen (Hg.): 50 Jahre Siedlung Johanneskirchen. Festschrift, München 1983.
Knipping, Andreas: Der Münchner Nordring. Streckarchiv Deutsche Eisenbahnen, Freiburg o.J.
Landkreis München (Hg.): Der Landkreis München, München 1975.
Lutz, Fritz: Unterföhring 1180–1980. Chronik von Unterföhring, München 1980.
Ders.: Oberföhring, 75-Jahrfeier der Eingemeindung Oberföhrings, München 1988.
Ders.: St. Emmeram bei München-Oberföhring, München 1992.
Ders.: Land um die Großstadt, München 1962
Ders.: Daglfing, Denning, Englschalking, Johanneskirchen 50 Jahre bei München, herausgegeben vom Stadtarchiv München, München 1982,
Moser, Hans: Volksbräuche im geschichtlichen Wandel. Maibaum und Maienbrauch, München 1985.

Schule an der Ostpreußenstraße (Hg.): 50 Jahre Schule an der Ostpreußenstraße, München 1987.

Stahleder, Helmuth: Die Ridler, in: Oberbayerisches Archiv, Band 116, München 1992.
Ders.: Hochstift Freising, in: Historischer Atlas von Bayern, Teil Altbayern, Heft 33, München 1974.
Ders.: Von Allach bis Zamilapark, München 2001.

Platen, Josef: Das Bayerland, 45. Jahrgang, München 1934.

Ploetz KG (Hg.): Auszug aus der Geschichte, Würzburg 1960.

Schattenhofer, Michael: Beiträge zur Geschichte der Stadt München, München 1984.

Schmeller, Andreas: Bayerisches Wörterbuch 1827–37, Reprint München 1983.

Stahleder, Helmuth: Beiträge zur Geschichte Münchner Bürgergeschlechter im MIttelalter. Die Ridler, in: Oberbayerisches Archiv, Band 116, München 1992, S. 115-180

Wagner, Friedrich: Denkmäler und Fundstätten der Vorzeit Münchens und seiner Umgebung, Kallmünz 1958.

Archivmaterial

Stadtarchiv München
Bestand Daglfing
- STAM-DGLF005: Akt 5: Rechnungen Johanneskirchen
- STAM-DGLF040: Akt 40: Gewerbeanmeldungen / -abmeldungen von 1868–1897
- STAM-DGLF081: Akt 81: Änderung d. Gemeindebezirks Johanneskirchen zur Gde. Oberföhring
- STAM-DGLF095: Akt 95: Mooswiesen, Bekanntmachung über Entwässerung der Mooswiesen
- STAM-DGLF101: Akt 101: Neubauten und Veränderungen 1858–1896
- STAM-DGLF109: Akt 109: Gewerbeaufsicht
- STAM-DGLF117: Akt 117: Berichte über den Lehrer W.Thoma, wegen Aufwiegelung der Ortschaft Johanneskirchen 1892
- STAM-DGLF123: Akt 123: Gesuch um Ausschulung der Ortschaften Daglfing, Englschalking, Johanneskirchen von Oberföhring 1881
- STAM-DGLF123: Akt 128: I. Eingemeindung Daglfings nach München
- STAM-DGLF133: Akt 133: Reichstagswahl
- STAM-DGLF140: Akt 140: Protokollbücher von Daglfing Band I bis IX
- STAM-DGLF147: Akt 147: Protokollbücher
- STAM-DGLF148: Akt 148: Protokollbuch der Ortschaft Johanneskirchen

Bestand Lokalbaukommision
- STAM-LBK13142 Akt 13142: Johanneskirchner Straße 110 (Ziegelei Graf)
- STAM-LBK14627 Akt 14627: Johanneskirchner Straße 138 (Lipp),
- STAM-LBK46900 Akt 46900: Johanneskirchner Straße 141 (Kühlhaus)
- STAM-LBK13143 Akt 13143: Johanneskirchner Straße 143 (Baur)
- STAM-LBK28525 Akt 28525: Johanneskirchner Straße 160 (Reithofer)
- STAM-LBK37600 Akt 37600: Johanneskirchner Straße 169 (Emmer)
- STAM-LBK13323 Akt 13323: Musenbergstraße 34 (Ziegelei Baur)
- STAM-LBK14596 Akt 14596: Im Moosgrund 13
- STAM-LBK14441 Akt 14441: Gleißenbachstraße 3

Bestand Christian Weber:
- STAM-WEB Akt 19, 75, 85, 149: Moossiedlungen

Bestand Bau- und Wohnungswesen
- STAM-BAU Band IV, 78/5, Bund 231: Johanneskirchner Straße 115, 119

Bestand Gewerbeamt, Wirtschaftskonzessionen:
- STAM-GW7151 Akt 7151: Johanneskirchner Straße 146
- STAM-GW4111 Akt 4111: Rambaldistraße 62a
- STAM-GW5056 Akt 5056: Hoyerweg 11 (Poschwirt)
- STAM-GW7127 Akt 7127: Hoyerweg 11 (Poschwirt)

Staatsarchiv München
- Nachlass Fritz Lutz
- Kataster
  - X11693: Umschreibe-Kataster 11693, 1860–62

- X11694: Umschreibe-Kataster 11694, 1859
- X11697: Umschreibe-Kataster 11697, ab 1860
- X11699: Renoviertes Grundsteuer-Kataster 11699, 1896
- X11700: Umschreibe-Kataster 11700, 1896
- X11707: Renoviertes Brandsteuer-Kataster 11707, 1915
- X11709: Umschreibe-Kataster 11709 ab 1915
- X11710: Umschreibe-Kataster 11710, ab 1915
- X11711: Umschreibe-Kataster 11711, ab 1915
- X11712: Umschreibe-Kataster 11712, ab 1915
- X11713: Umschreibe-Kataster 11713, ab 1915
- X11714: Umschreibe-Kataster 11714, ab 1915
- X11715: Umschreibe-Kataster 11715, ab 1915
- X13163: A-Kataster, Steuerdistrikt Oberföhring 13163, 1809
- X13165: Dominikal-Verhältnisse, Steuerdistrikt Oberföhring, 1811
- X13166: Umschreibe-Kataster, Steuerdistrikt Oberföhring, 1812
- X14007: Neues Grundbuch Johanneskirchen 14007, 1848

Bayerisches Hauptstaatsarchiv München
- MWi 9282 Ziegelindustrie